高等职业教育房地产类专业精品教材

物业管理实务

主　编　龙正哲
副主编　方　维　刘　林

北京理工大学出版社
BEIJING INSTITUTE OF TECHNOLOGY PRESS

内容提要

本书从物业管理基础知识的认知展开,以物业管理的启动、物业管理工作过程、物业常规性公共服务、物业管理的控制为主线,以项目为引领,通过任务驱动来实现每一个项目目标。全书内容共分为5个项目15个项目子任务,包括物业与物业管理、物业管理相关机构、物业管理招标投标、物业服务合同、早期介入和前期物业管理、物业承接查验、入住管理与服务、物业装饰装修管理与服务、房屋及设备设施管理、物业公共秩序管理、物业环境管理、物业管理风险防范、紧急事件的处理、业主投诉处理、物业服务纠纷及处理等。另外,本书还附配了丰富的微课和动画视频二维码,大量的习题和案例,可以帮助读者更加直观地了解物业管理的全过程。

本书可作为高等院校物业管理和房地产相关专业的教材和指导用书,也可供相关从业人员参考使用。

版权专有　侵权必究

图书在版编目（CIP）数据

物业管理实务 / 龙正哲主编.—北京：北京理工大学出版社，2022.8重印
ISBN 978-7-5682-8197-3

Ⅰ.①物⋯　Ⅱ.①龙⋯　Ⅲ.①物业管理—高等学校—教材　Ⅳ.①F293.347

中国版本图书馆CIP数据核字（2020）第035653号

出版发行 /	北京理工大学出版社有限责任公司
社　　址 /	北京市海淀区中关村南大街5号
邮　　编 /	100081
电　　话 /	（010）68914775（总编室）
	（010）82562903（教材售后服务热线）
	（010）68944723（其他图书服务热线）
网　　址 /	http://www.bitpress.com.cn
经　　销 /	全国各地新华书店
印　　刷 /	北京紫瑞利印刷有限公司
开　　本 /	787毫米×960毫米　1/16
印　　张 /	14.5
字　　数 /	319千字
版　　次 /	2022年8月第1版第3次印刷
定　　价 /	39.00元

责任编辑 / 封　雪
文案编辑 / 封　雪
责任校对 / 刘亚男
责任印制 / 边心超

图书出现印装质量问题，请拨打售后服务热线，本社负责调换

前 言

随着我国房地产行业的发展,物业管理的发展呈现出强劲势头,从最初的不为人们所知,到为人们所熟知,再到如今成为人们居家置业的重要影响因素,不仅涉及千家万户,还事关城市文明和社会进步,在人们生活和工作的方方面面都发挥着重要作用。

为了让物业更好地增值和保值,增加业主的期望值,物业管理质量、从业人员素质的提高就显得尤为重要;然而,由于我国物业管理起步较晚,又属于新兴行业,受到区域发展不平衡的影响,从业人员少且缺乏经验,专业人才更是告缺,为了培养物业管理专业人才,弥补专业人才数量少和专业技能薄弱的缺陷并促进行业发展,我们编写了《物业管理实务》一书。

本书按照"工学结合"人才培养模式的要求,从物业服务企业中、低岗位出发,以工作过程为导向,以项目为引领,以任务驱动为载体,围绕物业管理真实工作过程进行课程设计。全书内容系统完整,脉络清晰,附有大量的课后习题,特别是技能拓展部分,将理论与实践相结合,采用了大量案例,可读性强。

本书根据物业管理实际工作过程和职业需要,将课程分成"5个项目15个子任务"。全书由龙正哲提出大纲并担任主编,由方维、刘林担任副主编。具体编写分工为:龙正哲负责项目1、项目2、项目3、项目4任务2、任务3、项目5任务1、任务2和附录的编写;方维负责项目5任务3、任务4的编写;刘林负责项目4任务1的编写。本书在编写过程中参考了大量著作及物业管理相关资料,在此向原著作者表示最诚挚的谢意;同时,本书的出版得到了北京理工大学出版社各位编辑的大力支持,在此一并表示感谢!

由于我们在物业管理教育教学改革方面的经验不足,书中难免存在不妥之处,恳请同行、专家和广大读者批评指正。

编 者

目录

项目1　物业管理基础知识 ··············· 1
　任务1　物业与物业管理 ··············· 1
　　1.1　物业 ······························· 2
　　1.2　物业管理 ························· 4
　　1.3　物业管理从业人员 ············· 10
　　1.4　我国的物业管理现状与发展趋势 ··· 11
　　复习思考题 ···························· 13
　　技能拓展 ······························· 13
　任务2　物业管理相关机构 ··········· 14
　　2.1　物业服务企业 ··················· 15
　　2.2　业主、业主大会与业主委员会 ··· 23
　　2.3　其他相关机构 ··················· 27
　　复习思考题 ···························· 30
　　技能拓展 ······························· 31

项目2　物业管理的启动 ··············· 32
　任务1　物业管理招标投标 ··········· 32
　　1.1　物业管理招标 ··················· 33
　　1.2　物业管理投标 ··················· 48
　　复习思考题 ···························· 56
　　技能拓展 ······························· 56
　任务2　物业服务合同 ··············· 58
　　2.1　物业服务合同的概念与特征 ··· 59

　　2.2　前期物业服务合同 ············· 61
　　2.3　物业管理服务专项分包合同 ··· 62
　　2.4　物业服务合同的签订 ·········· 63
　　2.5　物业服务合同的变更、解除与终止 ··· 65
　　复习思考题 ···························· 65
　　技能拓展 ······························· 66

项目3　物业管理工作过程 ··········· 67
　任务1　早期介入和前期物业管理 ··· 67
　　1.1　早期介入 ························· 68
　　1.2　前期物业管理 ··················· 72
　　复习思考题 ···························· 74
　　技能拓展 ······························· 75
　任务2　物业承接查验 ··············· 76
　　2.1　物业承接查验概述 ············· 77
　　2.2　新建物业承接查验 ············· 80
　　2.3　物业管理机构更迭时的承接查验 ··· 87
　　2.4　物业管理工作的移交 ·········· 89
　　复习思考题 ···························· 92
　　技能拓展 ······························· 93
　任务3　入住管理与服务 ············· 94
　　3.1　业主入住 ························· 95
　　3.2　入住准备工作 ··················· 95

3.3　入住手续办理⋯⋯⋯⋯⋯⋯⋯⋯103
　　复习思考题⋯⋯⋯⋯⋯⋯⋯⋯⋯⋯⋯109
　　技能拓展⋯⋯⋯⋯⋯⋯⋯⋯⋯⋯⋯⋯109
　任务4　物业装饰装修管理与服务⋯⋯⋯111
　　4.1　物业装饰装修管理⋯⋯⋯⋯⋯⋯112
　　4.2　物业装饰装修管理的内容⋯⋯⋯117
　　4.3　物业装饰装修施工中的常见
　　　　问题及处理⋯⋯⋯⋯⋯⋯⋯⋯⋯120
　　4.4　物业装饰装修中各方主体的责任⋯122
　　复习思考题⋯⋯⋯⋯⋯⋯⋯⋯⋯⋯⋯123
　　技能拓展⋯⋯⋯⋯⋯⋯⋯⋯⋯⋯⋯⋯123

项目4　物业常规性公共服务⋯⋯⋯⋯125
　任务1　房屋及设备设施管理⋯⋯⋯⋯⋯125
　　1.1　房屋维修管理⋯⋯⋯⋯⋯⋯⋯⋯126
　　1.2　物业设备设施管理⋯⋯⋯⋯⋯⋯133
　　复习思考题⋯⋯⋯⋯⋯⋯⋯⋯⋯⋯⋯137
　　技能拓展⋯⋯⋯⋯⋯⋯⋯⋯⋯⋯⋯⋯137
　任务2　物业公共秩序管理⋯⋯⋯⋯⋯⋯139
　　2.1　公共安全防范管理服务⋯⋯⋯⋯140
　　2.2　物业消防管理⋯⋯⋯⋯⋯⋯⋯⋯144
　　2.3　车辆管理⋯⋯⋯⋯⋯⋯⋯⋯⋯⋯149
　　复习思考题⋯⋯⋯⋯⋯⋯⋯⋯⋯⋯⋯151
　　技能拓展⋯⋯⋯⋯⋯⋯⋯⋯⋯⋯⋯⋯151
　任务3　物业环境管理⋯⋯⋯⋯⋯⋯⋯⋯153
　　3.1　物业环境和物业环境管理⋯⋯⋯154
　　3.2　物业环境保洁管理⋯⋯⋯⋯⋯⋯155
　　3.3　物业环境绿化管理⋯⋯⋯⋯⋯⋯156
　　3.4　物业环境污染防治⋯⋯⋯⋯⋯⋯159
　　复习思考题⋯⋯⋯⋯⋯⋯⋯⋯⋯⋯⋯160
　　技能拓展⋯⋯⋯⋯⋯⋯⋯⋯⋯⋯⋯⋯161

项目5　物业管理的控制⋯⋯⋯⋯⋯⋯162
　任务1　物业管理风险防范⋯⋯⋯⋯⋯⋯162
　　1.1　物业管理风险概述⋯⋯⋯⋯⋯⋯163
　　1.2　物业管理风险防范⋯⋯⋯⋯⋯⋯165
　　复习思考题⋯⋯⋯⋯⋯⋯⋯⋯⋯⋯⋯168
　　技能拓展⋯⋯⋯⋯⋯⋯⋯⋯⋯⋯⋯⋯168
　任务2　紧急事件的处理⋯⋯⋯⋯⋯⋯⋯169
　　2.1　紧急事件⋯⋯⋯⋯⋯⋯⋯⋯⋯⋯170
　　2.2　紧急事件的处理⋯⋯⋯⋯⋯⋯⋯171
　　复习思考题⋯⋯⋯⋯⋯⋯⋯⋯⋯⋯⋯175
　　技能拓展⋯⋯⋯⋯⋯⋯⋯⋯⋯⋯⋯⋯175
　任务3　业主投诉处理⋯⋯⋯⋯⋯⋯⋯⋯176
　　3.1　物业管理投诉概述⋯⋯⋯⋯⋯⋯177
　　3.2　物业管理投诉处理⋯⋯⋯⋯⋯⋯179
　　3.3　减少物业管理投诉的策略⋯⋯⋯182
　　复习思考题⋯⋯⋯⋯⋯⋯⋯⋯⋯⋯⋯185
　　技能拓展⋯⋯⋯⋯⋯⋯⋯⋯⋯⋯⋯⋯185
　任务4　物业服务纠纷及处理⋯⋯⋯⋯⋯187
　　4.1　物业服务纠纷概述⋯⋯⋯⋯⋯⋯188
　　4.2　物业服务纠纷处理⋯⋯⋯⋯⋯⋯190
　　复习思考题⋯⋯⋯⋯⋯⋯⋯⋯⋯⋯⋯193
　　技能拓展⋯⋯⋯⋯⋯⋯⋯⋯⋯⋯⋯⋯193

附录1　物业管理条例⋯⋯⋯⋯⋯⋯⋯194
附录2　中华人民共和国物权法⋯⋯⋯202
附录3　建筑物区分所有权司法解释⋯223

参考文献⋯⋯⋯⋯⋯⋯⋯⋯⋯⋯⋯⋯226

项目1　物业管理基础知识

任务1　物业与物业管理

知识目标

1. 了解物业、物业管理的概念及特征。
2. 了解物业管理的对象和目标。
3. 掌握物业管理的主要内容。
4. 了解物业管理从业人员应当具备的各项素质要求。
5. 了解我国物业管理现状及发展趋势。

技能目标

1. 通过本任务的学习,能够正确认识物业并理解物业管理在人们现实生活中的重要性。
2. 能够结合物业管理的工作内容与职业特色,树立"管理寓于服务之中""管理即是服务"的理念。
3. 能够树立正确的职业道德观,不断提升自己的专业技能和综合素质。

任务导入

某小区是一片较老的住宅区,一直没有实行物业管理,小区内非常混乱。一位业主反映该住宅区内有一小店,既搞餐饮又搞娱乐,每天晚上,卡拉OK声不绝于耳,居民经常被这"夜半歌声"吵得无法入睡。居民求助派出所出面制止,却也只能维持十来分钟的安宁,公安人员一走,就会歌声依旧,严重影响居民的正常生活。

某业主反映,楼上住户在阳台上擅自搭建三个大鸽棚,常年鸽绒、鸽屎、鸽食满天飞,左邻右舍窗户也开不得,衣服也晒不得。除此之外,还有业主投诉抽油烟机的噪声搅得孩子无法学习、大人无法休息等问题。(案例来源:戴玉林,王媚莎. 物业管理典型案例与分析[M]. 北京:化学工业出版社,2006)

任务布置

1. 上述住宅区需要采取什么方法，才能更好地解决这些问题？
2. 从以上案例中可以获得什么启示？

任务要求

1. 通过对本任务理论知识的学习，能够灵活运用学习到的知识，深入分析并提出上述问题的解决方案；
2. 分组讨论并形成小组讨论结果，再进行成果汇报；
3. 能够举一反三，列举出一些住宅区存在的问题并提出对策。

知识准备

1.1 物业

1.1.1 物业的概念

"物业"一词译自英文 Real Estate 或 Real Property，由香港传入我国大陆的沿海地区。"Real"意为"不动产的"，Estate 意为"不动产、地产、产业"。其含义为"财产""资产""拥有物""房地产"等，是一个较为广义的范畴。

现实中所称的物业，是指各类有价值（经济价值和使用价值）的土地、房屋及其附属市政、公用设施、毗邻场地等。这是一个狭义范畴的物业，它可以是未开发的土地，也可以是整个住宅小区或单体建筑（如某栋楼）甚至其中的某一单元，包括高层与多层住宅楼、综合办公楼、商业大厦、旅游宾馆、工业厂房、仓库等。

而从物业管理的角度来讲，物业是指已建成并投入使用的各类房屋、建筑物及与之相配套的附属设备设施和相关场地。本书所涉及的物业均是指这一概念。

视频：认识物业

1.1.2 物业的组成

从物业的概念可以看出，物业由以下四个基本要素组成。

（1）已建成并投入使用的各类房屋（或建筑物）。已建成并投入使用的各类房屋（或建筑物）主要包括房屋建筑、码头、住宅楼、商业大厦、综合商住楼宇、写字楼、公寓、别墅、医院、学校、仓库、工业厂房、体育场馆、构筑物（如桥梁、水塔等）等。

> **知识拓展**
>
> 什么是物业的共用部位和共用设备设施？
>
> 　　
>
> 动画：建筑物共用部位　　动画：房屋建筑共用设施设备

（2）与建筑物相配套的设备。这些设备主要是指配套的专用机械、电气等设备，如常见的电梯、空调、备用电源等。

（3）与建筑物相配套的设施。这些设施主要是指配套的公用管、线、路，如上下水管、消防、供变电、通信、信号网络、路灯、交通设施及室外公建设施（如幼儿园、医院）等。

（4）相关场地。这些相关场地是指物业区域里那些开发待建或露天堆放货物的地方，包括建筑地块、庭院、绿地、道路、停车场等。

只要掌握物业的这四个基本要素，就掌握了物业的概念。这四个基本要素构成了一个完整的物业，它们相互制约，缺一不可。同时，这四个要素也成为衡量一个物业整体水平及其功能性的重要因素。其中，建筑物业是基础，配套的设备、设施和相关场地是附属性的，如果没有房屋建筑物，设备设施也就失去了存在的价值。当然，设备设施和相关场地也非常重要，它们突显了物业使用价值和业主的居住体验，若没有它们，则房屋建筑物就成了一座废墟，因此，四者的有机结合才使物业的整体价值得到体现。

1.1.3　物业的特征

（1）物业的固定性。物业的固定性是指物业空间位置的不可移动性，房屋及其附属设备设施都依附于一定的地块，一般情况下是搬不走、挪不动的。物业被视为重要的不动产，可以充当最可靠的担保物，并成为一种特殊商品。

（2）物业的有限性。物业的有限性从根本上来讲，是由土地的有限性决定的。由于土地的数量是有限的，就导致了用于建筑的土地就更有限了，因此，人们只能在有限的土地上开发建设，从而使物业的数量受到一定的限制。

（3）物业的永久性。物业的永久性主要是就建筑物而言的，一个建筑物竣工后，在正常情况下，使用寿命可达几十年甚至上百年，即可供人们长期使用，特别是那些具有文物价值和纪念价值的建筑物，具有更长久的保护价值。

（4）物业的权属性。物业的权属性是指物业在法律上有着明确的权属关系。这种权属关系使物业的所有者、经营者和使用者等各方面的经济利益，在物业的开发、建设、经营、管理与使用过程中,都要受到法律的保护。物业权属性最重要的内容就是物业的所有权和物业的使用权。

(5)物业的保值性。物业具有保值和增值的功能,已经被越来越多的人认识。物业的增值是一种长期的趋势,而不是直线式的运动,但从长期来看,它无疑呈现出"在波动中上扬和螺旋式上升"的趋势。

1.1.4 物业的分类

(1)根据使用功能的不同,可以将物业分为居住物业(如普通住宅、公寓、别墅等)、商业物业(如写字楼、商业大厦、酒店等)、工业物业(如园区、厂房、车间等)、文体娱乐业(如歌舞厅、体育场馆、影剧院等)等。

(2)根据产权性质的不同,可以将物业分为公有产权物业和私有产权物业。公有产权物业包括国家所有物业和集体所有物业,私有产权物业包括个人、家庭、国内私企、港、台商企业、外企的房产和地产等。

(3)根据档次的不同,可以将物业分为高档物业(如别墅、4~5星级酒店)、中档物业(如公寓、特级酒店)和低档物业(如普通居住小区、普通酒店)。

1.2 物业管理

1.2.1 物业管理的概念

物业管理起源于19世纪60年代的英国,20世纪80年代初引入我国大陆的沿海地区。物业管理是在住房制度改革和房地产商品化过程中诞生的,它是围绕着物业的使用和业主的多种需求而产生的管理与服务行为。物业管理不同于房地产的开发和经营,也不同于家政服务,更有别于传统的房地产管理。

视频:认识物业管理

物业管理是个特殊的行业,它既不是单纯的服务,也不是单纯意义上的管理,它是集服务、管理、经营为一体的,连接不同行业,填补传统行业之间空白的行业,是现代经济社会人们工作方式的变化、生活质量的提高和需求多样化的产物。

物业管理是指业主通过选聘物业服务企业,由业主和物业服务企业按照物业服务合同约定,对房屋及配套的设备设施和相关场地进行维修、养护和管理,维护物业管理区域内的环境卫生和相关秩序的活动。

上述物业管理的概念可以从以下几个方面来理解。

(1)物业管理的管理对象是物业,即已建成并投入使用的房屋建筑物、配套的设备设施和相关场地。

(2)物业管理的服务对象是业主或物业使用人,即物业服务企业要以现代化的经营管理手段为业主服务,创造安全、方便、整洁、舒适、优美的居住环境和工作环境,使物业在增值、保值的同时,实现经济效益、社会效益和环境效益的协调统一和同步提升。

(3)物业管理是集管理、经营、服务于一体的综合性管理和服务。这些综合性的管理和服务是基于物业服务合同的签订而发生的，也就是说，物业服务企业接受业主委托并与之签订物业服务合同，按照物业服务合同的约定而为业主提供有偿服务。

（4）物业管理各方都必须依照物业服务合同的相关规定来履行各方的权利和义务，因此，在物业管理过程中，业主要按照物业服务合同约定按时缴纳物业服务费，而物业服务企业则要合理收费，不得随意调整或变更物业服务费的数额。

1.2.2　物业管理的对象

物业管理的对象包括管理对象和服务对象两方面。

（1）物业管理的管理对象包括硬件和软件两部分。硬件是指建筑物或构筑物实体、建筑用地及相关场地、机电设备系统、市政公用设施等一系列实体；软件是指生活环境、工作环境和服务功能等方面。物业管理的目标是不仅使各硬件系统运转正常，保证人们的正常生产和生活，还要创造优美、舒适的生活环境，使人们得到精神上的享受，提高生活和工作质量。

（2）物业管理的服务对象是物业产权所有人和物业使用人。对于自己使用的房屋，物业产权所有人和物业使用人是一致的，物业管理面对的只是物业产权人，即业主。业主由于缺乏管理物业的经验和能力，也逐渐将自有物业委托给专门的物业服务企业进行管理，并且随着社会分工的日趋细化和生活节奏的进一步加快，这种趋势将越来越明显。

对于产权人将物业出租给使用人的情况，物业管理既要面对业主又要面对租户。物业管理受业主委托，以努力提高物业的价值和使用价值为目标，因此，物业服务企业主要是对业主负责。只有向租户提供令其满意的服务，才能搞好物业管理，才能真正为业主带来经济效益，因此，物业管理也要为承租户负责。

1.2.3　物业管理的特点

（1）社会化。物业管理的社会化主要是指它摆脱了传统体制下自建自筹的封闭式管理模式，开始实行集高度统一的管理、全方位多层次的服务、市场化经营化为一体的管理模式。而从传统走向新的管理模式主要是指两方面：一方面，物业的所有权人（业主）要到社会上选聘物业服务企业；另一方面，物业服务企业要到社会上寻找可以代管的物业。

物业管理将分散的社会分工汇集起来实行统一的管理，如房屋、水电、清洁、保安、绿化等。因此，实行物业管理犹如给业主找到了一个"总管家"，而对政府各职能部门来说犹如找到了一个"总代理"。所以，应该鼓励物业服务企业走向社会，承接管理其他房地产公司开发的物业。同时，也应允许不同地区的物业服务企业实行跨省市、跨地区接管各种类型的物业，充分发挥物业管理社会化的优越性，以取得较好的管理效果。

（2）专业化。物业管理的专业化是指由专门的物业服务企业通过物业委托合同，按照产权人和使用人的意志与要求，实施专业化的管理和服务工作。专业化具体包括以下内容。

1）组织机构设置的专业化。物业服务企业要设有科学、合理的组织机构，能够满足对专业化的管理与服务的需要。

2）管理人员的专业化。物业服务企业各个层次的管理人，都必须具备良好的专业知识和专业素养，能够胜任专业化的管理与服务工作。

3)管理手段的专业化。物业服务企业要有专门的工具和设备，采用现代计算机等实施专业化管理与服务。

4)管理技术和方法的专业化。物业服务企业要有科学、规范的管理制度和工作程序，有科学的管理理念及先进的维修养护技术和手段。

(3)企业化。物业服务企业是一种企业化的经营管理行为。按照社会主义市场经济体制的要求建立现代企业制度，实行权、责、利相结合的经营责任制，是自主经营、自负盈亏、自我发展、自我约束的独立的市场竞争主体和法人实体。

(4)市场化。物业服务企业向业主和使用人提供的服务是有偿服务，因此在物业管理过程中，业主和使用人需要向物业服务企业购买并消费这种服务，这也是一种典型的市场交换行为。物业服务企业只有面向物业管理市场，积极参与物业市场竞争，实行有偿服务、合理收费、以收抵支，才能减轻政府或单位的压力与负担，走上以业养业、自我发展的道路，最终实现企业自身的良性循环。

1.2.4 物业管理的模式

一般来说，物业管理根据管理主体、业务委托情况的不同，可以有不同的管理模式。

首先，按管理主体的不同，物业管理模式有以下几种。

(1)以区、街道、办事处为主体成立的物业服务企业实施的管理模式。这种管理模式主要突出了地方政府行政管理的作用，因此具有权威性并且制约力强，但缺乏专业知识，市场化意识不足。

(2)以房地产管理部门为主体，由下属的房管所、站成立物业服务企业进行的管理模式。这种管理模式受计划经济体制影响比较深，带有行政管理的色彩，但具有一定程度的专业化特点。

(3)以物业产权拥有单位为管理主体实施的管理模式。这种管理模式主要是指一些大的企事业单位对其拥有的产权物业实施的管理。管理对象一般是本单位职工或以本单位职工为主居住的物业。这种管理方式带有一定程度的福利性。

(4)以物业服务企业为主体实施的管理模式。这是一种以委托与被委托、服务与被服务的方式，完全按市场经济运行规律为原则进行的管理。管理单位与业主(或物业使用人)是一种平等的民事关系，是被实践证明适应我国住房体制改革的比较有效的房屋管理模式。

(5)业主自行管理模式。随着市场经济的发展和人们对物业管理的认识和需求日趋成熟，再加上现在物业服务企业和业主之间存在的一些难以调和的矛盾，使得这种管理模式也逐渐成为业主的一种选择。我国《中华人民共和国物权法》第八十一条规定："业主可以自行管理建筑物及其附属设施，也可以委托物业服务企业或者其他管理人管理。对建设单位聘请的物业服务企业或其他管理人，业主有权依法更换。"由此可见，这种管理模式是被法律认可的。

业主自行管理模式是指建筑物及其附属设备设施的物业管理，既不由房地产开发企业委托前期物业服务企业负责，也不由业主大会选聘专门的物业服务企业负责，而是由业主自己进行管理的物业管理模式。业主自行管理模式需业主通过选举或聘任产生业主委员会，然后业主委员会按照物业管理法规和业主的具体要求由业主自己对房屋及配套设备设施、相关场地进行维修、养护、管理，并且维护区域内的环境卫生和

阅读资料

秩序。而对于技术含量高、维护间歇周期长的项目则可临时聘用专业人员进行维护。业主自行管理的主体是业主委员会，由全体业主民主选举或公开聘任产生，代表全体业主的意愿。业主自行管理的客体则具有较强的灵活性，机构的设置可根据需要灵活设置，减少不必要的人力支出，节约业务成本和机构设置运行成本，但是在实际运用中会存在很多障碍，例如：业主凝聚力差，业主委员会缺乏监管、相关职能部门缺乏支持和理解。

其次，按业务委托情况，物业管理模式可以分为以下几种。

(1) 委托服务型物业管理。委托服务型物业管理是指房地产开发商将开发建成的物业出售给业主，一次性收回投资并获取利润，然后委托物业服务企业对该物业进行管理，完善其售后服务。这里的"委托"有以下两种情况。

1) 开发商自己组建物业服务企业，对所出售的物业进行管理，这是物业管理中通常所说的"父子"关系。这种类型的物业管理特点是有利于完善售后服务。开发商将售后服务工作交由自己下属的物业服务企业，其对开发商委托的物业一般都比较熟悉，与开发商也比较容易沟通协调，因此容易得到开发商的支持。这类物业管理一般不存在经费难题，如有些开发项目将投资总额的一定比例（一般为1%～2%）划拨给物业服务企业作为管理基金等。但是，这种类型的物业服务企业在人员、制度、设备等方面往往不够专业化和规范化，也很难站在业主使用人的角度维护业主使用人的合法权益，许多开发商对物业管理没有给予足够的重视。

2) 开发商以招标的方式委托专业物业服务企业对已出售的物业进行管理，这是今后物业管理的发展方向。因为招投标本身就是一种市场竞争行为，只有通过竞争，才能促使物业服务企业注重服务质量和企业形象，从而促进物业管理行业的健康发展。随着物业管理市场的不断成熟，这种类型的物业服务企业将会得到进一步发展。

(2) 租赁经营型物业管理。租赁经营型物业管理是指房地产开发商建成房屋后并不出售，而是交由下属的物业服务企业进行经营管理，通过收取租金收回投资并获取利润。物业服务企业对物业的管理不仅是日常的维修和养护工作，更主要的是对所管物业的出租经营，为房地产开发获取更加长远而稳定的利润。这类物业服务企业多以经营商业大楼、综合大厦和写字楼为主。

委托服务型物业管理与租赁经营型物业管理存在较大的差别。从产权上看，前者只有管理权而没有产权，后者既拥有管理权又拥有产权；从管理上说，前者是物业的售后服务，是为了保持物业的正常使用，后者则需努力营造一个良好的物业使用环境，创造租赁条件，赢得租户并为之服务；就管理的物业对象而言，前者适用于各种楼宇，后者则主要以商业及职业人群为服务对象；从管理方式上看，前者注重的是管理与服务，后者更注重积极的、带有开拓性的经营。

1.2.5　物业管理的主要内容

物业管理基本内容按服务的性质和提供的方式可分为常规性的公共服务、针对性的专项服务和委托性的特约服务三大类。

(1) 常规性的公共服务。常规性的公共服务是指物业管理中公共性的管理和服务工作，是物业服务企业面向所有业主、使用人提供的最基本的管理和服务。常规性的公共服务主要有以下几项内容。

1)房屋建筑主体的管理及住宅装修的日常监督。其主要是为保持房屋完好率,确保房屋使用功能而进行的管理服务工作。主要有房屋的日常维护和保养、定期检查维修和房屋大修中修,使之保持良好的可用状态。其包含各类、各种用途的房屋使用管理、维修管理、装修管理以及物业保养、维修档案的建立等。

2)房屋设备、设施的管理。房屋设备、设施的管理是为保持房屋及其配套设备、设施的完好及正常使用而提供的管理服务。其主要包括日常对物业内的供水供电、公共照明、空调、电梯、通信、燃料等设备设施的保养、维修等。

3)环境卫生和绿化管理。环境卫生和绿化管理是为了净化、美化物业环境而提供的管理服务,包括对物业区域范围内清洁保洁管理和绿化管理(对物业的绿化建设、保养,对物业区的清洁管理;垃圾、废物、污水、雨水的处理,保持环境等)。

4)配合公安和消防部门做好住宅区内公共秩序维护和安全防范工作。其包括物业区域范围内的治安、警戒、守护服务、建立并装备消防队伍,配备消防器械等,为业主提供一个安全、安静的工作和生活环境。

5)车辆道路管理的内容见表1-1,主要包括道路管理、交通管理、车辆管理和停车场管理几个方面。

表 1-1 车辆道路管理的内容

序号	类别	具体内容
1	道路管理	道路管理是指对物业管理区域内道路设施进行日常管理,对非法占用道路的行为进行纠正和处罚
2	交通管理	交通管理的任务是正确处理人、车、路的关系,在可能的情况下做到人车分流,保证物业管理区域内交通安全、畅通,其重点是机动车行车管理
3	车辆管理	车辆管理包括机动车、摩托车、自行车的管理,主要职责是禁止乱停、乱放和防止车辆丢失、损坏
4	停车场管理	停车场分地上停车场和地下停车库两大类,其任务主要是对场内的车位划分、行驶标志、进出停车场车辆、存放车辆的防损和防盗工作进行管理

6)公众代办性质的服务。公众代办性质的服务主要是指物业服务企业为业主或物业使用人代收代缴水电费、煤气费、有线电视费、电话费等公共事业性费用。但业主也可以自行去银行等网点缴费。

(2)针对性的专项服务。针对性的专项服务主要是物业服务企业为改善和提高业主、使用权人的工作、生活条件,满足广大业主和使用人的一定需要,与社会联合举办的一些便民服务项目。

1)日常生活类:为业主提供衣、食、住、行等方面的服务。

2)商业服务类:室内装修服务、室内维修服务、粮店、小型社区超市等。

3)文化、教育、卫生、体育类:在物业辖区内开设各种健身房、各类培训机构、幼儿园、学校;与卫生部门设立社区医院、诊疗所、保健站等。

4)金融服务类：与银行、邮电等部门合作在物业辖区内设立储蓄所，开展电信服务、金融服务等。

5)经纪代理中介服务：物业市场营销与租赁、房产评估、公证；其他中介代理等。

6)社会福利类：物业服务企业针对那些需要帮助的社区成员和家庭，协同相关部门，为他们提供医疗卫生服务、文化教育服务、劳动就业服务、住宅服务、孤老残幼服务、心理卫生服务、感化服务等。

(3)委托性的特约服务。委托性的特约服务主要是为满足物业产权人、使用人的个别需求受其委托而提供的服务。如房屋代管，室内清洁，家电维修，代聘保姆，代订、代送报刊，物业租售代理，代订车船票，接送小孩等。

物业服务企业在实施物业管理时，第一大类是最基本的工作，是必须做好的；同时，根据自身的能力和业主的要求，确定第二、第三大类中的具体服务项目与内容，采取灵活多样的经营机制和服务方式，以人为核心做好物业管理的各项管理与服务工作，并不断拓展其广度和深度。特约服务实际上是专项服务的补充和完善。

1.2.6 物业管理的宗旨和作用

(1)物业管理的宗旨。物业管理是为业主和使用人提供全方位、立体式的综合性管理和服务的，其宗旨概括性地讲就是"管理物业，服务业主"。通过物业管理使物业保持良好的运行状态，有效延长物业使用年限，完善物业使用功能，促进物业的保值、增值；同时，通过物业管理服务，为广大业主和非业主使用人营造一个能满足其偏好的、安全、舒适、文明、和谐的生活和工作环境。

(2)物业管理的作用。物业管理是顺应房地产的发展而发展起来的，通过多年的实践，物业管理活动在维护物业功能，为业主提供舒适、安全的服务等方面发挥着重要作用。

1)对业主而言。物业建成后，会受到自然环境和人为因素的影响而造成不同程度的损坏。推行社会化、专业化的物业管理，确保物业在整个使用周期内功能的正常发挥，延长物业的使用寿命，充分发挥物业使用价值，才能进一步改善业主和使用人的生活和工作环境。

2)对房地产开发企业而言。物业管理有利于房地产的开发、销售和租赁业务的发展，它是房地产开发、建设、销售、租赁的延伸。鉴于房地产(物业)的固定性、使用期长的特点，业主和使用人在选购和租赁物业时，必然会关注该物业的管理水平，因此，良好的物业管理，将可以推动房地产的销售和租赁业务的发展。

3)对社会而言。

首先，对物业的管理是社会稳定和人民生活素质提高的重要前提和保证，也是社会公德建设的一个重要内容。高质量的物业管理不仅是单纯的技术性保养和事务性管理，而且还要在此基础上为业主创造一种从物质到精神，既有现代城市风貌，又具有个性特色的工作和生活环境，形成一个以物业为中心的"微型社会"；既能充分发挥物业的功能，又能充分保障业主的合法权益的同时，增加业主的睦邻意识，创造相互尊重、和睦共处的群居关系，减少社会矛盾，促进社会和谐。

其次，物业管理有利于提高城市化、社会化和现代化水平。物业管理将分散的社会分工汇集起来，统一进行清洁卫生、治安保卫、园林绿化、水电保障和设备设施维修等工作，每个业主或物业使用人只需面对一家物业服务企业，就能将有关物业和服务的事情办妥，同时，也培养了业主和使用人的社会意识，促进了城市管理的社会化、专业化和现代化，提高了城市管理的水平。

最后，物业管理可以拓宽劳动就业领域、增加就业机会。物业管理作为劳动密集型的服务行业，涉及的范围很广，设备设施维修、治安保障、保洁绿化等都需要大量劳动力，极大地拓宽了社会就业机会。可见，物业管理大大发展了第三产业，为解决城乡剩余劳动力问题提供了重要的帮助和增加了就业机会。

1.3 物业管理从业人员

1.3.1 物业管理从业人员素质要求

(1)物业管理从业人员必须具备物业管理的专业知识和技能。物业管理涉及面广，专业性强，需要多方面的物业服务与工程技术人才，没有一定的专业知识和专业技能是无法从事物业管理工作的。随着现代物业管理的发展，物业管理的专业知识和技能是从业人员应该掌握和具备的基本能力。物业科技含量越来越高，物业运作的程序也更加复杂，例如：大量新材料、新技术在建筑工程中的应用，大量高科技、智能化的设备设施进入居民住宅，从而使物业管理的范围扩大到安防、清洁、绿化、工程维护、财务会计、社区文化等；内容涵盖智能化监控、计算机管理、消防巡检、调查与统计、文化活动举办等，没有精湛的技艺将很难胜任该工作。所以，物业管理人员必须具有现代物业管理知识，运用现代化管理手段从事物业管理工作，只有这样才能满足业主多样化的要求。作为一名合格的物业管理工作人员，应掌握扎实的专业知识和技能，为良好的物业管理工作的开展奠定基础。

(2)物业管理人员应具有较高的个人素质。物业管理人员不仅要有较高的业务水平和过硬的专业技术，而且还必须具备较高的个人素质，这主要体现在以下几个方面。

1)具有良好的沟通和协调能力。物业管理人员不仅是管理物业，其中最重要的是要与业主、非业主、使用人和各相关部门等打交道。由于物业管理相关利益方彼此的情况、看问题的角度、认识水平等存在差异、分歧和矛盾，因此需要进行科学的协调，以统一认识、化解矛盾，所以，良好的沟通和协调能力能够帮助物业管理人员更好地处理问题，解决矛盾。

2)具有良好的心理素质和个人形象。端庄的仪容仪表、得体的表情姿态、奋发向上的精神面貌有助于树立良好的个人形象及企业形象，会给业主带来信任感、安全感和依赖感；良好的心理素质和较强的承受能力，能使物业从业人员应对日常工作中的各种问题，并做到有理、有节、有据。也只有这样，才更有利于物业从业人员被业主接纳和认可，方便日后物业管理工作的开展。

3)具有健康的体魄。物业管理工作纷繁复杂，事无巨细，突发性强，要更好地为业主服务，必须做到五勤：动脑筋要勤、观察发现问题要勤、说服指导管理要勤、巡视检查管理要勤、动手参与管理要勤。对此，没有强健的身体是不行的。

1.3.2　物业管理从业人员职业道德

(1)爱岗敬业。爱岗敬业无疑是身处于每一个行业中的工作人员的首要职业道德标准。正所谓："干一行，爱一行"。对于一项工作，只有对其真心的热爱，才能够使得一个人尽其全力做好这项工作；同理，对于物业管理人员来讲，爱岗敬业是一项尤为重要的职业道德准则。

(2)熟悉法规。空有一腔对工作的热情，而不懂得如何正确地处理工作问题也是不行的。作为物业管理人员，只有熟悉国家相关的法律法规才能够做到依法办事、循规管理，才能够将物业服务、管理做得趋近完美，因此，熟悉法律法规也是物业管理人员职业道德内涵的重要组成部分。

(3)依法办事。有了可以依据的法律条文，接下来就要依法处理、依法办事了。知法犯法是断不可取的。所以，依法办事也是对于物业管理人员职业道德内涵当中不可或缺的一部分。

(4)诚信服务。诚信是人类社会普通的道德要求。物业管理又是一项公共服务行业，物业管理人员以物业费和服务管理为交易筹码跟业主达成一种商业关系，更需要具备良好的诚信服务素养才能够使物业服务企业与业主达到互利双赢的合作成果，因此，诚信办事也是物业管理人员职业道德内涵中极为重要的一个组成部分。

1.4　我国的物业管理现状与发展趋势

1.4.1　我国物业管理的起源

从国内物业管理的起源来看，19世纪中叶到21世纪20年代，是中国房地产业萌芽和初步发展的时期。在这个时期，上海、天津、武汉、广州、沈阳、哈尔滨等城市建立了许多八九层高的建筑，尤其是在上海，出现了28座10层以上的高层建筑。当时的房地产市场已经出现了代理租赁、清洁卫生、保安服务等专业性的经营公司，这些公司的管理方式正是我国物业管理的早期形式。

20世纪80年代初，随着改革开放的实施，市场经济的产物——物业管理才由香港引入大陆的沿海地区。深圳是公认的我国物业管理的发源地，在我国物业管理的进程中，创造了无数个第一，深圳物业人是我国物业管理的先行人和推动者，时至今日，深圳的物业管理在国内仍然是高水准的，其管理概念和实践经验仍然值得效仿和推广。物业管理标志性的事件如下：

1981年3月10日，深圳市第一家涉外商品房管理的专业公司——深圳物业服务企业正式成立，开始对深圳经济特区的涉外商品房实行统一的物业管理，这是我国国内物业管理迈出的第一步，标志着这一新兴行业的诞生。

1993年6月30日，深圳成立了国内物业管理协会；1994年深圳市颁布了《深圳经济特区住宅区物业管理条例》。

1994年4月原建设部颁布了第33号令《城市新建住宅小区管理办法》，其中明确指出："住宅小区应当逐步推行社会化、专业化的管理模式，由物业服务企业统一实施专业化管理"。

2003年9月1日，我国第一部《物业管理条例》正式施行，为规范物业管理，维护业主和物业服务企业的合法权益，改善人民群众的生活和工作环境提供了重要的法律依据。

《房地产业十二五发展规划》指出："'十二五'期间继续增加住房有效供应，抑制投资投机性需求，积极发展住房二级市场和租赁市场，继续加强房地产市场监测。"

1.4.2 我国物业管理的现状

(1)物业管理立法滞后，理论体系不够健全。物业管理是一个新兴的行业，我国相关的法律法规建设十分滞后，这种法律法规上的缺位容易引发各种利益冲突，也不利于社会的安宁和稳定。随着住房制度改革的深化，住房自有化和社区社会化已成为不可抗拒的历史潮流。在物业由开发商移交给物业服务企业的过程中，开发商、施工单位、物业公司、业主四方是一种什么样的关系，他们各自对物业的质量、养护、使用负有什么样的责任，都需要在法律法规上予以界定。并且，规范和约束业主与业主之间，物业服务企业与业主之间的关系仅靠公约也是远远不够的，必须要有一个具有强制性、权威性更强的物业管理的法律法规体系，通过法律的形式将各自的责、权、利明确下来，确保物业内的公共利益不受侵害。因此，尽快建立符合我国国情的物业管理法律法规体系已成为物业管理发展的一个很重要问题。

(2)物业管理市场竞争机制尚未形成。物业管理招投标管理不规范，基本是谁开发谁管理，未形成市场竞争机制，其主要表现在：小区竣工交房阶段业主入住较少，基本是开发商自行选聘物业服务企业，在业主入住达到一定规模后，小区成立业主委员会难度较大，业主很难选聘自己满意的物业服务企业。

(3)物业管理收费难且不规范。物业管理直接涉及业主、使用者和物业服务企业的切身利益。目前，物业管理表现比较突出的两个问题是：一是收费难度大。少数业主和使用者不愿交管理费，还有一些业主经常外出或由于购房仅仅为了增值而长期闲置，也造成收费困难。二是收费行为不规范。原国家计委、原建设部早于1996年2月就颁发了《城市住宅小区物业管理服务收费暂行办法》将物业管理服务收费作了明确规定。但是各地物价主管部门没有严格实施，有些物业服务企业忽视业主的合法权益，多收费，乱收费。

(4)物业管理发展的区域性不平衡。我国沿海地区、发达地区物业管理服务发展较快，运作也比较正常；而在边远落后地区，物业管理服务的体系还没有建立，有的地方甚至还没有实行物业管理服务。这就造成了我国物业管理发展的严重不平衡，不利于我国物业服务企业的发展。

(5)物业管理人员素质不高，缺乏专业人才。目前，我国物业管理从业人员的知识结构层次不高，业务水平有限，综合素质偏低。物业管理人才对物业服务企业来说至关重要，其素质的高低，不仅影响到物业管理的服务质量水平，而且关系到企业的长期可持续发展。

1.4.3 我国物业管理的发展趋势

现在很多物业服务企业大包大揽，过分强调自己的队伍，一些本可以外包给专业服务公司的业务，也要自己干，很勉强地为业主提供各种服务，这样，即使自己的管理成本居高不下，也使专业服务公司无事可做。而根据国外物业服务企业的发展历程，物业管理行业将走向专业化道路，即物业服务企业仅仅是一个管理机构，其他如清洁、绿化、设备维护等均由专业化公司实施,一个20万平方米的小区只需要一个物业管理员。中国物业管理也正向着这一趋势发展。目前,如电梯公司、绿化公司、清洁公司等专业公司都如雨后春笋般出现,同时,由于专业公司专业化、低成本、高标准的优势,也可使管理效果大大提升,在物业服务费标准不能轻易变动的情况下,效益是明显的。

当然,物业服务企业要想在激烈的竞争中形成自己的核心竞争能力,必须要有规模化的经营作为坚强后盾。众所周知,物业管理是微利行业,形不成规模化的经营,就不可能赢得可观的利润;而没有经济作基础,一切都将是空谈,因此,在这个新的世纪里,物业服务企业必然要走兼并重组之路,扩大企业的规模和托管的物业面积,以形成规模经营。

阅读资料

复习思考题

1. 什么是物业?它有哪些特点?
2. 什么是物业管理?它有哪些特点?
3. 物业管理的主要内容有哪些?
4. 物业管理的宗旨和作用是什么?
5. 我国物业管理未来的发展趋势如何?

技能拓展

1. 李女士通过对本市多个楼盘的调研走访、多方咨询和筛选,最终选中了一处位置、价格、质量都较为理想的房屋。就在她准备签订购房合同时,她的朋友却告诉她,购房前还应了解一下物业管理状况,尤其是开发商是否重视物业管理。李女士不明白,为什么购房前要了解物业管理呢?如果你是她的朋友,你该如何向她解释呢?同时,你能告诉她购房时应注意哪些物业管理事项吗?

2. 近年来,A物业服务企业接管项目日益增多,人力资源部为了更好地满足各项目上的用人需求,将要在近期再招聘一些物业管理从业人员。人力资源部经理派刚来的小张负责此项事宜,但小张不知道物业管理从业人员的具体要求,你能告诉他吗?

3. 许先生所在的阳光花园小区最近陷入一大难题中,小区业主与物业服务企业签订的《物业服务合同》快要到期了,现在小区业主有的不再愿意继续聘请现在的物业服务企业对物业进行管理,想重新选聘新的物业服务企业;而有的业主更是提出不再需要聘请物业服务企业,要自己管。双方意见僵持不下,许先生作为业主委员会主任,不知如何是好,你能帮帮许先生吗?

任务2　物业管理相关机构

知识目标

1. 了解物业服务企业的概念、特征和类别。
2. 掌握物业服务企业组织机构的设置。
3. 熟悉物业服务企业的权利、职责与义务。
4. 熟悉业主、业主大会、业主委员会的概念、权利和义务。
5. 了解物业服务企业与相关机构的关系。

技能目标

1. 能够根据实际情况，依法组建物业服务企业并进行组织机构的设置并制定相应的岗位职责及规章制度；同时，对现有物业服务企业的组建和组织机构的设置提出自己的见解。
2. 通过学习，能准确界定业主身份，正确区分业主、非业主使用人、物业服务企业、业主委员会、各相关机构等在物业区域内的角色定位。
3. 能够依法正确处理物业服务企业、业主、业主委员会、相关机构之间的关系，维护自身权益，为日后从事物业服务工作奠定基础。

任务导入

胡女士看中了某处商品房的顶层，在一次性交付清全部房款后顺利入住，同时向物业服务企业交纳了当年的物业服务费。入住两个月后，雨季来临，几场大雨之后，胡女士发现天花板有水浸湿的现象，后来竟发展到漏雨的地步，于是，她找物业服务企业报修。物业服务企业通知原施工方前来对楼顶重新进行防水处理。胡女士此时已经对其所住的房屋有些反感，便和开发商协商要求换房，但双方对漏雨造成损失的赔偿问题产生了争议。

胡女士认为自己购买房屋就是为了居住，现在因为漏雨而无法居住，并且自己装修也遭到破坏，她认为这是开发商造成的，所以提出不交纳第二年的物业服务费和供暖费。

开发商承认出售的房屋有质量问题，也愿意赔偿胡女士部分经济损失，但是既然已经同意为胡女士调换房屋，则与胡女士之间就没有纠纷了。

物业服务企业认为自己及时联系维修房屋，并且房屋存在质量问题也不是物业管理责任，胡女士没有理由不交纳物业服务费、供暖费。

由于三方对于债权、债务没有任何异议，胡女士认为自己属于法律所允许的抵消行为，于是三方一同找到律师咨询，最终在律师主持下达成书面协议，协商解决三方的纠纷。（案例来源：戴玉林，王媚莎. 物业管理典型案例与分析[M]. 北京：化学工业出版社，2006）

任务布置

1. 开发商、业主和物业服务企业三者之间分别是什么样的关系？
2. 胡女士是否应该支付本年度供暖费？为什么？

任务要求

1. 搜集课程相关资料，学习《中华人民共和国合同法》第八十四条和第九十九条规定，并能依法解决问题。
2. 通过本任务的学习，能够灵活运用学习到的知识解决上述问题。
3. 分组讨论并形成小组讨论结果，然后进行成果汇报。

知识准备

2.1 物业服务企业

2.1.1 物业服务企业的概念及特征

根据《物业管理条例》的规定，物业服务企业是指依法设立的、具有独立法人资格的从事物业管理服务活动的企业。

从这一概念可以看出，物业服务企业属于从事经营活动的市场主体。作为市场主体，应具有相应的主体资格，享有完全的民事权利能力和行为能力，能够独立承担民事责任。物业服务企业应当具有独立的法人资格，意味着物业服务企业应当具备下列条件：一是依法成立，即物业服务企业的设立程序要符合法律法规的规定；二是有必要的财产或者经费；三是有自己的名称、组织机构和场所；四是能够独立承担民事责任。因此，物业服务企业具有以下特征。

视频：认识物业服务企业

（1）物业服务企业必须依法成立。物业服务企业应当依据《中华人民共和国公司法》（以下简称《公司法》）等法律法规的规定成立，同时必须符合各项法律所规定的企业成立的条件。

（2）物业服务企业是独立法人企业。物业服务企业必须是独立的法人企业，只有这样才能够独立享有民事权利和独立承担民事义务。

（3）物业服务企业根据物业服务合同的约定，向物业管理区域内提供相应服务。按照国务院2018年4月4日颁布的《物业管理条例》第三十五条规定："物业服务企业应当按照物业服务合同的约定，提供相应的服务。物业服务企业未能履行物业服务合同的约定，导致业主人身、财产安全受到损害的，应当依法承担相应的法律责任。"

（4）物业服务企业提供的服务是有偿服务，应当获得相应的经济报酬。物业服务企业是从事经营活动的市场主体,能够进行独立经营,并自负盈亏,其所提供的产品就是服务,而业主作为这种服务的受益者,应该为享受到的这种服务支付相应的费用。根据《物业管理条例》第四十一条的规定:"业主应当根据物业服务合同的约定交纳物业服务费用。业主与物业使用人约定由物业使用人交纳物业服务费的,从其约定,业主负连带交纳责任。已竣工但尚未出售或者尚未交给物业买受人的物业,物业服务费用由建设单位交纳。"

(5)物业服务企业属于服务性企业。物业服务企业的主要职能是通过对物业的管理和提供的多种服务,确保物业正常使用,为业主和物业使用人创造一个舒适、方便、安全的工作和居住环境。物业服务企业本身并不制造实物产品,它主要是通过常规性的公共服务、延伸性的专项服务、特约服务、委托性的代办服务和创收性的经营服务等项目,尽可能实现物业的保值和增值。因此,物业服务企业的"产品"就是服务,与工业企业等其他经济组织是有区别的。

(6)物业服务企业具有一定的公共管理性质的职能。物业服务企业在向业主和物业使用人提供服务的同时,还承担着物业区域内公共秩序的维护、市政设施的配合管理、物业的装修管理等,其内容带有公共管理的性质。

在这里值得注意的是,自2017年12月15日起,无论政府采购项目,还是市场招标项目,招标人都不得将取得物业服务企业资质作为招标条件,这就保证了新设立的物业服务企业和原取得物业服务企业资质的企业之间不再有资质的差别。国务院建设行政主管部门会同有关部门建立的守信联合惩戒机制,使物业服务企业彻底承担起物业服务管理主体的责任,按照业主自我管理和社会化服务相结合原则,积极推动将物业管理纳入社区治理体系。这也就意味着物业服务企业的设立和组建不再受资质的限制。

阅读资料

2.1.2 物业服务企业的类别

物业服务企业的分类方法有很多,代表性的主要有以下几种。

(1)按照投资主体的经济成分来划分。

1)全民所有制物业服务企业。全民所有制物业服务企业的资产属于国家所有。这类企业从已有的全民所有制企业或行政事业单位中分离出来,以原有企业或行政事业单位的房屋管理和维修部门为基础,由原有企业或行政事业单位负责组建。这类企业在刚成立时,往往依附于原来企业或行政事业单位,管理的物业一般是由原有企业或行政事业单位自建的,具有自建自管的特点。随着物业管理市场的不断发育和全民所有制企业改革的不断深入,这类企业已逐步走上市场化发展的轨道。

2)集体所有制物业服务企业。集体所有制物业服务企业的资产属于集体所有。这类企业一般是以街道原有的房产管理机构为基础,由街道或其他机构负责组建,管理街道区域内的物业或其他物业。另外,这类企业还可以由集体所有制的房地产开发公司负责组建,主要管理企业自己开发的各类房产。

3)民营物业服务企业。民营物业服务企业是指民营性质的物业服务企业。

4)外资物业服务企业。外资物业服务企业是指以外商独资经营、中外合资经营或合作经营等形式进行运作的物业服务企业。

5)其他物业服务企业。其他物业服务企业是指企业资产属于多种所有制经济成分的投资主体所有的物业服务企业。

(2)按照股东出资形式来划分。

1)物业管理有限责任公司。物业管理有限责任公司的股东以其出资额为限,对公司承担有限责任,公司以其全部资产对公司的债务承担责任。

2)物业管理股份有限公司。物业管理股份有限公司的全部资产被分为等额股份,股东以其所持股份为限对公司承担责任,公司以其全部资产对公司的债务承担责任。

3)股份合作型物业服务企业。股份合作型物业服务企业的股东通过订立合作经营章程,按其股份享有权利和义务,企业以其全部资产对其债务承担责任。

2.1.3 物业服务企业的设立

2018年3月8日,住房城乡建设部发布了关于废止《物业服务企业资质管理办法》的决定,因此,物业资质取消后,意味着物业服务企业不再需要资质,新成立的物业服务企业只要营业执照上的经营范围包括物业服务就可以正常营业,无须再申请资质。所以,物业服务企业的设立根据《公司法》的相关规定来进行。

根据《公司法》的规定,企业设立须向工商行政管理部门进行注册登记,在领取营业执照后方可开业,因此,物业服务企业在营业前必须到工商行政管理部门注册登记,其办理手续与一般企业相同。

(1)工商注册前准备工作。

1)企业名称的预先审核。物业服务企业可结合行业特点,根据所管理物业的名称、地域、公司发起人等取名,但在起名时,必须符合《公司法》的有关规定。根据公司登记管理的有关规定,物业服务企业应当由全体股东或发起人指定的代表或委托的代理人申请企业名称的预先核准,经工商行政管理部门批准后,获得《企业名称预先核准通知书》。

2)公司地址。物业服务企业应以其主要的办事机构所在地作为公司地址。

3)注册资本。《公司法》规定,科技开发、咨询、服务性有限责任公司最低限额的注册资本为10万元,物业服务企业作为服务性企业应符合此规定。

4)股东人数和法定代表人。在设立物业服务企业时,股东人数必须符合法定条件。

5)公司人员。物业服务企业的人数和从业资格应该符合相关法规要求。

6)公司章程。物业服务企业章程是明确企业宗旨、性质、资金、业务、经营规模、组织机构以及利益分配、债权债务、内部管理等内容的书面文件,是设立企业的最重要的基础条件之一。企业章程的内容因企业性质和业务的实际情况不同而有所不同。一般工商行政管理部门备有企业章程文本,其主要内容包括:

①总则,包括公司名称和地址等;

②企业的经营范围;

③公司注册资本;

④股东的姓名或名称；
⑤股东的权利和义务；
⑥股东的出资方式和出资额，股东转让出资的条件；
⑦公司的机构及产生办法、职权、议事规则；
⑧公司的法定代表；
⑨公司解散事由和清算办法；
⑩职工录用方式、待遇、管理方法；
⑪企业的各种规章制度。

（2）申请工商注册登记。物业服务企业在办理企业注册登记时，应提交必要的审批文件。如果物业服务企业符合规定的条件，在工商行政机关发给营业执照后，公司即告成立。

（3）申请税务登记、印章刻制、相关账户设立。新的物业服务企业开业前，应在规定的时限内持规定资料向税务部门办理税务登记，取得税务登记证。这属于一项法定制度。对国家税务机关来说，它是对纳税人实施税收管理的首要环节和基础工作。对物业服务企业来说，它是自己造福于社会的必尽义务和重要见证。按照《中华人民共和国税收征收管理法》的规定，企业在外地设立的分支机构和从事生产、经营的场所，个体工商户和从事生产、经营的事业单位（以下统称从事生产、经营的纳税人）自领取营业执照之日起三十日内，持有关证件，向税务机关申报办理税务登记。税务机关应当于收到申报的当日办理登记并发给税务登记证件；同时，物业服务企业还应当持规定资料到公安管理部门办理企业印章刻制手续以及到银行管理部门办理企业相关账户设立手续。

物业服务企业设立程序如图 1-1 所示。

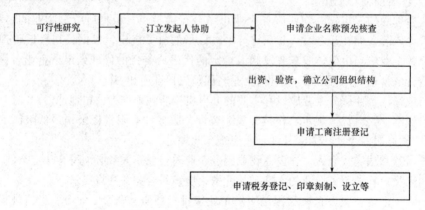

图 1-1 物业服务企业设立程序

2.1.4 物业服务企业组织结构的类型

物业服务企业应根据自身实际情况，选择适宜的组织形式。物业服务企业的组织结构主要有直线制、直线职能制、事业部制、矩阵制等几种形式。

（1）直线制。直线制是最简单的企业管理组织形式，它的特点是企业各级领导者亲自执行全部管理职能，按垂直系统直接领导，不设专门职能机构，如图 1-2 所示。这种组织形式适用于业务量较小的小型物业服务企业的初期管理，不能适应较大规模和较复杂的物业管理。

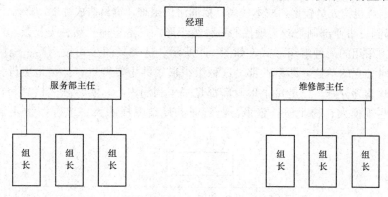

图 1-2　直线制物业管理组织形式

1) 主要优点：领导能够集指挥和职能于一身，命令统一，责权分明，指挥及时。
2) 主要缺点：要求领导者通晓各种专业知识，具备多方面的知识和技能。

(2) 直线职能制。直线职能制以直线制为基础，在各级主管人员的领导下，按专业分工设置相应的职能部门，实行主管人员统一指挥和职能部门专业指导相结合的组织形式，如图 1-3 所示。其特点是各级主管人员直接指挥，职能机构是直线行政主管的参谋。职能机构对下面直线部门一般不能下达指挥命令和工作指示，只起业务指导和监督作用。这种组织形式是目前物业管理机构设置中普遍采用的一种。

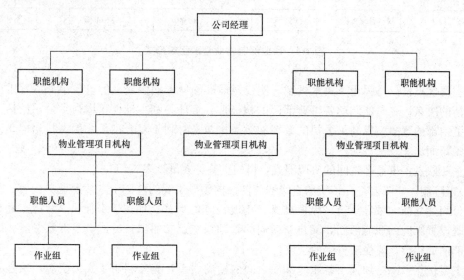

图 1-3　直线职能制物业管理组织形式

1)主要优点:加强了专业管理的职能,适应涉及面广、技术复杂、服务多样化、管理综合性强的物业服务企业。

2)主要缺点:机构人员较多,成本较高;横向协调困难,容易造成扯皮,降低工作效率。

(3)事业部制。事业部制是较为现代的一种组织形式,是管理产品种类复杂、产品差别很大的大型集团公司采用的一种组织形式,如图1-4所示。这类集团公司按产品、地区或市场将公司分成几个相对独立的单位,即事业部。这种组织形式的主要特点有:一是实行分权管理,将政策制定和行政管理分开;二是每个事业部都是一个利润中心,实行独立核算和自负盈亏。这种形式多由那些规模大、物业种类繁多、经营业务复杂多样的大型综合型物业服务企业借鉴采用。

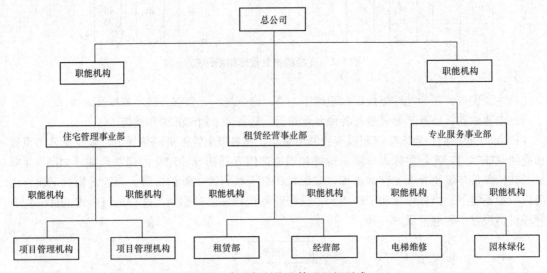

图1-4 事业部制物业管理组织形式

1)主要优点:一是强化了决策机制,使公司最高领导者摆脱繁杂的行政事务,着重于公司重大事情的决策;二是能调动各事业部门的积极性、责任心和主动性,增强了公司的活力;三是促进了内部的竞争,提高了公司的效率和效益;四是有利于复合型人才的考核培养,便于优秀人才脱颖而出。

2)主要缺点:事业部之间的协调困难,机构重叠,人员过多。

(4)矩阵制。矩阵制是在传统的直线职能制纵向领导系统的基础上,按照业务内容、任务或项目划分而建立横向领导系统,纵横交叉,构成矩阵的形式,如图1-5所示。其特点是在同一组织中既设置纵向的职能部门,又建立横向的管理系统;参加项目的成员受双重领导,既受所属职能部门的领导,又受项目组的领导。

1)主要优点:一是加强了各职能部门之间的横向联系,充分利用了人力资源;二是有利于调动各方工作积极性,解决处理各自责任范围内的问题;三是具有较强的机动性和适应性。

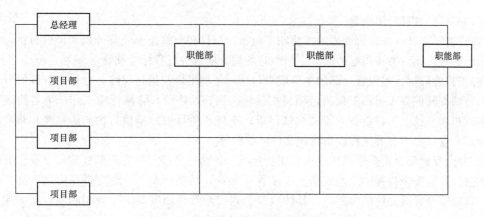

图 1-5 矩阵制物业管理组织形式

2)主要缺点：一是组织结构的稳定性较差，机构人员较多，容易形成多头领导；二是部门之间关系复杂，协调工作量比较大，若处理不当，则容易产生矛盾。

2.1.5 物业服务企业机构及职能划分

物业服务企业规模较大、管理的物业较多时，企业的总体结构可分为两级：企业总部和各项目管理机构(也称管理处、服务中心或服务处)。在企业总部可以设置若干职能部门，分管各项目管理机构的不同业务；项目管理机构负责具体管理服务的操作。

一般情况下，企业职能机构及其职责主要包括以下内容。

(1)总经理室。总经理室一般设总经理和若干副总经理及"三师"(总会计师、总经济师、总工程师等)，部分企业还设有总经理助理。他们共同构成企业的决策层，对企业的重大问题作出决策。

(2)人力资源部。人力资源部的主要职责包括：制定企业各项人力资源管理制度；编制人力资源发展和培训计划；优化人力资源结构和人力资源配置；设计实施薪酬管理方案；完成人员招募、任免、调配、考核、奖惩、培训、解聘、辞退等工作。

(3)行政管理部。行政管理部的主要职责包括：编制实施行政管理、企业文化建设、品牌管理和信息化建设的规划和预算；建立相关规章制度、管理标准和工作标准；完成企业日常行政管理、企业文化和社区文化建设、品牌策划、后勤保障、内部信息管理、信息化建设、对外事务的联络等工作。

(4)财务部。财务部的主要职责包括：坚持原则，遵守财经纪律，执行财务规章制度；编制财务计划，做好财务核算、成本控制、预算和决算管理、财务分析和财务管理等工作；督促检查各项目的财务收支情况，监督资金和资产的安全运作，增收节支；定期向总经理室汇报财务收支情况。

(5)品质管理部。品质管理部的主要职责包括：企业质量管理体系运行和维护；各物业项目服务品质监督；管理评审；协助新物业项目建立质量管理体系；外部质量审核的协调；内部服务品质审核的组织协调；客户服务监督管理；客户关系管理；客户投诉处理；客户满意度评价及监督等。

(6)市场拓展部。市场拓展部的主要职责包括：物业管理市场调查研究；物业管理市场拓展；物业项目可行性研究分析；制作标书；投标管理；新接管物业项目前期介入管理的组织和协调；顾问项目管理与协调等。

(7)经营管理部。经营管理部的主要职责包括：制订和分解企业经营计划和经营目标；制定物业项目考核体系、考核指标和标准；组织对各物业项目进行目标考核等。

(8)工程管理部。工程管理部的主要职责包括：工程维修和运行保障；合格工程维修分包商评审；各项维修保养工程和工程改造项目招投标、预算及审价、合同评审工作；为各物业项目提供工程技术支持、工程设备运行和维修评审；支持新项目做好新接管物业的移交、验收和工程管理；负责或参与有关工程设备管理文件的编制等。

(9)安全管理部。安全管理部的主要职责包括：各物业项目安全管理监督控制、安全管理指导的统筹安排、安全检查的统筹安排、安全管理评审、新项目安全管理支持和协助、负责或参与有关标书安全管理文件的编制等；具体负责公司安全管理制度及工作计划的制订与实施，并监督、指导、协调和考核各项目的执行情况；完成安全巡查、安全投诉处理、定期消防安全检查等工作；协助项目对重大安全事故或突发事件的调查和处理。

(10)环境管理部。环境管理部的主要职责包括：负责清洁、绿化管理，保持环境卫生，实施企业对清洁和绿化分包方监管等；具体负责指导、监督各项目清洁绿化日常维护保养工作；负责对承包方的监督检查与考核；负责制定公共环境卫生防护的各类管理措施，组织编制并实施项目清洁绿化的大、中型维护保养计划。

2.1.6 物业服务企业的权利与义务

《物业管理条例》等相关物业管理法律法规规定的物业服务企业的权利与义务，属于法定的权利义务。但物业服务企业的权利义务更多是通过物业服务合同的约定来明确。具体来说，依据物业管理法规及物业服务合同的约定，物业服务企业的权利义务一般有以下几个方面。

视频：物业服务企业的权利与义务

(1)物业服务企业在物业管理活动中的基本权利：
1)依照物业服务合同和有关规定收取物业费；
2)依照物业服务合同和物业管理法律法规对物业管理区域内的物业实施管理；
3)依照物业服务合同和物业管理法律法规劝阻和制止物业管理区域内违反社会公德、管理规约的行为；
4)有权委托专营公司(如清洁公司、保安公司等)承担专项物业管理业务；
5)在实施物业管理的过程中，有权要求业主委员会给予必要的配合与协助；
6)可以实行多种经营，以其收益补充小区管理经费；
7)可以接受供水、供电、供气、供热、通信、有线电视等单位的委托代收相关费用；
8)法律法规规定或物业服务合同约定的其他权利。

(2)物业服务企业在物业管理活动中的基本义务：
1)履行物业管理法律法规所规定的义务，如承接物业时的查验义务，物业服务合同终止时的移交义务，协助安防、应急救助义务等；
2)履行物业服务合同，按照合同约定提供物业服务；

3)对于物业管理中的有关信息依法进行公开,接受业主的监督;
4)接受房地产行政主管部门、有关行政主管部门及物业管理区域所在地人民政府的监督指导;
5)法律法规规定或物业服务合同约定的其他义务。

2.2 业主、业主大会与业主委员会

2.2.1 业主

(1)业主的概念。业主是指物业的所有权人,可以是自然人、法人和其他组织,也可以是本国公民或组织,还可以是外国公民或组织。

1)物业使用人(以下简称"使用人")。使用人是指不拥有物业的所有权但通过某种形式而获得物业使用权并实际使用该物业的人。使用人包括与业主共同居住的亲友和物业的租户。

2)使用人与业主的区别。使用人没有对物业的最终处分权(如对物业的买卖和处置),也不具有在业主大会上的投票权。

(2)业主的权利。物业管理是为全体业主利益而产生的,《物业管理条例》第六条规定:在物业管理活动中,业主享有下列权利:

1)按照物业服务合同的约定,接受物业服务企业提供的服务;
2)提议召开业主大会会议,并就物业管理的有关事项提出建议;
3)提出制定和修改管理规约、业主大会议事规则的建议;
4)参加业主大会会议,行使投票权;
5)选举业主委员会委员并享有被选举权;
6)监督业主委员会的工作;
7)监督物业服务企业履行物业服务合同;
8)对物业共用部位、共用设备设施和相关场地使用情况享有知情权和监督权;
9)监督物业共用部位、共用设施设备专项维修资金的管理和使用;
10)法律法规规定的其他权利。

视频:业主及业主
资格的确认

(3)业主的义务。业主在物业管理活动中不仅享有权利,而且也要履行相应的义务,根据《物业管理条例》第七条的规定,业主在物业管理活动中应履行下列义务:

1)遵守管理规约、业主大会议事规则;
2)遵守物业管理区域内物业共用部位和共用设施的使用、公共秩序和环境卫生的维护等方面的规章制度;
3)执行业主大会的决定和业主大会授权业主委员会作出的决定;
4)按照国家有关规定交纳专项维修资金;
5)按时交纳物业服务费用;
6)法律法规规定的其他义务。

2.2.2 业主大会

(1)业主大会的概念。

业主大会是代表和维护物业管理区域内全体业主在物业管理活动中的合法权益的组织，由物业管理区域内的全体业主组成。

业主大会应当代表和维护物业管理区域内全体业主在物业管理活动中的合法权益。由此可知，业主大会的性质从本质上讲，是代表和维护全体业主的合法权益，实施自治自律的群众团体和物业服务监督管理组织。

视频：业主大会

《物业管理条例》规定，一个物业管理区域成立一个业主大会。同一个物业管理区域内的业主应当在物业所在地的区、县人民政府房地产行政主管部门或者街道办事处、乡镇人民政府的指导下成立业主大会，并选举产生业主委员会；只有一个业主的，或者业主人数较少且经全体业主一致同意，决定不成立业主大会的物业管理区域，由业主共同履行业主大会业主委员会。

(2)业主大会的特点。

1)民主。业主大会会议可以采用集体讨论的形式，也可以采用书面征求意见的形式；但是，应当有物业管理区域内专有部分占建筑物总面积过半数的业主且占总人数过半数的业主参加。

2)自治。业主可以自行管理物业，也可以委托物业服务企业或者其他管理者进行管理。

3)代表。业主大会或者业主委员会的决定，对业主具有约束力。当业主大会或者业主委员会作出的决定侵害业主合法权益的，受侵害的业主可以请求人民法院对其决定予以撤销。

4)公益。业主大会应当代表和维护物业管理区域内全体业主在物业管理活动中的合法权益。

(3)业主大会的职责。

根据《物业管理条例》第十一条的规定，业主大会应履行的职责主要有以下几项：

1)制定和修改业主大会议事规则；

2)制定和修改管理规约；

3)选举业主委员会或者更换业主委员会成员；

4)选聘和解聘物业服务企业；

5)筹集和使用专项维修资金；

6)改建、重建建筑物及其附属设施；

7)有关共有和共同管理权利的其他重大事项。

(4)业主大会会议。

业主大会会议分为首次业主大会会议、定期会议和临时会议三种。

1)首次业主大会。业主大会自首次业主大会会议召开之日起成立。首次业主大会会议筹备组由业主代表、建设单位代表、街道办事处、乡镇人民政府代表和居民委员会代表组成。筹备组成员人数应为单数，其中业主代表人数不低于筹备组总人数的一半，筹备组组长由街道办事处、乡镇人民政府代表担任。筹备组成员名单确定后，以书面形式在物业管理区域内公告，并作好以下筹备工作：

①确认并公示业主身份、业主人数及其拥有的专有部分面积;
②确定首次业主大会会议召开的时间、地点、形式和内容;
③草拟管理规约和业主大会议事规则;
④依法确定首次业主大会会议表决规则;
⑤制定业主委员会委员候选人产生办法,确定业主委员会委员候选人名单;
⑥制定业主委员会选举办法;
⑦完成召开首次业主大会会议的其他准备工作。

筹备组应当在成立之日起90日内组织召开首次业主代表大会。

首次业主大会会议内容有三个:第一,是表决通过《业主大会议事规则》和《管理规约》;第二,是选举业主委员会;第三,是决定是否续聘原物业服务企业。首次业主大会会议通过《业主大会议事规则》后,定期会议和临时会议的运作方式就由《业主大会议事规则》来决定。

2)定期会议。定期会议一般每年召开一次,其主要内容如下:
①听取业主委员会的工作报告;
②《业主大会议事规则》《管理规约》《业主委员会章程》等文件的审议与修订;
③决定物业服务企业的选聘、续聘与改聘;
④专项维修资金使用和续筹方案的决定;
⑤业主委员会的换届选举与委员的增减;
⑥决定有关业主共同利益的其他事项。

3)临时会议。通常,临时会议一般是一事一议的。若有下列情况之一,则业主委员会应召开业主大会临时会议:
①经专有部分占建筑物总面积20%以上且占总人数20%以上业主提议的;
②发生重大事故或者紧急事件需要及时处理的;
③《业主大会议事规则》或者《管理规约》规定的其他情况。

4)关于业主大会会议的其他规定。
①业主大会会议应当有物业管理区域内持有1/2以上投票权的业主参加方为有效。
②住宅小区的业主大会会议,应当同时告知相关的居民委员会。会议内容必须与物业管理有关。
③业主大会会议应当由业主委员会作书面记录并存档。

5)业主大会会议方式。业主大会会议有全体大会和代表会议两种类型。如果采用代表会议形式,则代表的投票权是一个重要问题,即一是要全权代表其所代表的业主行使投票权;二是仅能行使自己原有的代表权(扮演联系人的角色)。业主大会会议采用两种形式,一是集体讨论,这种形式容易达成统一意见,但需要业主有一致的时间,需要场地,成本较高;二是书面征求意见,这种形式容易组织,成本低,但不容易达成一致理解和决定。

《业主大会和业主委员会指导规则》对代表权限明确定为上述第二种形式,即仅能行使自己原有的代表权。其第二十七条规定:可以按幢、单元、楼层等为单位推选一名业主代表参加业主大会会议。业主代表应在大会召开前3日,就业主大会会议拟定讨论的事项书面征求其所代表的业主意见,凡需要投票表决的,业主的赞同、反对及弃权的具体票数经本人签字后,由业主代表在业主大会投票时如实反映。

在实际操作中,为了减少争议,降低投票成本,可以变通投票方式。一般事项由业主代表决定,在重大事项时业主代表仅仅是联系人,它只能在投票时如实反映业主意见。在《业主大会议事规则》中,对一般事项和重大事项进行界定。重大事项如:制定和修改《管理规约》《业主大会议事规则》,选聘和解聘物业服务企业,选举和更换业主委员会成员,专项维修基金的使用和续筹方案。

6)业主大会的决定方式:

①业主大会作出的决定,应当经专有部分占建筑物总面积过半数且占总人数过半数的业主同意;

②对于重大事项,必须经专有部分占建筑物总面积2/3以上的业主且占总人数2/3以上的业主同意;

③建筑物总面积按照专有部分面积之和计算;

④业主大会的决定对所有业主都具有约束力;

⑤大会的决定应该以书面形式在小区内及时公告。

2.2.3 业主委员会

(1)业主委员会的概念。业主委员会是指由物业管理区域内业主代表组成,代表业主的利益,向社会各方反映业主意愿和要求并监督物业服务企业管理运作的一个民间组织。

视频:业主委员会

1)业主委员会的宗旨。业主委员会代表本物业的合法权益,实行业主自治与专业化管理相结合的管理体制,保障物业合理、安全地使用,维护本物业的公共秩序、创造整洁、优美、安全、舒适、文明的环境。

2)业主委员会的地位。业主大会、业主委员会不仅是业主参与民主管理的组织形式,从根本上讲,还是业主实现民主管理的组织形式。

(2)业主委员会的职责。业主委员会是业主大会的执行机构,在业主大会授权下进行工作并向其负责,其主要工作内容有以下几方面。

1)召集业主大会会议,报告物业管理的实施情况。

2)代表业主与业主大会选聘的物业服务企业签订物业服务合同。

3)及时了解业主和物业使用人的意见和建议,监督和协助物业服务企业履行物业服务合同。

4)监督管理规约的实施。

5)业主大会赋予的其他职责。

除以上法定职责外,业主委员会还应当履行业主大会赋予的以下职责。

1)组织修订管理规约和业主委员会章程。

2)审核专项维修资金的筹集、使用和管理以及物业服务费用、标准及使用办法。

3)接受政府有关行政主管部门的监督指导，执行政府行政部门对本物业管理区域的管理事项提出的指令和要求。

4)调解物业管理活动中的纠纷。

(3)业主委员会的权利和义务。

1)业主委员会的权利。业主委员会最基本的权利是对该物业有关的一切重大事项拥有决定权。这种权利通过管理规约和业主委员会章程予以保证。

①召集和主持业主大会。

②修订管理规约、业主委员会章程、业主大会议事规则。

③决定聘用物业服务企业。

④审议物业管理服务费收取标准和使用办法。

⑤审议年度管理工作计划、年度费用概预算。

⑥检查、监督物业服务企业的物业管理工作。

⑦监督公共建筑、公共设施的合理使用，负责物业维修资金的筹集、使用和管理。

⑧业主大会或业主代表大会赋予的其他职责。

2)业主委员会的义务。业主委员会在享有业主赋予的各项权利的同时，必须履行以下相应义务：

①遵纪守法；

②支持配合物业服务企业开展工作；

③宣传、教育、说服及督促业主工作。

(4)业主委员会委员的任职条件。业主委员会应当由物业管理区域内的业主组成，由业主大会会议选举产生，由5～11人单数组成并符合下列条件：

1)具有完全民事行为能力；

2)遵守国家有关法律法规；

3)遵守业主大会议事规则、管理规约，模范履行业主义务；

4)热心公益事业/责任心强，公正廉洁；

5)具有一定的组织能力；

6)具备必要的工作时间。

阅读资料

2.3 其他相关机构

2.3.1 房地产行政主管部门

国务院建设行政主管部门负责全国物业管理活动的监督管理工作，县级以上地方人民政府房地产行政主管部门负责本行政区域内物业管理活动的监督管理工作。房地产行政管理部门对物业服务企业的监督与管理主要体现在以下四个方面。

(1)对物业服务企业的经营资质进行审查与批准。国家对从事物业管理活动的企业实行资质管理制度。具体办法由国务院建设行政主管部门制定。

(2)对物业服务招标投标活动实施监督与管理。国家提倡建设单位按照房地产开发与物业管理相分离的原则,通过招投标的方式选聘具有相应资质的物业服务企业。

住宅物业的建设单位应通过招标投标的方式选聘具有相应资质的物业服务企业;投标人少于3个或者住宅规模较小的,经物业所在地的区、县人民政府房地产行政主管部门批准,可以采用协议方式选聘具有相应资质的物业服务企业。

(3)对物业服务管理活动实施监督与管理。违反规定或住宅物业的建设单位未通过招投标的方式选聘物业服务企业或者未经批准就擅自采用协议方式选聘物业服务企业的,由县级以上地方人民政府房地产行政主管部门责令限期改正并给予警告,可以并处10万元以下罚款。

(4)组织与实施物业服务管理项目的评优工作。依据住房和城乡建设部《全国优秀管理住宅小区标准》《全国城市物业管理优秀住宅小区达标评分细则》与《全国城市物业管理优秀大厦标准及评分细则》,组织与实施物业管理项目的评优工作。

2.3.2 行业协会

(1)物业管理行业协会的含义。物业管理行业协会是指由从事物业管理理论研究的专家、物业服务交易参与者以及政府物业管理者等组成的民间行业组织。为加强行业自律管理,目前我国物业管理相对普及的地区,物业服务企业也呈一定规模,如深圳、上海、广州等地,均已成立了物业管理行业协会。

(2)物业管理行业协会的作用。物业管理行业协会不仅要维护行业稳健发展,而且还作为政府与服务企业的桥梁,起到十分重要的作用。物业管理行业协会将政府的政策方向、市场规则向物业服务企业进行宣传教育,同时也对市场运作过程中的问题和现象进行探讨,为政府制定政策和法律法规提供依据。其主要作用有以下几个。

1)强化职业道德规范,保护业主利益。
2)会员资格审查和登记。
3)监督已登记注册会员的经营、管理和服务情况。
4)调解仲裁纠纷。
5)物业管理知识的普及、经验的介绍及相关法律法规的宣传。

(3)物业管理行业协会的权利。
1)要求会员按规定交纳会费。
2)要求会员执行协会的决议。
3)要求会员完成协会交办的工作,向协会反映情况,提供学术论文、调查报告和研究成果等有关资料。
4)有权将严重违反协会章程行为的会员除名。

(4)物业管理行业协会的权利与义务。
1)制定物业管理行业的行业准则及道德规范,组织行业评比、行业检查,规范行业行为,对违反行规、行约而损害行业声誉的行为,采取相应的行业自律措施,涉及违法的,建议有关部门予以查处。

2) 调解行业内部的争议。
3) 组织从业人员的业务培训和考试。
4) 宣传贯彻国家和当地关于物业管理的各项法律法规和政策。
5) 向主管部门反映物业管理行业的意见、建议和要求,维护物业管理行业的合法权益。
6) 收集、整理和交流国内外物业管理行业技术和市场信息、行业动态及经营管理经验,编辑出版行业刊物和资料汇编,及时向会员传递信息。

(5) 物业管理行业协会与物业服务企业的关系。

1) 物业服务企业是物业管理行业协会成立的基础。由物业服务企业组成物业管理行业协会,物业服务企业向行业协会交纳会费以维持协会的活动,行业协会组织物业服务企业进行培训和学习,并维护物业服务企业的利益。由于物业管理行业协会是物业服务企业的共同组合体,因此它是物业服务企业的社会后台力量。

2) 物业管理行业协会对物业服务企业进行指导和培训。物业管理行业协会与政府各行政主管部门在工作中保持着亲密的协作关系,协会向物业服务企业宣传政府的政策、方向等,并协助政府开展行为调查,为政府制定行业改革方案、发展规划、政策法规等提供预案和建议。当物业服务企业向物业管理行业协会寻求帮助时,行业协会会积极维护物业服务企业的权益;当业主和物业服务企业发生纠纷时,通常由行业协会相关主管部门解决。

2.3.3 街道办事处与居民委员会

街道办事处是基本城市化的行政区划,下辖若干社区居民委员会。

街道办事处是市辖区人民政府的派出机关,受市辖区人民政府或功能区管委会领导,行使区人民政府赋予的职权。

社区居民委员会是居民自我管理、自我教育和自我服务的基层群众性自治组织。

在物业管理区域内,业主大会和业主委员会应当积极配合相关居民委员会依法履行自治管理职责,支持居民委员会开展工作并接受其指导和监督。住宅小区召开的业主大会、业主委员会作出的决定,应告知相关的居民委员会,并认真听取居民委员会的建议。

2.3.4 工商、税务和物价等行政主管部门

工商、税务和物价等行政主管部门对物业服务企业实施监督和指导。

(1) 工商行政管理部门——物业服务企业必须接受工商行政主管部门的监督与指导。物业服务企业应向工商行政主管部门申请注册登记并领取营业执照后方可对外经营。工商行政主管部门每年应对物业服务企业依法进行年检、年审,对违法经营者有权依法进行批评、教育和处罚,直到吊销其营业执照,对合法经营者给予保护和支持。

(2) 税务管理部门——物业服务企业应依法向国家纳税。税务部门有权对物业服务企业纳税情况进行定期和不定期的业务检查和指导。物业服务企业虽可享受国家对第三产业的利税优惠政策,但仍应遵守有关税收政策并依法纳税。

(3) 物价行政主管部门——物业服务企业应接受物价行政主管部门的物价管理。物价主管部门对物业服务企业的价格工作实施监督与指导。物业服务企业制定的物业管理服务收费标准,

须上报物业行政主管部门核定批准,未经物价主管部门批准,物业服务企业不得扩大收费范围,不得提高收费标准。若物业服务企业违反价格法律法规和规定,则由政府价格主管部门依据《中华人民共和国价格法》《价格违法行为行政处罚规定》对其进行处罚。

(4)公安局或派出所等部门——物业安全管理工作要接受当地公安机关或派出所的监督和指导。安全服务是物业管理工作的主要工作之一,物业服务企业应认真贯彻"预防为主,人防、物防、技防相结合"的原则,自觉接受当地公安机关或派出所的监督和指导。在物业区域内,当物业服务企业发现违法行为时,公安机关或派出所应该制止;对应该制止而没有制止的违法行为,应该及时报告治安案件而没有及时报告的,要承担相应的法律责任。

(5)环卫和园林部门——物业服务企业的环境管理要接受园林部门和环卫部门的监督和指导。

1)物业服务企业对管理区域内违反规定进行的固体、水体、大气和电磁波、噪声污染等行为应该予以制止并揭发检举;情节严重的,应报环卫部门处理。

2)对毁坏绿地、树木的行为应该予以制止和揭发检举;情节严重的,应报园林绿化部门处理。

3)清扫保洁、垃圾清运、公共厕所的清掏和维护与环卫部门的责任分工明确。

4)绿化美化管理与园林绿化部门的责任分工明确。

2.3.5 供水、供电、供气、供热、通信、有线电视等单位

《物业管理条例》规定,物业管理区域内,供水、供电、供气、供热、通信、有线电视等单位应当向最终业主(或物业使用人)收取有关费用。物业服务企业接受委托代收前款费用的,不得向业主收取手续费等额外费用。

供水、供电、供气、供热、通信、有线电视等单位应当依法承担物业管理区域内相关管线和设备设施维修养护的责任。因维修、养护等需要,临时占用、挖掘道路、场地的,应当及时恢复原状。

如果供水、供电、供气、供热、通信、有线电视等单位委托物业服务企业对其承担维修养护责任的相关管线和设备设施进行维修养护,则应当与物业服务企业确定委托关系,签订委托合同并支付相关费用。

复习思考题

1. 物业服务企业有哪些类型?
2. 什么是物业服务企业?它有哪些权利和义务?
3. 物业服务企业的组织形式有哪几种,其优缺点各是什么?
4. 物业服务企业的设立需要具备的条件是什么?
5. 业主的权利和义务有哪些?
6. 当选业主委员会委员的条件有哪些?
7. 业主大会的职责是什么?
8. 物业管理行业协会的作用是什么?

技能拓展

1. 利利今年13岁，她的父母看现在房价涨得厉害，想着若等她大学毕业以后再买房，房价不知道会有多高，觉得很划不来。于是，在年初的时候，利利的父母就在她们居住的小区内给利利单独买了一套房子，产权人是利利。现在，小区要成立业主委员会了，可是在核实产权人出席会议投票时，发现利利只有13岁，小区业主认为利利属于限制民事行为能力人，不具备参加业主大会的资格，于是坚决不让利利参加业主大会。物业服务企业也坚决反对利利参加业主大会。请问，小区业主和物业服务企业的反对有理吗？为什么？

2. 李先生是业主委员会的主任，他平时热心为大家工作，为了让业主与物业服务企业建立良好的关系，他付出了很多努力，同时也做了大量的工作。然而，由于李先生不是物业管理方面的专业人士，在处理一些重大问题时，经常感到把握不准尺度，特别是在处理业主委员会与物业服务企业之间的关系上，他始终混淆不清。现在，请你给李先生说说，业主委员会与物业服务企业之间到底应该是一种怎样的关系呢？

3. 小张最近刚搬进了新家，物业服务企业一会儿上门让他不要将垃圾堆放在门口，必须放在指定的垃圾投放处；一会儿又让他将放在门口的鞋柜搬回屋内。小张有点郁闷了，在自己家门口放点东西，物业服务企业还管东管西的，究竟是请来管业主的还是提供服务的啊？怎么没半点服务体验呢？物业费不是白交了吗？你认为是这样吗？如果不是，能不能给小张一个满意的答复呢？

4. 某小区的业主在物业服务企业的主持下，召开业主大会，准备成立业主委员会。会上，小区的一个业主（也是该小区居委会成员）提出了质疑，认为小区现在已有居委会和物业服务企业，对小区管理也不错，不明白为什么还要成立一个业主委员会？业主委员会成立后，对居委会工作会产生什么影响？

5. 午后，小李在小区里散步，不小心被正在给草地浇水的绿化工作人员溅了一身水，工作人员迅速上前道歉。在工作人员上前道歉的过程中，小李竟意外发现他工作服上印的工作单位居然不是小区的物业服务企业，而是××园林绿化公司。经小李询问，工作人员告知他，他们负责绿化的都不是物业服务企业的员工。于是小李进行了投诉，认为物业服务企业侵犯了小区业主的权益，而且大量外来人员进入小区，给小区带来安全隐患，小李希望物业服务企业能给出一个满意的答复。如果你接到了小李的投诉，应该怎样处理才能让小李满意呢？

6. 某住宅小区共有500套住房，仍有62套没有卖出。2018年8月，这个住宅小区在区物业管理行政主管部门的主持下，成立了业主委员会成立筹备小组，召开筹备小组工作会议，确定了15名候选人并决定从中选举7名委员。2019年5月，在区物业管理行政主管部门的主持下，这个住宅小区进行投票选举，但在公布了业主委员会当选名单之后，部分业主提出开发商不是业主，其经理当选为业主委员会委员侵犯了业主的合法权益，于是坚决反对选举结果，要求重新选举。如果你是区物业管理行政主管部门的负责人，你要如何向小区业主们解释呢？

项目 2　物业管理的启动

任务 1　物业管理招标投标

知识目标

1. 了解物业管理招标投标的概念和特点。
2. 掌握物业管理招标投标的程序和方式。
3. 掌握物业管理招标投标文件的编制。

技能目标

1. 能够结合招标项目的特点与要求拟定招标章程和招标文件，组织投标、开标、评标、定标和签订合同等一系列工作。
2. 能够根据投标项目的特点，深入分析招标文件要求、标准等编制投标文件。
3. 能够理解物业管理招标投标对规范物业管理市场的重要性和必要性。

任务导入

2018 年 9 月 17 日，某住宅小区按程序召开了首次业主大会并成立了业主委员会。在首次业主大会上，业主就是否要更换现有的物业服务企业及如何重新选聘新的物业服务企业事宜进行了激烈的讨论。

该住宅小区自业主入住以来，一直由原开发商选聘的物业服务企业管理，而且现有的物业服务企业其实就是开发商所属的子公司。业主们认为，正是由于它们之间的这种"姻亲"关系，因此，现在的物业服务企业代表的也是开发商的利益，因为物业服务企业代表不是按照全体业主的意愿选聘出来的，不会站在业主的角度考虑问题。而自 2016 年年初业主开始入住以来，小区就经常停水，有时甚至会停水一周，业主常常面临着吃水和用水难题。停水期间喝水都是买矿泉水，洗衣服也只能到亲戚家或者拿到洗衣店里洗。面对业主的投诉，现物业服务企业常常不给予答复，也不积极向相关部门报告，而且在处理小区其他事务时，物业服务企业的表现也让业主不满，很多业主为此拒绝交纳物业服务费，双方矛盾日益增加。

任务布置

1. 业主能否"炒"物业服务企业的"鱿鱼"?
2. 业主大会如果要解聘现有的物业服务企业,需满足什么条件?
3. 分析开发商选择自己所属的物业服务企业管理小区物业的方式存在什么问题?
4. 该小区业主可以通过什么方式来选聘自己满意的物业服务企业?

任务要求

1. 搜集课程相关资料,提前学习《物业管理条例》第二十四条、第二十五条和第二十六条规定。
2. 通过对本任务的学习,能够灵活运用学习到的知识解决上述问题。
3. 分组讨论并形成小组讨论结果,然后进行成果汇报。

知识准备

1.1 物业管理招标

1.1.1 物业管理招标的概念

物业管理招标是指物业所有权人或其法定代表的开发商或业主委员会在为其物业选择管理者时,制定符合其管理服务要求和标准的招标文件并向社会公开,由多家物业服务企业竞投并从中选择最佳对象,与之订立物业服务合同的过程。

视频:物业管理招标的方式

1.1.2 物业管理招标的方式

物业管理按照招标对象分类,可分为公开招标、邀请招标和协议招标三种方式。

(1)公开招标。公开招标是指招标人(业主或开发商)通过报纸、电视及其他新闻渠道公开发布招标通知,邀请所有愿意参加投标的物业服务企业参加投标的招标方式。公开招标最大的特点是招标人以招标公告的方式邀请不特定的法人或者其他组织投标。

公开招标是国际上最常见的招标方式。实行公开招标可以使投标人充分获得市场竞争的利益,同时又实现了公平竞争,大大减少了偷工减料现象的发生,是最系统、最完整和规范性最好的招标方式,但是,公开招标方式也有招标时间长和招标成本较高等不足之处。

(2)邀请招标。邀请招标是指不公开刊登广告而直接邀请某些单位投标的招标方式。其主要特点是以投标邀请书的方式邀请特定的物业服务企业投标。由于公开招标工作量大、招标时间长、费用高,而邀请招标的有些做法正好弥补了公开招标的不足,因此,邀请招标成为公开招标不可或缺的补充方式。

采用邀请招标方式的招标人应当慎重选择参选的投标人，尤其是重点考察投标单位当前和过去的财务状况、近期内承接同类项目的管理水平、是否具有管理经验、在本地区或同行业的信誉度、对招标项目的综合承担能力等。招标人只有对投标人在数量和质量上进行合理的筛选，才能确保邀请招标的最终成功。

（3）协议招标。协议招标又称议标，是由招标单位直接邀请一家或几家物业服务企业分别就物业管理进行协商，确定物业管理有关事项的招标方式。议标实质上可以看作是更小范围的邀请招标。

目前，协议招标在我国常见于中、小规模的物业管理招标项目中。一方面，该类物业的工期较紧，标的总价较低，短时间内难以吸引足够数量的物业服务企业进行投标；另一方面，开发商本身对物业服务企业的情况较为了解，且所需管理的物业技术性和专业性要求不强，此时在投标人竞争范围缩小的情况下，并不影响物业管理服务的质量。因此，议标常常被经验丰富的开发商所采用，业主委员会也可通过委托招标机构采用议标方式进行招标。

1.1.3 物业管理招标的内容

（1）早期介入阶段和前期物业管理阶段的招标内容。早期介入阶段主要是指物业开发设计、施工建设、竣工验收的阶段，前期物业管理阶段是指从入住到业主大会聘请物业服务企业承担日常管理前的阶段。在早期介入阶段和前期物业管理阶段，要求提供相应物业管理服务的主要招标内容如下：

1）对投标物业的规划设计提供专业的合理化建议；
2）对投标物业设施配备的合理性及建筑材料选用提供专业意见；
3）对投标物业的建筑设计和施工是否符合后期物业管理的需要提供专业意见并对现场进行必要监督；
4）提出投标物业的其他管理建议；
5）参与物业的竣工验收，并提出相应整改意见；
6）设计物业管理模式，制订员工培训计划；
7）对经营性物业进行经营策划，制订租赁策略方案和宣传推广方案；
8）建立服务系统和服务网络，制订物业管理方案；
9）办理移交接管，对业主入住和装修实施管理和服务。

（2）常规物业管理招标内容。

常规物业管理要求提供的相关服务的主要内容如下：

1）项目机构的建立与日常运作机制的建立，包括机构设置、岗位安排、管理制度等；
2）房屋及共用设备设施的管理；
3）环境与公共秩序的管理，包括清洁卫生、环境绿化养护、停车场及安全防范等；
4）客户管理、客户服务和便民措施；
5）精神文明建设；

6）物业的租赁经营；

7）财务管理，包括对物业服务费和专项维修资金的使用和管理。

1.1.4 物业管理招标的条件和程序

1. 物业管理招标的条件

（1）主体条件。招标人为业主委员会的，需经业主大会授权，同时应将招标投标的过程和结果及时向业主公开；招标人为建设单位的，必须符合相应的法律法规规定的其他条件；招标项目为重点基础设施或公用事业物业的，招标人必须经相关产权部门的批准和授权。

有能力组织和实施招标活动的招标人，可以自行组织实施招标活动，也可以委托招标代理机构办理招标事宜。

1）招标人自行组织招标。自行组织实施招标活动的招标人应当成立专门的招标组织，负责招标活动的具体实施，审定招标条件、标底、评标程序和定标办法等。

自行组织物业管理招标活动的招标人应具备以下条件：拥有与招标项目相适应的技术、经济、管理人员；具有编制招标文件的能力；具有组织开标、评标及定标的能力。

2）招标人委托招标代理机构办理招标。委托招标代理机构招标常见于公开招标和大范围邀请招标。招标代理机构具有较强的专业水平、广泛的市场信息和熟练的招标投标技巧，因此，这种招标方式能够提高招标投标工作的效率和质量，使招标机构与投标人之间信息充分对称，有利于招标人选择最符合要求的物业服务企业。

招标人应根据自己的意愿和物业自身情况选择招标代理机构进行招标。招标代理机构与招标人之间仅限于委托代理的关系，因此，招标代理人应当在招标人委托的范围内办理招标事宜，并遵守有关针对招标人的法规规定。

（2）项目条件。按照《物业管理条例》和《前期物业管理招标投标管理暂行办法》的规定，住宅及同一物业管理区域内非住宅的建设单位应当通过招投标的方式选聘物业管服务企业；投标人少于3个或者住宅规模较小的，经物业所在地的区、县人民政府房地产行政主管部门批准，可以采用协议方式选聘其有相应资质的物业管理企业。

国家提倡建设单位通过招投标的方式选聘物业管理企业。

因此，必须通过招投标方式选聘物业服务企业的项目，仅为新开发的住宅及同一物业管理区域内非住宅；新开发的非住宅项目以及业主入住后由业主大会选聘物业服务企业的情况下，既可采取招投标方式，也可采取其他方式。

2. 物业管理招标的程序

一般来说，物业管理的招标程序大致可分为招标准备、招标实施和招标结束三个阶段。

（1）招标准备。招标准备阶段是指从开发商或业主委员会等决定进行物业管理招标到正式对外招标之前的这一阶段所作的一系列准备工作。这一阶段主要有成立招标机构、编制招标文件和制定标底等工作。

1）成立招标机构。招标单位决定通过招标投标方式选聘物业服务企

视频：物业管理
招标的程序

业时，需要成立一个专门的招标机构，并由该机构全权负责整个招标活动。招标机构的主要职责是：一，拟定招标章程和招标文件；二，组织投标、开标、评标和定标；三，组织签订物业服务合同。

招标机构的成立有招标人自行设立招标机构和招标人委托招标代理机构招标两种途径。

2）编制招标文件。招标文件的作用在于告知投标人递交投标书的程序，阐明所需招标的情况，告知投标评定准则以及订立合同的条件等。

物业管理招标文件的内容、格式根据招标项目的特点和需要而有所不同，但任何招标文件都应依据法律法规和惯例编号。

3）制定标底。标底是招标人为准备招标内容计算出的一个合理的基本价格，即一种预算价格，对于招标项目，招标人应在正式招标前先制定出标底，它的作用是作为招标人审核报价、评标和确定中标人的重要依据。

（2）招标实施。

1）发出招标邀请或通知。招标人若采用公开招标方式进行招标，应发布招标公告；招标人若采用邀请招标方式，应当向3个以上具备承担招标项目的能力、资信良好的特定法人或其他组织发出投标邀请书。

2）组织资格预审。资格预审是对所有投标人的一项"粗筛"，也可以说是投标者的第一轮竞争。通过资格预审，一方面，可以减少招标人的费用；另一方面，可以保证实现招标目的，选择到最合格的投标人。具体内容包括以下几个方面。

①申请人的基本情况：包括公司名称、地址、电话和传真、公司等级、注册资本、关系企业等以及与本合同有关的主要负责人和项目授权代表；公司组织机构情况，专业人员及管理人员的人数；公司历年承包合同的类型和金额及主要所在地区等。

②申请人的财务状况：包括公司资产负债表、损益表等财务报表；银行过去5年的资信证明以及对未来2年财务情况的预测。

③经验和过去的表现：包括过去5年内申请人完成类似项目的基本情况，如这些项目和业主的名称、项目工作量、合同金额和服务期限等。

招标方收到投标方的资格预审材料后，经资格预审后，招标方应向预审合格的投标方发出资格预审合格通知书，告知获取招标文件的时间、地点和方法并同时向资格预审不合格的投标申请人告知资格预审结果。

3）召开标前会议。投标资格预审确定合格申请人后，招标人应尽快通知合格申请人及时前来购买招标文件。召开标前会议的目的是澄清投标人提出的各类问题。《投标人须知》中一般要注明标前会议的日期，如有日期变更，招标人应立即通知已购买招标文件的投标人。招标机构也可要求投标人在规定日期内将问题用书面形式寄给招标人，以便招标人汇集研究，作出统一的解答，在这种情况下无须召开标前会议。

4）开标、评标与定标。招标人或招标机构在规定的时间内收到物业服务企业封送的合格投标书后，应在公开预定的时间和地点当众拆封开标，公开宣读各物业服务企业的标的，之后由招标人代表和物业管理各方面专家组成的评标委员会或评标小组进行评标。

评标结束时，评标委员会通常会为招标人筛选出几个最有竞争力的中标推荐人，由招标人作最后决定。在这一阶段，招标人往往通过同时与中标推荐人进行谈判，以最充分地获取投标人的信息。这一阶段在惯例中又称为"议标"（不同于招标方式中的"议标"）。经过议标后，才由招标人决定谁中标。招标人应在投标有效截止时限30日前确定中标人，并在规定时间内发出中标或未中标通知书。

(3)招标结束。招标人最后选出中标人时，招标便进入结束阶段。这一阶段的具体内容包括以下几个方面。

1)合同的签订。《中华人民共和国招标投标法》规定："招标人和中标人应当自中标通知书发出之日30日内，按照招标文件和中标人的投标文件订立书面合同。"按照国际惯例，在正式签订合同之前，中标人和招标人（开发商或业主委员会）通常还要先就合同的具体细节进行谈判磋商，最后才签订新形成的正式合同。

2)合同的履行。合同的履行是指合同双方当事人各自按照合同的规定完成其应承担的义务的行为，在此特指中标人应当按照合同约定履行义务，完成中标项目的行为。

3)资料的整理和归档。招标人在招标结束后，应对形成合同关系过程的一系列契约和资料进行妥善保存，以便于对中标人的履约行为实行有效的监督和查考。

1.1.5 物业管理招标文件

物业管理招标文件是物业管理招标人向投标人提供的指导投标工作的规范文件。

不同物业管理服务类型的项目的招标文件的内容各异。一般的招标文件内容基本包括三大部分：第一部分，投标人应了解并遵循的规定，具体包括招标公告（投标邀请书）、投标人须知、技术规范及要求；第二部分，投标人必须按规定填报的投标书格式，这些格式将组成附件作为招标文件的一部分；第三部分，中标的物业服务企业应签订的合同条件（包括一般条件和特殊条件）及应办理的文件格式，具体可归纳为组成招标文件的六要素：投标邀请书、技术规范及要求、投标人须知、合同一般条款、合同特殊条款、附件（附表、附图、附文等）。

(1)招标公告（投标邀请书）。招标公告与投标邀请书的目的大致相同，即提供必要的信息，从而使潜在投标人获悉物业管理项目招标信息后，再决定是否参加投标。其主要内容包括：招标人名称、项目名称、地点、范围、技术规范及要求的简述、招标文件的售价、投标地点、投标截止时间、开标时间地点等。投标邀请书可以归入招标文件中，也可以单独寄发。如果采用邀请招标方式招标，投标邀请书往往作为投标通知书而单独发给潜在投标人；如果采取公开招标方式招标，往往是先发布招标公告和资格预审通告。投标邀请书是指招标人向预审合格的潜在投标人发出的正式投标邀请，应作为招标文件的一部分。

(2)技术规范及要求。这一部分主要是说明招标物业管理项目的具体内容及服务所应达到的标准和要求。例如，对于某高档公寓项目，招标人要求该物业的清洁卫生标准应达到五星级，就应在"技术规范及要求"部分写明。对于各项目的不同服务标准和要求，可以编列一张"技术规范一览表"加以综合。另外，在技术规范部分，应出具物业说明书以及物业的设计施工图纸。说明书和图纸应在附件部分作详细说明。

(3) 投标人须知。投标人须知是为整个招标投标过程制定的规则是招标文件的重要组成部分，其内容包括：总则说明、招标文件说明、投标文件编写、投标文件递交、开标和评标、授予合同。投标须知的具体说明有以下几个内容。

1) 总则说明，主要对招标文件的适用范围、常用名称、合格的投标人和投标费用进行说明。

2) 招标文件说明，主要是对招标文件的构成、招标文件的澄清、修改进行说明。

3) 投标书的编写，投标人须知中应详细列出对投标书编写的具体要求，包括：投标所用的语言文字及计量单位、投标文件的组成、投标文件格式、投标报价、投标货币、投标有效期、投标保证金、投标文件的份数及签署。如果由于采取邀请招标或议标方式招标，而没有进行投标资格预审，还应要求投标人按预定格式和要求递交投标人资格的证明文件。编写要求的说明一般有两种：一种是文字说明，应归入投标人须知一部分；另一种是在招标文件中列出投标文件的一定格式，投标人按格式要求填写内容。这些格式通常包括：投标书格式、授权书格式、开标一览表、投标价格表、项目简要说明一览表及投标人资格证明书格式等。这些格式统一归入"附件部分"。

4) 投标文件递交，主要是对招标文件的密封和标记、递交投标文件的截止时间、迟交的投标文件、投标文件的修改和撤销的说明。

5) 开标和评标包括以下内容。

① 对开标规则的说明。

② 组建评标委员会的要求。

③ 对投标文件响应性的确定，即审查投标文件是否符合招标文件的所有条款、条件和规定且没有重大偏离和保留。

④ 投标文件的澄清。即写明投标人在必要时有权澄清其投标文件内容。

⑤ 对投标文件的评估和比较（说明评估和比较时所考虑的因素）。

⑥ 评标原则及方法。

⑦ 评标过程保密。

6) 授予合同。

① 定标准则，即说明定标的准则，包括"业主不约束自己接受最低标价"的申明等。

② 资格最终审查，即说明招标人会对低报价的投标人进行履行合同能力的审查。

③ 接受和拒绝任何投标的权利。

④ 中标通知。

⑤ 授予合同时变更数量的权利。即申明招标人在授予合同时有权对招标项目的规模予以增减。

⑥ 合同协议书的签署，即说明合同签订的时间、地点以及合同协议书的格式。

⑦履约保证金。

(4)合同一般条款。合同的一般条款不是合同的主要内容，通常包括以下几项条款。

1)定义。解释合同中的关键名称。

2)适用范围。写明合同的适用范围。

3)技术规格和标准。该条款的内容一般与招标文件的第二部分"技术规范及要求"的内容相一致。

4)合同期限。一般可参照委托管理的期限。

5)价格。即物业管理费的计取，一般应与中标人的投标报价表相一致。

6)索赔。索赔条款主要说明在投标人发生违约行为时，招标人有权按照索赔条款规定提出索赔。其具体内容包括索赔的方案和索赔的程序。

7)不可抗力。不可抗力条款是指在发生预料不到的、人力无法抗拒事件的情况下，合同一方难以或不可能履行合同时，对由此引致的法律后果所作的规定。其条款一般包括三个部分。

①不可抗力的内容。

②遭受不可抗力事件的一方向另一方提出的报告和证明文件。

③遭受不可抗力事件一方的责任范围。

8)履约保证金。该条款主要是规定中标人在签订合同后，为保证合同履行而须提交的履约保证金的比例以及提供履约保证金的形式。

9)争议的解决。该条款主要的内容是预先规定合同双方在合同履行过程中发生争议时的解决途径和方法，如在该条款中规定以仲裁作为解决争议的途径等。

10)合同终止。该条款主要内容是说明合同的期限和合同终止的条件(如物业服务企业违约情节严重、业主破产、物业被征用等)。

11)合同修改。该条款应申明对于合同的未尽事项，需进行修改、补充和完善的，甲乙双方必须就所修改的内容签订书面的合同修改书，作为合同补充协议。

12)适用法律。写明合同适用的法律。

13)主导语言与计量单位。语言是汉语还是英语等，计量单位要统一。

14)合同文件及资料的使用。条款中应写明合同文件及资料的使用范围及事宜，如对保密的规定等。

15)合同份数。

16)合同生效。

(5)合同特殊条款。为了适应特殊情况和特殊要求做出的特殊规定。如对执行合同过程中更改合同要求而发生偏离合同的情况作出某些特殊规定。另外，合同特殊条款还可以是对合同一般条款未包括的某些特殊情况的补充，如关于延迟接管而赔偿的具体规定以及有关税务的具体规定等。

在合同执行中，如果一般条款和特殊条款不一致而产生矛盾时，应以特殊条款为准。

(6)附件。附件是对招标文件主体部分文字说明的补充,包括附表、附文和附图。

1)附表。投标书格式,授权书格式,开标一览表,项目简要说明一览表,投标人资格的证明文件格式,投标保函格式,协议书格式,履约保证金格式(通常为银行保函)。

2)附文。物业说明书。

3)附图。物业的设计和施工图样。

招标文件示例

某政府大楼的招标文件(部分内容):该项目位于 C 市 G 区,总建筑面积为 95 000 m^2,招标方式为邀请招标,由招标人委托代理机构于 2018 年 5 月组织具体的招标活动。

附录1:招标文件目录

目 录

第一部分 投标邀请函

投标邀请函

第二部分 投标人须知

总则

1. 项目说明
2. 定义及解释
3. 合格的投标人
4. 纪律与保密事项
5. 保证
6. 投标费用招标文件
7. 招标文件构成
8. 招标文件的澄清和修改
9. 实地查验物业投标文件的编制
10. 投标语言及计量
11. 投标文件的构成
12. 投标函
13. 投标报价说明
14. 投标报价货币
15. 证明投标人合格和资格的文件
16. 投标保证金
17. 投标人知悉
18. 投标有效期
19. 投标文件的式样和签署
20. 知识产权投标文件的递交
21. 投标文件的密封标记

22. 投标截止时间

23. 迟交的投标文件

24. 投标文件的修改与撤回开标与评标

25. 开标

26. 评标委员会

27. 评标原则和评标方法

28. 初步评审及详细评审

29. 投标文件的修正和澄清

30. 中标人

31. 拒绝任何或所有投标的权利授予合同

32. 合同授予标准

33. 中标通知书

34. 签订合同

35. 中标服务费

36. 履约保证金

第三部分　物业管理服务需求书

1. 概况

2. 物业管理项目及范围

3. 物业管理要求

4. 物业管理质量指标要求

5. 奖惩办法

6. 物业管理期限及管理服务费支付时间

7. 其他

第四部分　物业管理服务合同格式

第五部分　投标文件格式

格式一　投标函格式

格式二　投标报价表格式

格式三　法定代表人授权书格式

格式四　技术、商务响应文件格式

格式五　物业管理投标方案文件格式

格式六　资格证明文件

格式七　履约保证金格式

格式八　唱标信封

附录2：投标邀请函格式

投标邀请函

————————：

C市大华工程项目管理咨询公司(以下简称"招标代理机构")受A省政府(以下简称"招标人")的委托,就A省政府创新大楼物业管理服务招标接受合格的国内投标人提交密封投标。有关事项如下:

一、本次招标的项目:A省政府创新大楼物业管理服务招标(详细内容请参阅招标文件中的相关内容)

二、招标文件规定的时间(本次招标均使用北京时间)

1. 本次招标的投标报名及购买招标文件时间:2018年5月1日上午9:30～11:30;下午2:30～4:00。

2. 递交投标文件时间:2018年5月20日上午9:00。

3. 开标时间:2018年5月20日上午9:30。

三、本招标文件规定的地点

1. 发售招标文件地点:C市大华工程项目管理咨询公司。

2. 递交投标文件地点:A省政府采购中心。

3. 开标地点:A省政府采购中心。

四、投标人必须提交金额为5万元的投标保证金,投标保证金必须在投标截止时间之前到达招标代理机构账户上。

招标代理机构账户:

收款人:C市大华工程项目管理咨询公司

开户行:工商银行C市分行

账号:601020000××××××

投标保证金的有关事项按投标人须知的相关规定执行。

五、招标答疑的时间、地点。

时间:2018年5月5日上午10:00。

地点:××路28号A省政府接待大厅一楼101室。

2018年5月4日上午11:30时前,各投标人将需解答的问题传真给招标代理机构。

六、本次招标在本招标文件规定的时间和地点公开开标,届时请投标人法定代表人或其授权代表务必出席开标会。

七、招标代理机构、招标人将不负责投标人准备投标文件、实地查验物业和递交投标文件所发生的任何成本或费用。

八、有关此次招标之事宜,可按下列地址以书面形式向招标代理机构查询。

招标代理机构:C市大华工程项目管理咨询公司

地址:C市×××中路××101大厦9楼201室

联系人:李××　电话:×××××××　传真:×××××××　邮编:×××××

评标委员会将允许修正投标文件中不构成实质性偏离的、微小的、不正规的、不一致的或不规则的地方,但这些修正不能影响任何投标人相应的名次排序。

(二)详细评审。

1. 技术评审细则

评标委员会对每个投标人按下列因素每项进行打分。

(1)对物业管理服务需求书的响应程度(15%)。

(2)物业管理服务总体模式与配套措施(10%)。

1)总体模式(5%)。

2)配套措施(5%)。

(3)物业管理机构设立方案和运作流程(10%)。

1)机构设立方案(5%)。

2)运作流程(5%)。

(4)管理服务人员的配备方案(15%)。

1)人员配备(8%)。

2)人员资质、培训(4%)。

3)人员考核(3%)。

(5)管理服务用房及其他物资装备配套方案(10%)。

(6)各项管理规章制度(15%)。

(7)各项物业管理服务、物业维护计划和实施方案(10%)。

(8)物业管理服务各项质量指标的承诺和目标(15%)。

2. 商务评审细则

评审委员会对每个投标人按下列因素每项进行打分。

(1)商务响应程度(40%)。

1)对物业管理委托合同的响应(15%)。

2)经营收支预算方案、利润率(25%)。

(2)信誉(10%)。

1)有无不良诉讼史(5%)。

2)信誉等级(5%)。

(3)业绩(20%)。

1)投标人近3年的物业管理服务业绩(附部分合同复印件,业主或委托书评价意见并注明联系部门及电话)(8%)。

2)投标人近3年的同类物业管理业绩(附部分合同复印件,业主或委托人评价意见并注明联系部门及电话)(7%)。

3)投标人2000年至今的物业管理业绩(附部分合同复印件,业主或委托人评价意见并注明联系部门及电话)(5%)。

(4)履约能力(20%)。
1)投标人企业人员规模、营业额、利润(8%)。
2)总资产(6%)。
3)资产负债率(6%)。
(5)资质(10%)。
1)物业服务企业资质级别(5%);
2)是否有ISO质量认证或其他质量认证证明(5%);
3)价格的核准和评分。
(6)评标委员会详细分析、核准价格表,看其是否有计算上或累加上的算术错误,修正错误的原则如下:
1)若用数字表示的金额和用文字表示的金额不一致,以文字表示的金额为准;
2)当单价与数量的乘积与总价不一致时,以单价为准,并修正总价;
3)投标人的报价有漏项的,将以所有入围投标人的最高报价计入投标报价总价;
4)评标委员会依据招标文件认为应该调整的价格。
(7)评标委员会将按上述修正错误的方法调整入围投标文件中的投标报价,调整后的价格对投标人具有约束力。如果投标人不接受修正后的价格,则其投标将被拒绝。
(8)价格评分:将评标委员会修正后的入围投标人的投标价格,取算术平均值的95%作为基准价格,等于基准价格的投标报价定为100分,高于基准价格的投标报价则按其比例,每高于2%减1分,低于基准价格的不加分,如此类推,算出入围投标人的价格评分。
现场答辩评分的主要标准与权重:
1)答辩人物业管理知识和对法规的熟悉程度(25%);
2)答辩人的准备充分程度(20%);
3)答辩人对本项目的了解程度(30%);
4)答辩人的思路、条理性、针对性和回答问题的准确性(25%)。
(三)得分统计及评标结果。
(1)将每份入围投标统计得出技术、商务、答辩和价格评分分别乘以权重得出其技术得分、商务得分、现场答辩和价格得分,各得分相加即为综合得分。
(2)评标委员会以书面形式写出评标结果,按综合得分由高到低的排名顺序推荐前两位的投标人(得分相同时以低价者优先)为中标候选人。
(四)技术、商务、答辩及价格权重分配。
技术、商务、答辩及价格权重分配见表1。

表1 技术、商务、答辩及价格权重分配

评分项目	技术评分	商务评分	价格评分	现场答辩
权重	40%	20%	30%	10%

(3)投标人的人员素质表。
(4)投标人近3年的总资产、资产负债率、年营业额、净利润、开户银行出具的资信证明书。
(5)投标人近3年经审计的资产负债表、现金流量表、损益表复印件。
(6)提供投标人近3年业绩表(包括同类物业管理业绩表)。
(7)投标人的质量认证证书复印件。

1.2 物业管理投标

1.2.1 物业管理投标的概念

物业管理投标是指物业服务企业为开拓业务,依据物业管理招标文件的要求组织编写标书,并向招标单位递交投标书和投标文件,参加物业管理竞标,以求通过市场竞争获得物业管理项目的过程。

视频:物业管理投标

1.2.2 物业管理投标的主体

物业管理投标的主体一般是具有符合招标条件的物业服务企业或专业物业服务企业。

专业物业服务企业通常是指具备一定资质,能承接物业管理专项服务的专业化企业,如电梯(安装、日常保养维护、维修)专业公司、楼宇设备专业公司、清洁卫生专业公司、园林绿化专业公司等。

就整体的物业管理服务项目而言,投标的主体必须是物业服务企业,但市场上也存在将一个整体的物业管理项目按内容进行分项投标的情况,参与投标的不仅有物业服务企业,也有相应的专业物业服务企业。

1.2.3 物业管理投标的工作程序

1. 获取招标信息

根据招标方式的特点,投标人获取招标信息一般来自两个渠道:一是从公共媒介上采集公开招标信息,二是来自招标方的邀请。

2. 项目评估与风险防范

在获取招标信息后,投标人应首先组织经营管理、专业技术和财务等方面的人员对招标物业进行项目评估,预测中标成功的可能性和存在的风险,对投标活动进行策划,制定相应的投标策略和风险控制措施,确保投标的成功或避免企业遭受损失。

(1)项目评估。项目评估一般分为两个阶段,即初选阶段、准备和实施阶段。初选阶段的评估主要是在调查、研究资料的基础上对项目进行分析、预测和评定,目的是确定是否参与投标;准备和实施阶段的评估主要是对投标物业进行深入的调查和进行技术、经济论证,并在此基础上确定最佳投标策略和管理方案。

项目评估主要包括以下几个方面内容。

1)招标物业的基本情况。投标人在分析招标物业项目的基本情况时,主要是从物业的性质和类型入手,着重了解物业的建筑面积和投资规模、使用周期、建筑设计规划、配套设备设施等具体情况。属于新建物业的,就要了解物业的建设周期和进度,分析物业现有条件对实施物业管理服务的利弊;如在早期介入和前期物业管理的项目中,要关注现有规划设计及建筑施工中是否存在不符合物业管理要求的问题,以便在方案中提出相应的解决或建议方案;属于已投入使用的物业的,则应收集物业使用过程中的具体资料,如历年大中修计划实施情况、配套设施功能改造方案等;属于商业类型物业的,则应了解商业物业的使用功能和规模;对公用事业类型物业,除了解物业的基本情况外,还应该关注现有规划或已配置的设施中是否具备预防及应对紧急事件的条件等。

物业服务企业可以通过招标文件、现场踏勘、标前会议等渠道获取招标物业项目的基本资料为项目的组织架构设计、人员及岗位的设置、费用测算等提供准确的依据。

2)招标物业项目的定位。分析招标物业项目的定位要从招标物业项目的内部条件和外部环境入手,了解物业的功能定位、形象定位和市场定位,调查物业所在地域的人文环境、经济环境、政治及法律环境,具体包括物业所在地域的法规政策,政府管理,社会文化传统与风俗习惯,居民收入与消费水平,物业所在区域的位置、交通条件、商业状况、人口流动状况,同类物业的服务费用标准等。

3)业主的需求。招标物业项目的业主对物业管理服务的需求包括业主需求的内容、物业管理消费的承受能力等。目前,设计得较为规范的物业管理招标文件中对物业管理服务需求都有明确具体的规定,物业服务企业应认真分析招标文件的相关内容。对于非单一业主性质的招标项目,物业服务企业还应通过市场调研的方式了解招标物业业主(包括预售或现售性质物业的潜在客户)的文化层次、生活需求、对物业管理服务的期望与要求,从而为制订物业管理方案中的服务重点和管理措施提供决策依据。

4)建设单位、物业产权人(含业主)、物业使用人的基本情况。建设单位、物业产权人(含业主)、物业使用人的基本情况包括其背景资料以及是否具有诚意合作并具备履行合同的实力。属于新建物业的,要详细调查了解建设单位的资金实力、技术力量和商业信誉等,并通过对建设单位以往所承建的物业质量,以及有关物业服务企业与之合作情况的调查,分析判断招标物业建设单位的可靠性;属于重新选聘物业服务企业招标项目的,应调查解聘原管理方的原因、物业产权人是否与原建设单位或管理方存在法律纠纷;对于已投入使用一定年限的招标物业,需详细了解物业的使用情况、产权人的背景、资金实力和信誉,物业是否存在重大隐患;属于要求投标人参与物业合作经营的招标项目,应另作具体的投资可行性分析论证。

5)招标条件和招标过程。对招标方要求的条件要进行深入分析,预测中标的可能性。对在招标文件和招标过程中出现的异常要求和情况要进行分析判断,调整招标策略,避免因招标方或竞争对手使用违规手段操纵招标活动,使企业蒙受不必要的损失。如有的招标文件会由于招标者的利益趋向而呈现出某种明显偏向。在阅读标书时,物业服务企业应特别注意招标公告中的特殊要求,以便作出正确判断,还应对招标方增加的合同特殊条款作出其是否符合《物业管理条例》规定的判断,从而评估企业若承担特殊条款可能存在的风险。

6)竞争对手。对竞争对手的分析评估包括了解竞争对手的规模、数量和企业综合实力;竞

业人员知识结构、起源数量、企业背景；介绍企业以前管理的物业的名称、区位、性质、面积及以往物业管理经验和经营业绩，介绍企业主要负责人的业务能力、物业管理经验和经历。

(2)分析投标物业管理要点。主要指出此次投标物业的特点和日后管理上的特点、难点，可列举说明，还要分析业主(或物业使用人)对此类物业有管理上的期望、要求等。投标企业应针对此次投标物业的具体性质与业主的情况，就最突出的问题做详细分析。

(3)介绍本企业提供的管理服务内容。物业服务企业应提供的管理服务内容一般包括以下几个方面。

1)开发设计建设期可提供的管理服务内容。开发设计建设期间可提供的管理服务主要包括：
①对投标物业设计的图样提出专业意见；
②对投标物业的建设施工提出专业意见并进行监督；
③对投标物业的设备设施及建筑材料选用提出专业意见；
④提出关于本投标物业的特别管理意见和建议等内容。

2)物业竣工验收前的顾问服务内容。物业竣工验收前的管理顾问服务主要包括员工培训计划、管理制度、业主手册以及财务预算方案等内容。

3)业主(或物业使用人)入住及装修期间的管理服务内容。业主(或物业使用人)入住及装修期间的管理服务主要包括：
①业主(或物业使用人)装修工程及材料运送的管理服务；
②业主(或物业使用人)入住办理移交手续的管理服务；
③迁入与安全管理服务等内容。

4)管理运作服务内容。阐述物业服务日常工作的各项内容，主要包括：
①物业管理人员安排；
②保安服务、清洁服务、维修保养服务、财务管理服务、绿化园艺管理服务、租赁管理服务等服务内容、服务流程及保障措施等。

5)说明将提供的服务的形式、费用和期限。

(4)投标文件编写的基本要求。作为评标的基本依据，投标文件必须具备统一的编写基础，以便于评标工作的顺利进行。

1)使用国家统一的行业标准计量单位，避免在定标和履约中出现混乱。

2)使用统一的货币。国内物业管理投标书规定使用的货币应为人民币，而国际投标中所使用货币则应按招标文件的规定执行。

3)使用国家统一颁布的行业标准与规范。如果某些业主由于特定需要要求提供特殊服务，也应按照国家正式批准的统一的服务行业标准规范。若招标文件要求采用国外的服务标准与规范，应将所使用的标准规范译成中文，并在投标文件中说明。

4)使用准确的表述方式。投标书的文字与图纸是投标者借以表达其意图的语言，必须能准确表达投标公司的投标方案。投标文件要使用简洁、明确、文法通畅、条理清楚、言简意赅的表述方式，最大限度地减少招标单位的误解和可能出现的争议。

图纸、表格的编写要做到前后一致、风格统一、符合招标文件的要求。最好能以索引查阅方式将图纸表格装订成册，并和投标文件中的文字表述保持一致。

5)确保资料的真实性。投标文件的内容应符合招标文件的所有条款、条件和规定，且无重大偏离与保留。投标人应按招标文件的要求提供投标文件，并保证所提供全部资料的真实性。

(5)投标文件编写中应注意以下几个问题。

1)确保填写无遗漏，无空缺。投标文件中的每一空白都需填写，如有空缺，则被认为放弃意见；重要数据未填写，可能被作为废标处理。

2)不可任意修改填写内容。投标人所递交的全部文件均应由投标方法人代表或委托代理人签字；若填写中有错误而不得不修改，则应由投标方负责人在修改处签字。

3)填写方式规范。除投标方对错处作必要修改外，投标文件中不允许出现加行、涂抹或改写痕迹。

4)不得改变标书格式。若投标人认为原有招标文件规定的格式不能表达投标意图，可另附补充说明，但不得任意修改原招标文件规定的格式。

5)计算数字必须准确无误。投标公司必须对单价、合计数、分步合计、总标价及其大写数字进行仔细核对。

6)报价合理。投标人应对招标项目提出合理的报价。

7)包装整洁美观。投标文件应保证字迹清楚，文本整洁，纸张统一，装帧美观大方。

8)做好投标文件的保密措施。

阅读资料

1.2.5 物业管理投标技巧

1. 投标报价的策略和技巧

投标报价是技术性、技巧性极强的工作，在投标的过程中，需要不断调整策略，使报价更接近标底。投标报价的策略主要有以下几种。

(1)对项目运作的经营管理成本进行准确测算，确定项目运作的盈亏平衡点和利润空间，在此基础上预测标底和竞争对手的报价范围。

(2)密切关注并正确分析竞争对手的报价。

(3)补充一些投标人有能力承担的优惠条件作为报价的附加。

在投标过程中，投标人采取的报价技巧主要有以下几个方面。

1)多方案报价。在邀请招标或议标的方式中，由于招标文件不明确或项目本身有多方案存在，投标人对项目原方案提出在经济上、技术上更合理可行的方案，即准备两个或两个以上的报价，最后与招标方进行协商处理。

2)保本报价。即按成本报价，适用于规模大、远景效益好的项目或业主大会委托业主委员会组织的招标项目。

2. 现场答辩的技巧

(1)应选择经验丰富、性格沉稳、对项目情况熟悉的答辩人。在开标前应对答辩人员进行模

感到轻松直观、印象深刻和感觉良好。

(3)答辩。按照规定,参加答辩的人选限于两名:公司总经理和标的管理处主任。答辩时间为十分钟,深圳万科物业管理有限公司的答辩给评委留下了深刻印象,为中标争取了分数。深圳万科物业管理有限公司答辩特点有以下几个。

1)答辩形式与众不同:以"实物投影仪"进行图示讲解,使评委在感到新颖的同时,顺利地接受讲解;而其他九家公司全是以坐姿面对评委,以一问一答形式被动完成答辩。

2)答辩内容与众不同:深圳万科物业管理有限公司的答辩重点均为招标方关心的论题,比如取代防盗网的防盗措施、小区交通秩序的管理措施、留给下任物业服务企业的经费等,这些问题可谓切中要害,评委非常关心这些问题,以至于超过十分钟后仍有评委在不断提问;与此相反,不少公司花了很多时间介绍本公司架构、历史、成绩和管理设想,令评委缺乏兴趣,甚至有的公司答辩时间不足十分钟。

4. 中标启示

连续两次中标,使深圳万科物业管理有限公司名声大振,对万科房地产也起到了明显的促销作用,公司也从两次实践中得到很多宝贵经验。经过一年多的管理实践,公司培养了一批大规模和超大规模综合住宅区的经营管理干部,这是最大收获。

通过两次投标,深圳万科物业管理有限公司感到参与竞争是一种积极进取的行为和一种快速发展的途径;同时,要想在竞争中获胜,除具有坚实的内功外,还要有不断的创新思想和手段。进取创新是竞争的有力武器。

复习思考题

1. 早期介入和前期物业管理阶段的招标内容有哪些?
2. 简述常规物业管理招标内容。
3. 物业管理招标的主体条件是什么?
4. 物业管理招标程序有哪些?
5. 物业管理投标过程由哪些程序组成?
6. 投标主体有哪些?
7. 编制投标文件时应注意哪些问题?
8. 物业管理投标答辩技巧有哪些?

技能拓展

1. 贵阳市"××花城"小区位于贵阳市观山湖区××镇××路108号,于2017年11月开工建设，工程总用地面积约为22万平方米。总建筑面积约为38万平方米。其中，多层住宅面积为102 564平方米，小高层、高层住宅面积为170 973平方米，地下室面积为5万平方米，商业用房面积约为5.8万平方米，其他配套面积为700平方米，本项目分两期开发。请为贵阳市"××花城"前期物业管理服务编写一份公开招标公告/投标邀请书(函)。

2. A物业服务企业看到B房地产开发有限公司关于河滨花园小区前期物业管理服务招标公告后，决定投标，市场部王经理、财务部张经理和工程部的李总工被抽调负责该项工作，请你告诉他们应做好哪些工作，如何做？

3. 某住宅小区于2018年3月建成，在选择物业管理机构时，房地产开发商没有进行招标投标，而是自己成立了一个物业管理部直接接管该小区，请分析以下几个问题。

(1)房开商的做法是否合适？为什么？

(2)根据《物业管理条例》的规定，房开商应受到怎样的处理？

(3)在什么情况下，可以不采用招标投标的方式选聘物业服务企业？

4. 以下是某住宅小区的招标概况，经过资格审查，已有6家物业服务企业符合要求，分别是来自上海、重庆、北京等地的4家物业服务企业和某市当地的2家物业服务企业。如果你是某市当地物业服务企业当中的1家，请你根据以下材料编写一份投标书。

(1)物业标的。在建，规划建设面积约为20.6万平方米，已建成面积约为13万平方米，其中别墅面积约为3.8万平方米(已入住)。物业类型有高档公寓和别墅。设施基本齐全，维修基金基本落实。物业管理区域是一个。

(2)招标范围：全国公开招标，公证部门全过程公证。

(3)招标文体：某市房地产行政主管部门受房开商委托，与房开商共同招标并运作。

(4)投标方：来自上海、重庆、北京等地的4家物业服务企业和某市本地的2家物业服务企业。

(5)评委组成：专家库抽选的资深专家9人。

(6)评标方式：专家综合评定，其中信誉调查由招标方随机抽样评分。

(7)评分类别与权重：信誉(12%)、标书(54%)、答辩(34%)。

(8)公共服务费确定。政府定价：别墅为每月6元/平方米；高档公寓为每月3元/平方米。

2. 房地产开发商延期交房影响《物业服务合同》的生效吗?为什么?
3. 业主委员会与A物业服务企业签订的《物业管理服务合同》对业主有约束力吗?

任务要求

1. 复习业主委员会相关知识,学习《物业管理条例》第十五条关于业主委员地位和职责的规定。
2. 注意区分《商品房买卖合同》《前期物业服务合同》与《物业服务合同》,以及合同双方当事人之间的关系。
3. 分组讨论并形成小组讨论结果,再进行成果汇报。

知识准备

2.1 物业服务合同的概念与特征

2.1.1 物业服务合同的概念

物业服务合同是物业服务企业与业主(或业主大会授权的业主委员会)之间就物业管理服务及相关的物业管理活动所达成的权利义务关系的协议。物业服务企业与业主确定聘用关系的法律形式是双方签订物业服务合同,只有签订了物业服务合同,才能将各方享有的权利和承担的义务确定下来。物业服务企业通过履行物业服务合同取得经营收益,业主通过履行付费义务得到合同约定的物业服务。

2.1.2 物业服务合同的特征

(1)物业服务合同的主体是特定的。在物业服务合同中,当事人都具有特定的身份。聘用方主要有两个:一个是建设单位,在业主委员会成立前作为物业服务合同的一方当事人;另一个是业主委员会,在业主委员会成立后作为物业服务合同的一方当事人。一般来说,受聘方只能是物业服务企业,但是在分项目的物业管理服务中,其他的专业公司(如保安专业公司、清洁绿化专业公司、电梯专业公司、设备安装专业公司等)也可成为受聘方。

(2)物业服务合同的内容必须是合法的。物业服务合同的内容应当体现当事人双方的权利和义务的相互平等,并不得与现行的物业管理法律法规和政策规定相抵触;否则,合同将不受法律保护。

(3)物业服务合同的订立是以当事人相互信任为前提的。任何一方不得通过利诱、欺诈、蒙骗等手段签订合同;否则,一经查实,可以依法起诉,直至解除合同关系。

(4)物业服务合同不仅是诺成合同,而且是双务合同。物业服务合同自双方签署合同时成立,因此为诺成合同;合同中双方都承担义务,一方的权利就是另一方的义务,所以是双务合同。

(5)物业服务合同当事人的权利与义务是对等的。物业服务合同当事人既有权利,也有相应的义务,不能只享受权利而不履行自己的义务。

2.1.3 物业服务合同的主要内容

物业服务合同一般由合同的部首、合同的正文、合同的结尾三部分组成。

(1)合同的部首。合同部首主要由双方当事人的名称、住址、物业的名称以及订立合同所依据的法律等部分组成。合同的部首虽非合同的实施内容,但在发生纠纷时,可以作为仲裁机构或法院处理合同争议的依据。

(2)合同的正文。物业服务合同正文部分主要包括以下内容。

1)物业基本情况。物业基本情况通常包括物业的类型、坐落位置、占地面积和建筑面积等。

2)委托管理范围、内容及权限。委托管理的范围必须明确。委托管理的内容则根据招投标及谈判的结果,逐项明确地填写。其中包括公共场所设施的管理部分、特约服务、专项服务部分等。委托管理权限一般是对受托人在处理以上事务方面的权利的限定。非经委托人出具书面授权书,受托人不得直接为委托人设定任何负担和义务。

3)委托管理目标。委托管理目标主要指一些经济指标(如经营性物业的出租率、年收益等)、质量指标(如获得质量管理体系的认证)、管理目标(如争创物业管理优秀小区等)。

4)委托管理期限。委托管理期限关系到委托双方责任的时间界限,要详细到从某年某月某日起到某年某月某日止。

5)双方的权利和义务。

①双方的权利。受托方的权利即上述的授权。根据我国《物业管理条例》规定,物业服务企业可以将物业管理区域内的专项服务业务委托给专业性的公司,但不得将该区域内的全部物业管理一并委托给他人。

委托方的权利,主要是代表权(代表和维护业主及非业主使用人的合法权益)、审定权(审定受托人拟定的物业管理制度、年度管理计划、财务的预决算等)、指示权(做出委托事务范围内的建设性、指导性、任务性、批评性的指示)、监督权(检查监督受托人管理工作的实施及制度执行情况)。

②双方的义务。受托方的主要义务包括担保义务(担保其有能力从事上述委托事务的合法资格和执业证书)、忠实义务、诚信义务、勤勉义务、不越权义务、协助义务、报告义务、接受委托方监督及行政管理部门的监督指导义务。

委托方的义务主要包括协助义务(协助受托方接管委托的物业、提供相关资料、办理有关手续等)、提供管理用房的义务、按管理规约约束业主和使用人违约行为的义务等。

6)费用的种类和标准。费用的支付应说明包括的种类、范围、支付的时间、地点、币种、方式以及调整的方法。

7)奖惩措施。奖惩措施是指受托者获得质量体系认证达到一定的经济目标(物业的经营收益超过某个限度,能源节约达到规定)等,委托者给受托者奖励的条款;当然还有惩罚的条款。

8)违约责任。双方任何一方的违约行为造成另一方的损害,受害方有权要求对方赔偿,甚至可以有权终止合同。当事人可以订立索赔条款、约定解决索赔的基本原则、提出索赔的期限、索赔的通知方法、递交的证明文件和票据等。

9)合同的变更、补充和终止。合同可以规定,当事人经双方协商一致,可以就合同的条款进行变更、补充或提前终止;也可以规定,任何一方不得无故解除合同,若因解除合同给对方造成损害的,对方有权要求赔偿损失。

10)争议的解决。争议的解决有五种方式,即协商、调解、调停、仲裁、法院审判。当事人在合同中可以约定选择其中的一种或几种。调解、调停、仲裁、法院审判要明确选择的单位、地方等。仲裁的合法裁决是终局的,对双方都有约束力。如果当事人双方不在合同中约定仲裁机构,事后又未达成书面仲裁协议的,可以向法院起诉。

(3)合同的结尾。合同的结尾部分主要写明合同签订的日期、地点、合同生效日期、合同的份数、开户银行、账号及合同当事人的签名盖章,它是法院及仲裁机构处理合同争议的依据。

2.2 前期物业服务合同

2.2.1 前期物业服务合同的概念

通常情况下,业主、业主大会选聘物业服务企业开展工作,物业服务合同在业主大会和物业服务企业之间签订。但在实践中,物业的销售、建成之后业主入住、业主大会成立之前,就需要进行物业管理活动。由于业主大会尚未成立,为避免在业主大会选聘物业服务企业之前出现物业管理的真空,只能由建设单位选聘物业服务企业对物业实施管理服务,物业服务合同在建设单位和物业服务企业之间签订。这时的物业服务合同就称为前期物业服务合同。

视频:前期物业服务合同

前期物业服务合同是指物业建设单位与物业服务企业就前期物业管理阶段双方的权利义务所达成的协议,是物业服务企业被授权开展物业管理服务的依据。《物业管理条例》第二十一条规定:"在业主、业主大会选聘物业服务企业之前,建设单位选聘物业服务企业的,应当签订书面的前期物业服务合同。"第二十五条规定:"建设单位与物业买受人签订的买卖合同应当包含前期物业服务合同约定的内容。"前期物业服务合同的当事人不仅涉及建设单位与物业服务企业,也涉及业主。

前期物业服务合同是针对前期物业管理服务所签订的,是实施物业管理的第一个合同。前期物业服务合同可以约定期限,但是期限未满、业主委员会与物业服务企业签订的物业服务合同生效的,前期物业服务合同终止。

2.2.2 前期物业服务合同的特征

前期物业服务合同有以下特征。

(1)前期物业服务合同具有过渡性。一旦业主大会成立或者全体业主选聘了物业服务企业,业主与物业服务企业签订的合同发生效力,就意味着前期物业管理阶段结束。

(2)前期物业服务合同由建设单位和物业服务企业签订。

(3)前期物业服务合同是要式合同,即法律要求的必须具备一定形式的合同。前期物业服务合同必须以书面的形式签订。

对于前期物业服务合同的效力,《最高人民法院关于审理物业服务纠纷案件具体应用法律若干问题的解释》第一条明确规定:"建设单位依法与物业服务企业签订的前期物业服务合同,以及业主委员会与业主大会依法选聘的物业服务企业签订的物业服务合同,对业主具有约束力。业主以其并非合同当事人为由提出抗辩的,人民法院不予支持。"

2.2.3 物业服务合同与前期物业服务合同的区别

物业服务合同中关于服务内容的条款与前期物业服务合同基本相同,其主要区别有以下几点:

(1)合同主体不同。前期物业服务合同的当事人是物业开发建设单位与物业服务企业;物业服务合同的当事人是业主(或业主大会)与物业服务企业。

视频:常规物业服务合同

(2)合同期限不同。前期物业服务合同的期限虽然可以约定,但是期限未满、业主委员会与物业服务企业签订的物业服务合同开始生效的,前期物业服务合同即刻终止。物业服务合同期限则由订立合同双方约定,与前期物业服务合同相比,其具有期限明确和稳定性强等特点,一般期限为3~5年。

(3)合同签订时间不同。前期物业服务合同的签订时间一般在建设单位出售物业之前;物业服务合同的签订时间一般应在业主委员会成立后。

2.3 物业管理服务专项分包合同

2.3.1 物业管理服务专项分包合同的概念

物业专业分包合同是物业服务企业把从业主或业主委员会承接到的任务中的一些专业性较强的物业管理任务分包给专业企业,由物业服务企业与物业管理分包企业之间签订的合同。

2.3.2 物业管理服务专项分包的必要性

(1)技术上的需要。物业服务企业缺乏如智能系统、电梯等专业性很强的技术人才,可以通过某些专业管理项目的分包来弥补。同时,物业管理总包企业又可以通过这种形式扩大自己的经营范围,承接自己不能独立承担的管理任务。

(2)经济上的目的。对于物业管理中一些专业性较强的分项,如果物业管理总承包企业自己承担可能盈利不大或亏损,而将其分包出去,让高度社会化、专业化的专业企业去承担,这可以将管理风险转移出去,避免损失。

(3)业主委员会的要求。对于物业管理业务中某些特殊专业或需要特殊技能的管理项目,业主委员会在将任务发包给物业管理总承包企业时,或在招标中就要求或建议将这些管理项目分包给专业企业,这在高档物业的发包时会经常发生。

2.3.3 业主委员会与物业服务企业、物业分包企业之间的关系

物业服务企业向业主或业主委员会承担全部管理责任,负责物业管理中的管理工作和所有与各分包企业之间的协调以及各专业分包合同责任界限的划分,同时承担协调失误造成损失的责任,向业主委员会承担物业管理的风险。

物业专业分包企业仅完成物业服务企业管理任务中的部分分项,物业专业分包企业只向物业服务企业负责,与业主和业主委员会无合同关系。

2.3.4 物业专项分包企业的类型

从目前来看物业管理专业分包公司主要有下列类型:房屋修缮专业企业、园林绿化专业企业、清扫保洁专业企业、家政服务专业企业、保安护卫专业企业、市政管养专业企业、电梯、设备设施维修的专业企业、其他类型的物业管理专业企业。

2.3.5 物业管理服务专项分包合同的基本内容

物业管理专业分包合同应遵照平等、自愿、互利的原则,由物业服务企业与分包企业签订。虽然各类物业的专项管理性质、技术要求、内容和要求都有很大差别,但各专业管理合同仍存在许多共同特点。带有共性的内容主要有:管理项目与内容、管理费用、双方权利和义务、合同期限、违约责任、其他。

2.4 物业服务合同的签订

2.4.1 物业服务合同的成立

物业服务合同的成立,是指合同双方当事人就合同的主要条款达成一致,且采用书面形式订立,双方当事人一经签字或盖章,合同即成立。

2.4.2 物业服务合同的生效

物业服务合同通常在成立时即生效。如果合同附生效条件,则在该条件成就时生效。

2.4.3 签订物业服务合同应注意的事项

(1)明确业主委员会的权利义务。除《物业管理条例》规定的业主委员会应有的权利义务外,业主委员会的其他一些权利义务,也应在服务合同里明确约定。例如,业主委员会有权对物业服务企业的服务质量,按照合同规定的程序提出意见并要求限期整改;同时,业主委员会应承担相应的义务,包括督促业主按时交纳物业费,积极配合物业服务企业工作,尊重物业服务企业专业化的管理方式和措施等。

(2)明确物业服务企业的权利和义务。本着权利和义务对等的原则,在赋予物业服务企业管理整个小区日常事务的权利时,也要明确物业服务企业所承担的义务与责任,并且尽可能予以细化。

(3)对违约责任的约定。履行合同中如有一方违约就应该赔偿另外一方的损失。损失的计算及赔偿标准应该按照《中华人民共和国合同法》的规定进行具体表述。对于不可抗力(如地震、战

争等)造成的损失应该免于赔偿。要在服务合同里明确双方违反约定应承担的违约责任，约定的责任要具有实用性和可操作性。

(4)对免责条款的约定。在物业服务合同约定中，订立合同各方应本着公平合理、互谅互让的原则，根据物业的具体情况设立免责条款，明确免责的事项和内容。例如，在物业服务合同中应明确约定物业服务费不包含业主与物业使用人的人身保险、财产保管等费用，排除物业服务企业对业主及物业使用人的人身、财产安全保护、保管等义务，以免产生歧义，引发不必要的纠纷。

(5)物业服务合同的主要条款宜细不宜粗。物业管理服务及相关活动规范是合同签订的主要目的。在签订物业服务合同时，要特别注意以下几项主要条款。

1)项目，即应逐项写清管理服务项目。如"房屋建筑公用部位的维修养护和管理""共用设备设施的维修养护、运行和管理""环境卫生"等。

2)内容，即各项目所包含的具体内容，越详细越好。例如，房屋建筑公用部位的维修、养护和管理项目内容应包括楼盖、屋顶、外墙面、承重结构，环境卫生应覆盖的部分，安全防范的实施办法等。

3)标准，即各项目具体内容的管理服务质量标准。例如，垃圾清运的频率(是一天一次，还是两天一次)、环境卫生的清洁标准、安全防范具体标准(门卫职责、是否设立巡逻岗)等。另外，还要注意在明确质量标准时要少用或不用带有模糊概念的词语，例如，要避免采用"整洁"等用词，因为在合同的执行过程中很难对是否整洁作出准确判断。

4)费用，即在前述的管理服务内容与质量标准下应收取的相应费用。物业管理服务是分档次的，不同档次收取的费用是有较大差异的。在明确了解项目、内容和标准后，费用的确定往往是双方争论和讨论的焦点。在确定合理的费用时，要经过详细的内容测算和横向比较。

为防止合同过长，双方还可就具体问题增加合同附件。

(6)合同的签订要实事求是。物业的开发建设是一个过程，有时需分期实施。在订立合同尤其是签订前期物业管理服务协议时应充分考虑这点，既要实事求是，又要留有余地。比如，对于"24小时热水供应"的服务承诺，在最初个别业主入住时一般无法提供，因此，在合同中应给予说明，并给出该项服务提供的条件与时机以及承诺在未提供该项服务时应适当减免物业管理服务费。又如，当分期规划建造一个住宅区时，在首期的合同中就不应把小区全部建成后才能够提供的服务项目内容列入。

(7)明确违约责任的界定及争议的解决方式。在物业管理实践中，难免会产生各种各样的问题。这些问题既可能发生在物业服务企业与业主之间，也可能发生在业主之间；既有违法的问题，也有违约、违规以及道德和认识水平不足的问题。显然，对于不同性质和不同层面的问题及矛盾与纠纷，要通过不同的途径、采取不同的处理方式来解决。

一般情况下，有争议的合同应该通过友好协商解决。如果协商不成，则可依照合同中约定的仲裁条款请求仲裁委员会仲裁，或者向人民

阅读资料

法院提起诉讼。

2.5 物业服务合同的变更、解除与终止

2.5.1 物业服务合同的变更

合同的变更是指合同成立后,当事人双方在原合同的基础上对合同的内容进行修改或补充。但是,合同成立后,当事人应按合同的约定履行合同。任何一方未经对方同意,都不得改变合同的内容,因此,当事人在变更合同内容时,应当本着协商的原则进行。如果双方当事人就变更事项达成了一致意见,变更后的内容就取代了原合同的内容,当事人就应当按照变更后的内容履行合同。如果一方当事人未经对方当事人同意任意改变合同的内容,则变更后的内容不仅对另一方没有约束力,而且这种擅自改变合同的做法也是一种违约行为,改变合同一方应当承担违约责任。

2.5.2 物业服务合同的解除

合同的解除是指合同有效成立后,具备法律规定的合同解除条件或者当事人约定的合同解除条件时,因当事人一方或双方的意思表示而使合同关系归于消灭的行为。

导致物业服务合同解除的事项主要包括:合同规定的期限届满;当事人一方违约时,经法院判决解除合同;当事人一方侵害另一方权益时,经协商或法院判决解除合同;当事人双方商定解除合同。

合同解除后,尚未履行合同的,终止履行;已经履行的,根据履行情况,当事人可以要求采取补救措施,并有权要求赔偿损失。

2.5.3 物业服务合同的终止

物业服务合同可以因下列原因终止:

(1)物业服务合同约定的期限届满,双方没有续签合同的;

(2)物业服务企业与业主大会双方协商一致解除合同的;

(3)因不可抗力致使物业服务合同无法履行的,物业服务合同将自然终止;

(4)物业服务企业如果被宣告破产,应按照国家规定进行破产清算,物业管理合同自然无法继续履行;

(5)法律法规规定的其他情形。

阅读资料

复习思考题

1. 物业服务合同的概念和特征是什么?
2. 物业服务合同正文部分主要包括哪些内容?

3. 前期物业服务合同的概念及特征是什么?
4. 物业服务合同与前期物业服务合同的区别是什么?
5. 物业服务企业与专项分包单位(专业服务公司)与业主委员会是怎样的关系?
6. 签订物业服务合同时需要注意哪些问题?
7. 导致物业服务合同终止的原因有哪些?

技能拓展

1. 某小区业主委员会在对小区物业服务企业的财务收支状况进行审核时，发现该物业服务企业把维修费、保安费以及绿化保洁费划拨给其他专业服务公司，并不像业主原来想象的这些专业服务人员都属于小区物业服务企业。部分业主认为，如果这些人员不属于物业服务企业，那他们进行服务时，业主们怎么能放心呢？那么，物业服务企业能否自行决定选择专业服务公司？

2. A房地产开发企业是B大厦的开发商和业主，项目竣工后将由其下属子公司C物业服务企业负责物业管理工作。C物业服务企业的张经理提出来要与总公司A房地产开发企业签订物业服务合同，而A房地产开发企业的王总认为，B大厦的物业管理不是委托型，而是自主经营型物业管理，不需要签订物业服务合同。请问他们二位谁的观点正确？物业服务企业在什么样的情况下接管物业需要签订物业服务合同？物业服务合同主要包括哪些条款呢？

3. 某物业服务企业要把物业区域内的部分维修任务分包给某专业公司来进行管理，公司张经理请新来的小王制定专业分包合同的内容，你能告诉小王，专业分包合同主要包括哪几大项吗？

项目3 物业管理工作过程

任务1 早期介入和前期物业管理

知识目标

1. 了解早期介入的含义。
2. 熟悉早期介入的方式。
3. 掌握早期介入的工作内容。
4. 了解前期物业管理的含义和特点。
5. 熟悉前期物业管理的筹备。
6. 掌握前期物业管理的内容。
7. 掌握前期物业管理与早期介入的区别。

技能目标

1. 能够从早期介入阶段从使用、维护、管理、经营以及物业保值、增值等角度对开发商规划设计方案提出意见或建议,以更好地满足购房者的需求;同时,为建设单位节约资金。

2. 在早期介入阶段能够逐一完成前期物业管理筹备工作,为日后物业管理工作的开展奠定良好基础。

任务导入

盛世华庭小区目前正处于施工阶段,开发商通过招标投标的方式选聘正华物业服务企业对该小区进行物业管理服务。因为小区还处于开发建设阶段,所以开发商委托正华物业服务企业进行早期介入阶段的工作。为了更好地完成早期介入工作,正华物业服务企业成立了早期介入项目工作小组,由李经理任项目经理,专门负责盛世华庭小区早期介入工作。

项目工作小组根据以往的管理经验,发现该小区垃圾房的设计不够合理,就向开发商提出建议设置骑墙式垃圾房,一面朝向小区存放垃圾,另一面朝向交通道路,便于装运垃圾。此垃圾房面积为20平方米左右,内外设门,内墙面贴瓷砖,为便于清洗设水龙头,下置排水道,外立面与小区整体风格相协调。项目工作小组还发现,小区每个单元大厅地面及门口在一个水平线上，不但不利于下雨天雨水的排放，反而会引起大厅地面积水，于是项目工作小组建议在施工的时候稍微将地面适当形成一个小的坡度。开发商对于项目工作小组提出的建议欣然接受，并让施工方着手改造，同时还要求物业服务企业和监理方共同监督施工过程。

在整个早期介入过程中，项目工作小组针对小区的规划设计及一些细节问题向开发商提出了很多改进意见，为开发商节约了不少资金，不仅提升了楼盘的品质，也为日后的物业管理和业主生活便利奠定了良好的基础。

任务布置

1. 分析早期介入的重要性。
2. 早期介入是必需的吗？为什么？
3. 对于物业服务企业在早期介入阶段提出的合理建议，开发商必须予以采纳吗？如果开发商不采纳，物业服务企业应该怎么办呢？

任务要求

1. 提前预习早期介入相关知识，注意理解早期介入阶段物业服务企业的角色定位。
2. 理清在早期介入阶段物业服务企业与开发商之间的关系。
3. 分组讨论并形成小组讨论结果，再进行成果汇报。

知识准备

1.1 早期介入

对于一项物业来说，一般都存在开发—经营—管理三个阶段。从形式上看，物业管理是对物业的使用管理，因此，只要在物业交付使用时介入即可，并且很多物业服务企业也是这样做的；然而，从物业管理实践来看，并非如此简单。一般来说，在以住的规划设计中，开发商只考虑房屋和配套设施建造时的方便和节约，而忽略了房屋建成后物业管理、使用等方面的因素，常常会出现没有物业管理用房、停车位不足、住房使用功能不全、配套的设备设施缺乏等问题。这种整体布局上的缺陷，不仅使业主和使用者充满抱怨，还会导致日后物业管理工作难以开展，加之许多问题难以解决，势必造成业主或物业使用人与物业服务企业之间的矛盾不断上升，不利于整个小区的和谐发展。因此，如果开发商在物业的规划设计阶段就选择物业服务企业介入，充分利用物业服务企业使用和管理物业的经验和专业知识对规划设计提出意见和建议，对于发挥物业的最大价值具有重要意义。

1.1.1 早期介入的含义

早期介入是指物业服务企业在接管物业之前就参与物业的策划、规划设计和建设，从业主、使用人及物业管理的角度提出意见和建议，以便物业建成后能满足业主和使用人的需求，方便日后物业管理工作的开展。早期介入对开发建设单位而言，并非强制性要求，而是根据项目和管理需要进行的选择。

1.1.2　早期介入的重要性

(1)物业项目开发建设存在的问题。在物业建设和销售过程中，建设项目由于多种原因往往会存在一些问题，主要表现在以下几个方面：

1)物业规划设计和施工安装存在的问题，如设备配置不当、停车位不足、物业工程质量缺陷等；

2)建设单位不按规定提供物业管理的基础条件，如管理用房、物业档案资料缺漏等；

3)工程质量保修和工程遗留问题处理不及时；

4)建设单位从自身利益考虑，将部分开发建设的责任和义务转嫁给物业服务企业承担；

5)建设单位在售房时向业主作出不合理的物业管理承诺，使物业服务企业承担不合理的责任等。

(2)早期介入的必要性。在开发建设工作的早期，物业服务企业通过早期介入活动，将长期积累的物业管理知识与经验应用于规划设计，并且在建设施工、销售阶段同步跟进配合，协助开发建设单位及时发现和处理建设销售过程中存在的问题。这样不仅能从源头上堵住漏洞，避免或减少上述阶段问题的发生，减少房地产开发建设的纠纷，使房地产开发建设得以顺利进行，而且可以在物业开发建设初期把不利于物业管理和损害业主利益的因素尽可能消除或减少，使物业投入使用后，物业管理顺利开展，业主利益得到保障。

1.1.3　早期介入的作用

(1)完善物业的规划设计和使用功能。随着社会经济的发展，人们对物业的品位和环境要求越来越高，这使建设单位在开发过程中除了要执行国家有关技术标准外，还应考虑到物业的功能、布局、造型、环境以及物业使用者的便利、安全和舒适等因素。物业服务企业可从业主(或物业使用人)及日后管理的角度，就房屋设计和功能配置、设备选型和材料选用、公共设施配套等方面提出建议，使物业的设计更加优化、完善。

视频：早期介入的作用

(2)有助于提高工程质量。在物业的建设过程中，物业服务企业利用自身优势帮助建设单位加强工程质量管理，及时发现设计、施工过程中的缺陷，提前防范质量隐患，使工程质量问题在施工过程中及时得到解决，避免在日后使用中再投入额外资金和精力，从而减少浪费，提升物业品质。

(3)有利于了解物业情况，便于日后对物业的管理。对物业及其配套设备设施的运行管理和维修养护是物业管理的主要工作之一，要做好这些工作，必须对物业的建筑结构、管线走向、设备安装等情况了如指掌。物业服务企业可以通过早期介入(如对于图纸的改动部分做好记录，对设备安装、管线布置尤其是隐蔽工程状况进行全过程跟踪等)充分了解所管物业的情况，从而在日后的管理中做到心中有数,"对症下药"。

(4)为前期物业管理作充分准备。物业服务企业可利用早期介入的机会,逐步开展制订物业管理方案和各项规章制度、进行机构设计、招聘人员、实施上岗培训等前期物业管理的准备工作,方便物业移交后物业管理各项工作的顺利开展;同时,通过在早期介入过程中与各方的磨合,理顺与环卫、水电、通信、治安、绿化等部门之间的关系,为日后管理建立畅通的沟通渠道。

(5)有助于提高建设单位的开发效益。早期介入是物业服务企业从物业开发项目的可行性研究开始到项目竣工验收的全程介入,建设单位可以得到物业服务企业的专业支持,开发出市场定位准确、功能使用考虑周全、业主满意的物业;同时,建设单位还可以通过引入高水平的物业管理咨询提升自身的品牌,促进物业的销售。

1.1.4 早期介入的形式和工作内容

在房地产开发经营的不同阶段,物业管理早期介入的形式和工作内容都各有不同,且都各有侧重。

视频:早期介入的形式与工作内容

(1)项目可行性研究阶段。
1)介入形式:
①组织物业管理专业人员向建设单位提供专业咨询意见并对未来的物业管理进行总体策划;
②除对物业档次定位外,还应考虑物业的使用成本;
③选用知识面广、综合素质高、策划能力强的管理人员承担项目管理工作。
2)工作内容:
①根据物业建设及目标客户群的定位确定物业管理的模式;
②根据规划和配套确定物业管理服务的基本内容;
③根据目标客户情况确定物业管理服务的总体服务质量标准;
④根据物业管理成本初步确定物业管理服务费的收费标准;
⑤设计与客户目标相一致并具备合理性能价格比的物业管理框架性方案。
(2)规划设计阶段。
1)介入形式:
①参与有关规划设计的讨论会,并从使用、维护、管理、经营以及未来功能的调整和物业保值、增值等角度对设计方案提出意见或建议;
②帮助建设单位优化设计或从使用维护等角度上对设计方案进行调整,使项目在总体上更能满足客户的需求,从而有利于促进项目的成功,降低开发风险。设计上的预见性可以减少后续的更改和调整,为建设单位节约投资;
③从确定的目标客户的角度考虑问题。在设计上,比较物业建设、使用、维护的成本与目标客户的需求及经济承受力,使业主、建设单位与物业服务企业的目标利益相统一;
④要贯彻可行性研究阶段所确定的物业管理总体规划的内容和思路,保证总体思路的一致

性、连贯性和持续性；

⑤对于分期开发的物业项目，对共用配套设备设施和环境等方面的配置在各期之间的过渡性安排提供协调意见。

2) 工作内容：

①就物业的结构布局和功能提出改进建议；

②就物业环境及配套设施的合理性与适应性提出意见或建议；

③提供设备设施的设置、选型及服务方面的改进意见；

④就物业管理用房、社区活动场所等公共配套建筑、设施、场地的设置、要求等提出意见。

(3) 建设阶段。

1) 介入形式：

①派出工程技术人员进驻现场，对工程进行观察、了解和记录，并就有关问题提出意见和建议；

②仔细做好现场记录，既为今后的物业管理提供资料，也为将来处理质量问题提供重要依据；

③物业服务企业不是建设监理单位，要注意介入的方式方法，既要对质量持认真的态度，又不能影响正常的施工和监理工作。

2) 工作内容：

①与建设单位和施工单位就施工中发现的问题共同商榷，及时提出并落实整改方案；

②配合设备安装，确保安装质量；

③对内外装修方式、用料及工艺等从物业管理的角度提出意见；

④熟悉并记录基础及隐蔽工程、管线的铺设情况，特别注意那些在设计资料或常规竣工资料中未反映的内容。

(4) 销售阶段。

1) 介入形式：

①准确全面展示未来物业管理服务内容。有关物业管理的宣传及承诺，包括各类公共管理制度，一定要符合法规，同时要实事求是。在销售物业时应根据物业管理的整体策划和方案进行，不应为了促销而夸大其词，更不能作出不切实际的承诺；

②征询业主对物业管理服务需求意见，并进行整理，以此作为前期物业管理服务方案的制订和修正依据。

2) 工作内容：

①完成物业管理方案及实施进度表；

②拟定物业管理的公共管理制度；

③拟定各项费用的收费标准及收费办法，必要时履行各种报批手续；

④对销售人员提供必要的物业管理基本知识培训；

⑤派出现场咨询人员，在售楼现场为客户提供物业管理咨询服务；

⑥将全部早期介入所形成的记录、方案和图纸等资料，整理后归入物业管理档案。

(5)竣工验收阶段。竣工验收是指工程全部建成后为检查工程质量而进行的一项工作程序。按照国家建设部关于建设工程质量控制的有关规定，任何建设工程在竣工后都必须进行竣工验收。

1)介入形式：

物业服务企业参与竣工验收，主要是为了掌握验收情况，收集工程质量、功能配套以及其他方面存在的遗留问题，为物业的承接查验做准备。在参与验收时，应随同相关验收组观看验收过程，了解验收人员、专家给施工或建设单位的意见、建议和验收结论。

2)工作内容：

这一阶段的介入内容主要是参与竣工验收。在各单项工程完工后，参与单项工程竣工验收；在分期建设的工程完工后，参与分期竣工验收；在工程全面竣工后，参与综合竣工验收。

1.2 前期物业管理

1.2.1 前期物业管理的含义

前期物业管理是指在业主、业主大会选聘物业服务企业之前，由建设单位选聘物业服务企业实施物业管理的阶段。

阅读资料

视频：前期物业管理

在前期物业管理期间，物业服务企业从事的活动和提供的服务，既包含物业正常使用期所需要的常规服务内容，又包括物业共用部位、共用设备设施承接查验、业主入住、装修管理、工程质量保修处理、物业管理项目机构的前期运作、前期沟通协调等特殊内容。

1.2.2 前期物业管理的筹备

前期物业管理的筹备是指物业服务企业在新承接项目入住前进行的人、财、物及其他运营方面的准备工作，包括筹备工作计划编制、组织机构设立、人力资源筹备、物资装备筹备、物业服务方案策划、物业承接查验以及成品保护、保洁开荒、公共关系建立、客户档案建立等，是保障物业服务工作开展的前提条件。

1.2.3 前期物业管理的特点

(1)前期物业管理的基础性。前期物业管理的特定内容是以后常规期物业管理的基础，对常规期物业管理有着直接和重要的影响。这是前期物业管理最明显的特点。

(2)前期物业管理的过渡性。前期物业管理的职责是在新建物业投入使用初期建立物业管理服务体系并提供服务，其介于早期介入与常规物业管理之间，因此，前期物业管理在时间和管理上均属于过渡时期。

(3)前期物业管理的波动性。新建物业及其设备设施往往会因其施工质量隐患、安装调试缺陷、设计配套不完善等问题在投入使用的初期集中反映出来，造成物业使用功能的不正常，甚至可能出现临时停水停电、电梯运行不平稳、空调时冷时热等现象。由于物业及设备设施需要经过一个自然磨合期和对遗留问题的处理过程，才能逐步进入平稳的正常运行状态，因此，此阶段的物业管理也明显呈现管理服务的波动和不稳定状态。

（4）前期物业经营管理易呈亏损状态。在前期物业管理阶段，需要投入较大的人力、财力和物力等资源，管理成本相对较高，但与此同时，物业空置率却较高，管理费收缴率低；因此，前期物业管理阶段的经营收支一般呈现出收入少、支出多、收支不平衡和亏损的状态。

1.2.4 前期物业管理的内容

（1）物业管理机构的设立和人员培训。前期物业服务合同一经签订，物业服务企业则应立即落实该物业的管理机构以及管理人员，应根据委托管理服务的内容以及物业的用途和面积等确定机构的设置；人员的配备除考虑管理层人员选派外，还要根据实际管理定位情况考虑，如果对该物业的定位是包揽管理层与操作层为一体的管理模式，还要考虑维修养护和保安绿化等操作层人员的招聘。管理人员与操作人员一旦确定，则根据各自的职责进行培训，以便他们对所管理的物业、服务的对象和职责范围有所了解。

（2）建立物业管理制度。前期物业管理的基础性的特点，要求物业服务企业在实施管理的一开始就要有一整套行之有效并切实可行的管理制度和实施细则，因此，物业服务企业要结合新接物业的特点和要求，对企业现有的规章制度资料进行修改确认和颁布施行。

（3）物业的承接查验。物业的承接查验是对已建成的物业进行以主体结构安全和满足使用功能为主要内容的再检验，是物业服务企业在接管物业前不可缺少的重要环节。物业的承接查验包括主体建筑、附属设备、配套设施、道路、场地和环境绿化等诸多内容，综合功能的验收应特别重视。

（4）业主入住管理。所谓"入住"，即业主领取钥匙收楼入住。具体是指业主或物业使用人收到书面通知后，在规定期限内办理完相应手续并实际入住。

"入住管理"是物业服务企业接管物业后第一件重要的公众管理工作，是物业服务企业正式服务业主的开端，其工作质量的优劣关系着物业服务企业日后的工作全局，意义重大。这一阶段除了大量的接待工作和烦琐的入住手续外，各种管理与被管理的矛盾也会在短时期内暴露出来，是问题最集中的阶段，因此，物业服务企业要充分利用好这一机会，既要做好物业管理的宣传和讲解工作，又要切实为业主办事，取得广大业主的信任。

（5）装修搬迁管理。装修是物业管理中必不可少的程序，业主或物业使用人有权对其房屋进行装修，由于装修是受业主或使用人个人意志支配的，往往给物业和其他业主带来很多不良影响，因此，业主在装修前应提前5天向物业服务企业提出申请，遵守相关规定，并向物业服务企业交付一定的装修保证金。装修施工队在办理临时出入证明时，应向物业服务企业交付一定的押金。装修施工结束后，物业服务企业派专人进行检查，如无违反规定并未对他人财产和公共场地、设施、设备等造成损害的，物业服务企业需如数将押金和保证金退回。

（6）档案资料管理。档案资料包括物业资料和业主或物业使用人资料两种。物业资料是指承接查验所获得的各种技术资料和产权资料。业主或物业使用人资料包括他们的姓名、工作单位、联系方式、家庭成员或进户人员、各项费用收缴情况等。档案资料的管理主要抓住四个环节，即收集、整理、归档和利用。收集的关键是完整，要从时间和空间两方面将所有的资料收集完整；整理的关键是去伪存真，即将那些与物业管理有用的资料保留；归档的关键是分类科学，存取方便；利用的关键是方便和安全。

1.2.5 前期物业管理与早期介入的区别

早期介入在项目的开发建设中有着积极的作用，其与前期物业管理是不同的，主要表现在：一是内容作用不同，早期介入是建设单位开发建设物业项目阶段引入的物业管理专业技术支持，前期物业管理是物业服务企业对新物业项目实施的物业管理服务；二是服务的对象不同，早期介入服务的对象是建设单位，并由建设单位根据约定支付早期介入服务费用。前期物业管理服务的对象是全体业主，并按规定向业主收取物业管理服务费用。

早期介入与前期物业管理的阶段划分如图 3-1 所示。

图 3-1 早期介入与前期物业管理的阶段划分

前期物业管理与早期介入的具体区别见表 3-1。

表 3-1 前期物业管理与早期介入的区别

区别	前期物业管理	早期介入
发生时段不同	前期物业管理发生的时段在竣工验收后至业主大会与其选聘的物业服务企业签订合同生效日止	早期介入发生的时段是在竣工验收前
工作内容不同	前期物业管理阶段，物业服务企业的工作主要是住户入住，室内装饰管理、日常管理制度和管理队伍的建立和运作等实际的管理工作	早期介入阶段，物业服务企业的工作主要是给予咨询以及施工阶段的质量监督
合同关系不同	前期物业管理阶段，物业服务企业必须与建设单位签有前期物业管理服务合同	早期介入不一定需要有物业管理服务合同的存在，只要有一般的咨询服务合同即可
企业地位不同	在前期物业管理阶段，物业服务企业处于管理的主导地位	在早期介入阶段，物业服务企业只是起辅助作用

复习思考题

1. 什么是早期介入？

2. 早期介入的方式和工作内容分别有哪些?
3. 物业服务企业为什么要实施早期介入?
4. 什么是前期物业管理？它都有哪些特点?
5. 前期物业管理的工作内容有哪些?
6. 简述前期物业管理与早期介入的区别。

技能拓展

1. A物业服务企业新接管×花园小区早期介入的工作。如果委派你作为×花园小区早期介入项目工作组负责人，为更好地开展早期介入工作，请试撰写一份早期介入工作方案。

2. 甲物业服务企业为了日后能够更好地管理拟接管物业，积极进行物业管理早期介入工作，在参与项目的施工管理时，将监督工程质量作为其唯一的工作内容。请分析该企业这方面的工作是否到位，是否全面，为什么？

3. 最近，T都市小区遇到一件麻烦事：现在的物业管理处于前期物业管理阶段，而前期物业服务合同下个月就要到期了，但是，T都市小区还没有成立业主委员会。请问前期物业服务合同到期后，小区还没有成立业主委员会，应该怎么办？

任务 2　物业承接查验

知识目标

1. 了解物业承接查验的含义、范围、条件及依据。
2. 了解竣工验收与承接查验的区别。
3. 了解承接查验的作用。
4. 熟悉物业承接查验的流程、内容和标准。
5. 掌握物业承接查验的主要方式。
6. 掌握物业承接查验问题的处理。
7. 熟悉物业管理机构更迭时物业的承接查验。
8. 熟悉物业管理工作的移交主体和内容。

技能目标

1. 在熟悉相关承接查验标准的基础上，能对具体项目进行初步分项验收。
2. 能借助相关资料进行物业承接查验的综合管理工作。
3. 能够处理物业承接查验过程中各类问题的处理，为日后从事物业承接查验打下坚实的基础。
4. 通过本任务的学习，能够正确区分物业承接查验各方主体的不同和次序，便于物业服务人员更好处理承接查验因主体不明带来的一些矛盾与纠纷。

任务导入

　　A公司建设了一座涉外商务大厦。由于当时A公司自身并不具备直接管理大厦的经验和能力，便聘用F公司负责项目的物业管理工作。由于F公司是以低价中标的，因而财务压力很大，在实际管理运作中经常偷工减料，对管理成本进行非正常压缩，造成客户大量投诉，大厦形象受到影响。在这种情况下，A公司决定提前一年终止委托合同，自己组建机构接管大厦。项目交接时双方分别就项目现状进行了逐项检查和记录，在检查到空调机组时，因正值冬季，环境温度无法达到开机条件，在粗略看过机房后，接收人员便在"一切正常"的字样下签了名。春夏之交，在进行空调运行准备过程中，A公司发现F公司对机组的维护保养工作做得很差，竟然在过去的一年里从未给机组加过油，有的机头已不能启动，需要更换部分零件。F公司要求A公司支付双方约定的提前终止委托管理的补偿费用，而A公司则认为F公司在受委托期间未能正常履行其管理职责，造成设备受损，要扣除相当部分补偿费用。这时F公司的律师出场了，手里拿着有A公司工作人员"一切正常"签字的交接验收记录的复印件向A公司提出了法律交涉。

任务布置

1. 假设在 A、F 两公司共同签署的"终止委托物业管理协议"中，没有关于"A、F 公司必须对'遗留问题备忘录'予以签署确认后，该协议方能生效"的条款，你认为 A 公司应该怎样做？
2. 分析物业承接查验的重要性及物业承接查验的注意事项。
3. 上述案例对物业服务企业有什么样的启示？

任务要求

1. 预习物业承接查验相关知识。
2. 分组讨论形成小组讨论成果，并进行成果汇报。

知识准备

2.1 物业承接查验概述

2.1.1 竣工验收的含义

竣工验收是指建设工程项目竣工后，开发建设单位会同设计、施工单位、设备供应单位以及工程质量监督部门等，对该项目是否符合规划设计要求以及建筑施工质量、设备安装质量进行全面检验，取得竣工合格的资料、数据和凭证。竣工验收是建筑商与开发商之间发生的一项法定手续，经专设的验收委员会对竣工项目进行查验，在认为工程合格后，办理工程交付手续。

视频：物业承接查验

2.1.2 物业承接查验的含义

物业承接查验是指承接新物业时，物业服务企业和建设单位按照国家有关规定和前期物业服务合同的约定，共同对物业共用部位和共用设备设施进行检查和验收的活动。承接查验是在竣工验收合格的基础上，以主体结构安全和满足使用功能为主要内容的验收。物业承接查验以后，整个物业就移交给物业服务企业管理。物业承接查验的对象有两种，一是新建房屋，即开发商已完成竣工验收的建设项目，其交接人为开发商；二是原有房屋，即指已取得房屋所有权证，并已投入使用的房屋，其交接人为业主委员会。物业承接查验是物业服务企业承接物业前必不可少的环节，其工作质量对以后的物业管理服务至关重要。

物业承接查验应当遵循诚实信用、客观公正、权责分明以及保护业主共有财产的原则。我国鼓励物业服务企业通过参与建设工程的设计、施工、分户验收和竣工验收等活动，向建设单位提供有关物业管理的建议，为实施物业承接查验创造有利条件。通常，国务院住房和城乡建设主管部门负责全国物业承接查验活动的指导和监督工作。县级以上地方人民政府房地产行政主管部门负责本行政区域内物业承接查验活动的指导和监督工作。

2.1.3 物业承接查验与竣工验收的区别和联系

(1)物业承接查验与竣工验收的区别。物业承接查验与建设工程竣工验收相比,主要有以下几方面区别。

1)验收目的不同。竣工验收是为了检验房屋工程是否达到设计文件所规定的要求;物业承接查验是物业服务企业在竣工验收合格的基础上,以主体结构安全和满足使用功能为主要内容对物业的再验收。

2)性质不同。竣工验收是政府行为,是由政府建设行政主管部门负责,组成综合验收小组,对施工质量和建设质量进行全面检验和质量评定,并出具政府签发的《工程质量检验报告》,评定结果为不合格工程的不许交付使用;物业承接查验是企业行为,是物业服务企业在接管物业前为维护全体业主或物业使用人的利益以及自身的合法权益,从确保物业的正常使用和维护的角度出发,依据《物业服务委托合同》对拟接管的物业进行质量验收,验收过程中发现的问题只能根据《物业服务委托合同》进行处理。

3)实施条件不同。竣工验收的首要条件是工程按照设计要求全部施工完成,达到规定的质量要求,能满足使用要求;物业承接查验的首要条件是竣工验收合格,并且物业设备设施能够完全正常使用,房屋的幢、户编号已经有关部门确认。

4)物业移交对象不同。竣工验收是施工单位向开发商(建设单位)移交物业的过程;物业承接查验是开发商(建设单位)或业主委员会将物业再次交付给物业服务企业进行管理的过程。

5)责任主体不同。竣工验收过程主要涉及的责任主体包括设计、施工单位、设备供应单位以及工程质量监督部门等,主要表现为建筑商与开发商之间的关系。竣工验收时,物业服务企业只是建设项目的参加者,无直接的责任关系;物业承接查验过程主要涉及的责任主体有开发商或业主委员会与物业服务企业,物业服务企业与开发商或业主委员会是直接的责任关系。

6)意义不同。竣工验收合格后,由施工单位向开发商或建设单位办理物业的交接手续,即标志着房屋可以交付使用;物业承接查验一完成,即由开发商或建设单位向物业服务企业办理物业的交付手续,标志着物业正式进入使用阶段。

(2)物业承接查验与竣工验收的联系。竣工验收与承接查验的性质、条件和目的等不同,物业服务企业在其中扮演角色也不同,但其中心环节都是质量验收。为将物业的先天缺陷降到最低限度,物业服务企业既要尽可能地参与竣工验收,又要站在业主或物业使用人的立场上,独立行使承接查验的职责。一般来说,竣工验收属于物业管理早期介入阶段,承接查验则属于前期物业管理阶段。开发商如果能在早期委托物业服务企业进行介入,竣工验收往往可以与承接查验同步进行。

2.1.4 物业承接查验的范围、依据和条件

(1)物业承接查验的范围。物业服务企业应当对下列物业共用部位和共用设备设施进行现场检查和验收。

1)共用部位：一般包括建筑物的基础、承重墙体、柱、梁、楼板、屋顶以及外墙、门厅、楼梯间、走廊、楼道、扶手、护栏、电梯井道、架空层及设备间等。

2)共用设备：一般包括电梯、水泵、水箱、避雷设施、消防设备、楼道灯、电视天线、发电机、变配电设备、给水排水管线、电线、供暖及空调设备等。

3)共用设施：一般包括道路、绿地、人造景观、围墙、大门、信报箱、宣传栏、路灯、排水沟、渠、池、污水井、化粪池、垃圾容器、污水处理设施、机动车(非机动车)停车设施、休闲娱乐设施、消防设施、安防监控设施、人防设施、垃圾转运设施以及物业服务用房等。

(2)物业承接查验的依据。物业承接查验不仅包括房屋本体、附属设备、配套设施，而且还包括道路、场地和环境绿化等，承接查验的重点应放在对物业的使用功能的验收和对物业资料的接收上；同时，物业承接查验还是一项技术难度高和专业性很强的工作，事关开发商(建设单位)、施工企业、业主及物业服务企业的责权利问题，所以必须依法进行。根据《物业承接查验办法》的规定，实施物业承接查验的主要依据有：

1)物业买卖合同；

2)临时管理规约；

3)前期物业服务合同；

4)物业规划设计方案；

5)建设单位移交的图纸资料；

6)建设工程质量法规、政策、标准和规范。

(3)物业承接查验的条件。通常，对物业进行承接查验时，物业自身必须满足一定的条件。根据《物业承接查验办法》的规定，实施承接查验的物业应当具备以下条件：

1)建设工程竣工验收合格，取得规划、消防、环保等主管部门出具的认可或者准许使用文件，并经建设行政主管部门备案；

2)供水、排水、供电、供气、供热、通信、公共照明、有线电视等市政公用设备设施按规划设计要求建成，供水、供电、供气、供热已安装独立计量表具；

3)教育、邮政、医疗卫生、文化体育、环卫、社区服务等公共服务设施已按规划设计要求建成；

4)道路、绿地和物业服务用房等公共配套设施按规划设计要求建成，并满足使用功能要求；

5)电梯、二次供水、高压供电、消防设施、压力容器、电子监控系统等共用设备设施取得使用合格证书；

6)物业使用、维护和管理的相关技术资料完整齐全；

7)法律法规规定的其他条件。

2.1.5 物业承接查验的作用

物业承接查验是物业服务企业在接管物业前的一个重要环节,是发现隐患和规避风险的机会。物业服务企业应充分利用在承接查验中的权利和质量补偿的权利,一方面,应考虑质量问题是否有碍于日后物业的管理;另一方面,也应充分考虑和维护业主或物业使用人的权益。

(1)能够明确交接双方的责、权、利关系。通过物业承接查验能够明确交接双方的责、权、利关系,实现权利和义务的转移;同时,通过物业承接查验,交接双方可更进一步摸清物业的详细情况,为实现双方的权利与义务提供依据。

(2)熟悉物业情况,确保物业具备正常的使用功能。通过物业承接查验,可以摸清物业设备设施的使用和维护情况,充分维护业主的利益,也能够促使开发商或建筑单位按标准进行设计和建设,减少日后管理过程的维修养护工作量;还能够弥补业主专业知识的不足,从总体上把握整个物业的质量,为日后管理创造条件。

(3)摸清物业的性能与特点,便于日后管理。通过物业承接查验中的有关物业的文件资料,还可以摸清物业的性能与特点,预防管理中可能出现的问题,计划安排好各项管理,发挥物业管理社会化、专业化、现代化的管理优势。

2.2 新建物业承接查验

2.2.1 新建物业承接查验的准备工作

(1)人员准备。物业承接查验是一项技术难度高、专业性强、对日后的管理有较大影响的专业技术性工作。物业服务企业在承接查验前就应根据承接物业的类型和特点,与建设单位组成联合小组,各自确定相关专业的技术人员参加。

(2)计划准备。物业服务企业制订承接查验实施方案,能够让物业承接查验工作按步骤有计划地实施。

1)与建设单位确定承接查验的日期、进度安排。

2)要求建设单位在承接查验之前提供移交物业详细清单、建筑图纸、相关单项或综合验收证明材料。

3)派出技术人员到物业现场了解情况,为承接查验做好准备。

(3)资料准备。在物业的承接查验中,应做必要的查验记录,在正式开展承接查验工作之前,应根据实际情况做好资料准备,制订查验工作流程和记录表格。

1)工作流程一般有《物业承接查验工作流程》《物业查验的内容及方法》《承接查验所发现问题的处理流程》等。

2)承接查验的常用记录表格有《工作联络登记表》《物业承接查验记录表》《物业工程质量问题统计表》等。

(4)设备和工具准备。在物业承接查验中要采取一些必要的检验方法来查验承接物业的质量情况，应根据具体情况提前准备好所需要的检验设备和工具。

2.2.2 新建物业承接查验的工作流程

一般情况下，新建物业承接查验主要有以下几个工作步骤。

(1)与开发商(建设单位)协商好承接查验的日期、内容、标准、进度等，制订承接查验方案，作为承接查验的工作指南。

(2)开发商(建设单位)书面提请物业服务企业承接查验，在现场查验20日前，开发商(建设单位)应当向物业服务企业移交物业资料。

(3)物业服务企业会同开发商(建设单位)按照承接查验的主要内容及标准进行验收。

(4)验收过程中发现的问题，按质量问题的处理办法处理。

(5)物业服务企业与开发商(建设单位)确认承接查验的结果，并签订承接查验协议。承接查验协议应当对物业承接查验基本情况、存在问题、解决方法及其时限、双方权利义务、违约责任等事项作出明确约定。

(6)开发商(建设单位)应当在物业承接查验协议签订后10日内办理物业交接手续，向物业服务企业移交物业服务用房以及其他物业共用部位和共用设备设施。

(7)物业服务企业应当自物业交接后30日内，向物业所在地的区、县(市)房地产行政主管部门办理备案手续。开发商(建设单位)和物业服务企业应当将物业承接查验备案情况书面告知业主。

物业承接查验工作流程如图3-2所示。

2.2.3 新建物业承接查验的主要内容

(1)物业资料。在办理物业承接验收手续时，物业服务企业应收查验下列资料：

1)竣工总平面图，单体建筑、结构、设备竣工图，配套设施、地下管网工程竣工图等竣工验收资料；

2)共用设备设施清单及其安装、使用和维护保养等技术资料；

3)供水、供电、供气、供热、通信、有线电视等准许使用文件；

4)物业质量保修文件和物业使用说明文件；

5)承接查验所必需的其他资料。

未能全部移交所列资料的，开发商(建设单位)应查列出未移交资料的详细清单并书面承诺补交的具体时限。物业服务企业应查对开发商(建设单位)移交的资料进行清点与核查，重点核查共用设备设施出厂、安装、试验和运行的合格证明文件。

(2)物业共用部位。按照《物业承接查验办法》的规定，物业服务企业在承接物业时，应对物业共用部位进行查验，其主要内容包括：

1)主体结构及外墙、屋面；

2)共用部位楼面、地面、内墙面、天花、门窗；

3)公共卫生间、阳台；

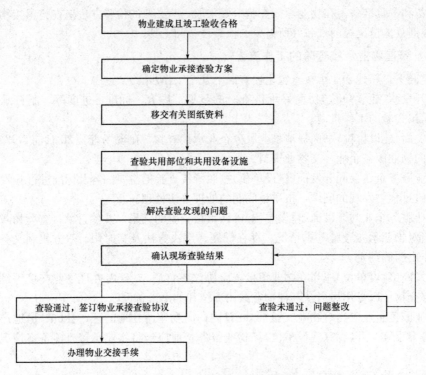

图 3-2　物业承接查验工作流程

4)公共走廊、楼道及其扶手、护栏等。

(3)共用设备设施。物业的共用设备设施种类繁多,各种物业配置的设备不尽相同,共用设备设施承接查验的主要内容有低压配电设施,柴油发电机组,电气照明和插座装置,防雷与接地,给水排水,电梯,消防水系统,通信网络系统,火灾报警及消防联动系统,排烟送风系统,安全防范系统,采暖和空调等。

(4)其他公共配套设施。物业其他公共配套设施查验的主要内容有物业大门、值班岗亭、围墙、道路、广场、社区活动中心(会所)、停车场(库、棚)、游泳池、运动场地、物业标识、垃圾屋及中转站、休闲娱乐设施、信报箱等。

(5)园林绿化工程。园林绿化分为园林植物和园林建筑。园林植物一般有花卉、树木、草坪、绿(花)篱、花坛等,园林建筑主要有小品、花架、园廊等。这些均是园林绿化的查验内容。

开发商(建设单位)应依法移交有关单位的供水、供电、供气、供热、通信和有线电视等共用设备设施,不作为物业服务企业现场检查和验收的内容。

在实际工作中,物业服务企业会结合项目实际情况,依据国家以及项目所在地的建设工程验收质量规范制定企业的承接查验标准。

新建物业提交资料及主要内容见表 3-2。新建物业硬件设施的承接查验项目及标准见表 3-3。

表 3-2　新建物业提交资料及主要内容

物业类别	资料名称	主要内容
新建物业	产权资料	1. 项目批准文件 2. 用地批准文件 3. 建筑执照 4. 拆迁安置资料
	竣工验收资料	1. 竣工图——总平面图、建筑、结构、设备、附属工程及隐蔽管线全套图纸 2. 地质勘察报告 3. 工程合同及开、竣工报告 4. 工程预决算 5. 图纸会审记录 6. 工程设计变更通知及技术核定单(包括质量事故处理记录) 7. 隐蔽工程验收签证 8. 沉降观察记录 9. 钢材、水泥等主要材料质量保证书 10. 砂浆、混凝土试块试压报告 11. 竣工验收证明书
	技术资料	1. 新材料、构配件的鉴定合格证书 2. 水、电、采暖、卫生器具、电梯等设备的检验合格证书 3. 供水、供暖的试压报告 4. 各项设备设施的安装、使用和维护保养
	说明文件	物业质量保修文件和物业使用说明书

表 3-3　新建物业硬件设施的承接查验项目及标准

物业类型	承接查验项目	承接查验标准
新建物业	楼宇本体硬件设施	(1)梁、柱、板主体。按图纸设计逐间检查，无变形、鼓凹、剥落、开裂、倾斜、移位和非收缩性裂缝，无钢筋外露。 (2)天棚。抹灰面平整，面层涂料均匀，无漏刷、无脱皮；无裂纹、无霉点、无渗水痕迹，无污渍。 (3)墙面。抹灰面平整，面层涂料均匀，无漏刷；无面层剥落、无明显裂缝、无污渍。块料(如瓷砖)面层粘贴牢固，无缺棱掉角；面层无裂纹和损伤，色泽一致；对缝砂浆饱满，线条顺直。外墙面无裂纹、起砂、麻面等缺陷，无渗水现象。 (4)地(楼)面。毛地面：平整，无裂纹。块料(如瓷砖)面层：粘贴牢固，无缺棱掉角；面层无裂纹和损伤，色泽一致；对缝砂浆饱满，线条顺直。水泥砂浆面层：抹灰面平整、压光均匀，结楼平整，无空鼓、裂纹、麻面、脱皮和起砂等缺陷。卫生间、厨房和前后阳台地面：用水桶或塑料胶管向地面冲倒水，观察水流方向准确到地漏，不应有积水；闭水后观察三天，第二、第三天到楼下检查天棚无渗漏。

续表

物业类型	承接查验项目	承接查验标准
新建物业	楼宇本体硬件设施	(5)门窗。①开启自如，手轻摇晃门窗与墙面接触牢固，无晃动和裂缝出现，目视零配件装配齐全，位置准确，无绕曲变形；表面平整，无缺棱、掉角。②从室内轻轻摇晃，门锁与门连接牢固、开启灵活。③木门油漆均匀，观察门缝线条，均匀一致光亮、光滑。④单指轻击玻璃安装牢固，无轻微晃动现象，玻璃胶缝密实，玻璃面层无裂缝、无损伤和无刮花痕迹。⑤电子对讲门开启灵活，通话器完好无损，通话清楚；不锈钢门无刮花痕迹。⑥防盗铁门无锈迹和刮花痕迹。⑦窗台泛水正常，无向室内倒流缺陷，检查方法为先关紧所有窗户，从屋面或顶层房屋向窗户自上而下均匀浇水，停止浇水后，半个小时逐间检查，每个窗台(墙面)是否有水渗入；或者查询天气预报，在验收期间出现下雨的日期前，先将所有窗门关紧，雨后逐间检查墙面和窗台泛水。 (6)楼梯、扶手。钢结构的楼梯无裂缝，面层无剥落，钢筋无外露；扶手表面无龟裂，油漆无脱落，色泽一致，表面平滑，不扎手。 (7)插座。电器插座：单指轻击检查盖板安装牢固，无晃动并紧贴墙面，盖板无损坏；符合安全要求，满足"左零右火"规定，每个都检测，试电笔检查每个插座电源接通是否正常；公用电视天线插座：单指轻击盖板安装牢固，盖板无损坏(收视效果由住户入住后检查)。电话插座：只进行外观验收，单指轻击盖板，安装牢固，盖板无损坏；有线电视插座：由有线电视台验收。 (8)接线盒。单指轻击盖板安装牢固，目视盖板无损坏；用试电笔检查每处预留线头的电源是否正常，并用绝缘胶布安全缠包线头。 (9)开关。安装牢固，目视盖板无损坏；开关灵活，开启接触效果良好。 (10)照明灯具。用木棍轻碰灯具无轻微摇晃，与楼面紧贴，零配件齐全，灯罩完好无损；打开所有灯具，检查电源接通是否正常，灯具发光正常；产品合格，使用寿命达到要求，室内公共照明灯全部接通，连续工作三天，统计有多少自然损坏的。 (11)供水系统。安装牢固不能晃动，打开每栋楼的总阀门(注意关闭室内水阀)，管道完好无损，无渗漏水、无锈迹；管道接头无渗水；水龙头和水阀打开，流水畅通，接头无漏水。 (12)排污管道(含塑料管)。安装牢固，外观完好无损，配件齐全；从楼上的各排水注水，楼上目视管道接头无渗水，楼上排水畅通无堵塞；铸铁管灌水后无渗水漏水，表面无锈迹，无裂纹，面层油漆均匀。 (13)地漏。过滤铁箅安放稳固，管缝密实，无渗漏水，无堵塞，排水畅通。 (14)卫生洁具。安装牢固，配件齐全完好无损，面层无污迹和刮花痕迹；灌水后排水口接头密实，无渗水，接水软管无锈迹。便器水箱冲水正常，不堵塞，冲水流畅。 (15)防盗网(窗)。安装牢固、焊接点密实，面漆均匀，无脱皮和漏刷现象，无明显锈迹。 (16)室内配电箱。安装牢固，配件齐全，试操作一次空气开关是否正常；开关符合型号规定；导线与设计相符，布线规范；目视箱盖无损坏，操作开关灵活。 (17)门铃。室外按钮安装牢固，盖板完好，操作灵活，检查使用几次。 (18)其他。水、电、气表安装牢固，无摇晃，打开室内水阀看表内读数运转是否正常，目视外观完好无损，镜面玻璃无损伤。

续表

物业类型	承接查验项目	承接查验标准
新建物业	公共配套设施市政设施	(1)基础设施。房屋墙体露出地面部分无倾斜、移位、裂缝、扭曲等。散水坡无下陷、断裂与墙体分裂，面层平整、无脱层，无倒反泛水现象。 (2)天台。屋面隔热层、防水层；板端缝、伸缩缝油膏紧贴；隔热板、防水层表面无裂缝；水沟、落水口畅通、管道完好；天台扶栏无破损、变形，无明显锈蚀。 (3)屋面避雷设施。其所有连接点牢固可靠。 (4)消防设备（消火枪、消火箱）。消火栓油漆均匀，无少刷、漏刷现象；阀门完好，无渗水；消防管、消防水带等配件齐全，箱门上标志清楚，箱门玻璃安装牢固，门锁开启自如；消防管无渗水、漏水，阀门完好。 (5)小区路灯。按设计要求安装；灯具安装牢固，配件齐全，灯罩无损伤，灯泡照明正常；灯柱安装牢固，柱面油漆均匀，无损伤和刮花。 (6)绿化。按设计要求种植花草树木，对照绿化设计图纸，不缺株少苗，无改品种，成活率98%，无病虫害发生，无绿化死角，无杂草丛生，绿化纯度98%。绿化用水：绿化水管布局合理，阀门开关距离四周不超过100米，布局覆盖率100%，阀门开关灵活，无漏水，安装牢固，无摇晃。 (7)小区道路。道路平整、无起砂、无脱皮、无裂缝，结缝平顺；路沿砌筑整齐，灰缝饱满、无损伤、顺直、高度一致、棱角整齐；块料面层砌拼整齐，平整稳固，块料面无裂纹，无缺棱掉角，无松动、缝宽均匀，顺直；路牌标志清楚，地面线条顺直。 (8)垃圾池。垃圾池通水率100%，水管安装牢固，接口处密实、无漏水；水阀门开关灵活，无漏水；水阀箱装锁，箱两边无锈迹，油漆面均匀，锁头开启灵活。 (9)车库。路面平整，无起砂、脱皮、裂缝，结缝平直；车道标识、入口、出口标识清楚、油漆均匀；配套齐全，灯具完好，开关灵活，照明正常，排水畅通（有专门的排水沟）。 (10)沙井、检查井和化粪池。池内无垃圾杂物，进排水畅通，池壁无裂痕；检查井和化粪池进出口高差不少于5厘米，井盖搁置稳妥并设置井圈。
	机电设备	(1)电梯设备。型号、数量与移交清单相符，运行平稳，安装符合规范；有准运证；机房设置合理，配件齐全，标识清楚，表面整洁、明亮。 (2)变电设备。型号、数量与移交清单相符，工作状态良好，安全防护装置齐全，标识清楚，机房配置齐全，通风、采光良好，设备表面油漆完好，无损伤。 (3)中央空调设备。型号、数量与移交清单相符，工作性能达到设计指标，配置齐全，标识清楚，机房通风、采光、降温良好，设备表面油漆完好。 (4)发电机。型号、数量与移交清单相符，工作状态良好，配置齐全，标识清楚，设备表面油漆完好无损，设备安装牢固，机房隔音、防护设置完好，通风采光良好。 (5)保安监控设备、消防监控设备。型号、数量与移交清单相符，工作性能良好，反应敏捷，标识清楚，表面完好无损，设备安装牢固，机房干燥，通风采光良好。 (6)给水排水设备。型号、数量与移交清单相符，工作状态良好，配置齐全，标识清楚，设备表面油漆完好无损，安装牢固，无渗漏，配置齐全。

> **知识拓展**
>
> (1)房屋建筑质量的验收主要集中查验哪些地方?
> (2)房屋附属设施质量承接查验的具体标准是什么?
> (3)公共设施工程承接查验的具体标准及检验办法是什么?
>
>
>
> 动画:房屋建筑　　　动画:房屋附属设施　　　动画:物业承接查验
> 质量的检验　　　　质量承接查验

2.2.4　物业承接查验的主要方式

物业承接查验主要以核对的方式进行,在现场检查、设备调试等情况下还可采用观感查验、使用查验、检测查验和试验查验等具体方法进行检查。

(1)观感查验。观感查验是对查验对象外观的检查,一般采取目视、触摸等方法进行。

(2)使用查验。使用查验是通过启用设施或设备来直接检验被查验对象的安装质量和使用功能,以直观地了解其符合性、舒适性和安全性等。

(3)检测查验。检测查验通过运用仪器、仪表、工具等对检测对象进行测量,以检测其是否符合质量要求。

(4)试验查验。试验查验通过必要的试验方法(如通水、闭水试验)测试相关设备设施的性能。

2.2.5　物业承接查验发现问题的处理程序

发生物业工程质量问题的原因主要有以下几个方面:一是设计方案不合理或违反规范造成的设计缺陷;二是施工单位不按规范施工或施工工艺不合理甚至偷工减料;三是验收检查不细和把关不严;四是建材质量不合格;五是建设单位管理不善;六是气候、环境、自然灾害等其他原因。对于承接查验中所发现的问题,一般的处理程序如下。

(1)收集整理存在的问题。

1)收集所有的《物业查验记录表》。

2)对《物业查验记录表》内容进行分类整理,将承接查验所发现问题登记造表。

3)将整理好的工程质量问题提交给建设单位确认,并办理确认手续。

(2)处理方法。工程质量问题整理出来之后,由建设单位提出处理方法。在实际工作过程中,物业服务企业在提出质量问题的同时,还可以提出相应的整改意见,便于建设单位进行针对性整改。

从发生原因和处理责任看，工程质量问题可分为以下两类。

第一类是由施工单位引起的质量问题。若质量问题在保修期内发现或发生，按建设部《房屋建筑工程质量保修办法》的规定，应由建设单位督促施工单位负责。

第二类是由于规划、设计考虑不周而造成的功能不足、使用不便、运行管理不经济等问题。这类问题应由建设单位负责作出修改设计，改造或增补相应设施。

(3)跟踪验证。为使物业工程质量问题得到及时圆满地解决，物业服务企业要做好跟踪查验工作。

物业服务企业应安排专业技术人员分别负责不同专业的工程质量问题，在整改实施的过程中进行现场跟踪，对整改完工的项目进行验收，办理查验手续；对整改不合要求的工程项目则应继续督促建设单位处理。

2.3 物业管理机构更迭时的承接查验

物业管理机构更迭时的承接查验是指物业服务企业接管原来由其他企业管理的物业之前，对该物业的资料、共用部位、共用设施进行承接查验。其承接查验内容和重点都与新建物业的承接查验有一定区别。

2.3.1 物业管理机构更迭时的准备工作

(1)符合承接查验条件。在物业管理机构发生更迭时，新的物业服务企业必须在下列条件均满足的情况下实施承接查验：

1)物业的产权单位或业主大会与原有物业管理机构完全解除了物业服务合同；

2)物业的产权单位或业主大会同新的物业服务企业签订了物业服务合同；

3)成立物业承接查验小组。

在签订了物业管理服务合同之后，新的物业服务企业即应组织力量成立物业承接查验小组，了解物业的基本情况，并着手制订承接查验方案。

物业承接查验小组成员要求具有较强的工作经验和业务能力，专业性强。查验小组成员人数可根据接管物业的规模而定。

(2)准备资料和工具。物业的承接查验验收小组应提前与业主委员会及原物业服务企业接触，洽谈移交的有关事项，商定移交的程序和步骤，明确移交单位应准备的各类表格、工具和其他物品。

(3)提前与有关单位协调关系。物业管理机构更迭时的承接查验没有明确的法律规定，为了顺利开展承接查验，需要会同建设单位、原物业服务企业、业主委员会、行业主管部门等单位进行良好沟通。

(4)对物业项目进行调查评估。为了使物业项目的承接查验能够顺利进行，在承接查验前必须对旧物业的管理现状及存在问题进行全方位调查与评估，为物业移交的日后的管理提供依据，对发现需要整改的内容及时与移交单位协调处理。要调查的内容包括：

1)了解房屋的完好情况；

2)了解各类设备设施的运行、管理、维护情况；

3)了解卫生、消杀、绿化、公共秩序、消防安全的管理服务情况；

4)业主或物业使用人、行政主管部门、社会公众媒体对该项目物业管理的评价情况；

5)了解员工的办公和生活情况；

6)了解各类管理人员的素质；

7)管理处经营情况包括管理费、停车费、水电费、其他有偿服务费的收取、日常开支、维修基金使用、各类押金、欠收款项、待付费用等。

2.3.2 物业管理机构更迭时物业承接查验的内容

为了使物业的移交能够顺利进行，物业承接查验必须对原物业的状况及存在问题进行查验和分析，为物业移交和日后管理提供依据，对发现需要整改的内容需及时与移交单位协调处理。物业管理机构更迭时的物业查验的基本内容有以下几个方面。

(1)物业资料情况。

1)物业产权资料、综合竣工验收资料、施工设计资料、机电设备资料等。

2)业主资料。

①业主入住资料：包括入住通知书、入住登记表、身份证复印件、照片。

②房屋装修资料：装修申请表、装修验收表、装修图纸、消防审批、验收报告、违章记录等。

3)管理资料：各类值班记录、设备维修记录、水质化验报告等各类服务质量的原始记录。

4)财务资料：固定资产清单、收支账目表、债权债务移交清单、水电抄表记录及费用代收代缴明细、物业服务费收缴明细表、维修资金使用审批资料及记录、其他需移交的各类凭证表格清单。

5)合同协议书：对内外签订的合同、协议原件，如与水、电、通信等市政管理单位的供水、供电的合同协议等。

6)人事档案资料：双方同意移交留用的在职人员的人事档案、培训、考试记录等。

7)其他需要移交的资料。

(2)物业共用部位、共用设备设施及管理现状。查验物业共用部位、共用设备设施及管理现状的主要项目内容有：

1)建筑结构及装饰装修工程的状况；

2)供配电、给水排水、消防、电梯、空调等机电设备设施；

3)保安监控、对讲门禁设施；

4)清洁卫生设施；

5)绿化及设施；

6)停车场、门岗、道闸设施；

7)室外道路、雨污水井等排水设施；

8)公共活动场所及娱乐设施；

9)其他需了解查验的设施和设备。

(3)各项费用与收支情况,项目机构经济运行情况。各项费用与收支情况、项目机构经济运行情况包括物业服务费、停车费、水电费、其他有偿服务费的收取和支出,维修资金的收取、使用和结存,各类押金、欠收款项、待付费用等账务情况。

(4)其他内容。

1)各类物业管理用房:办公用房、活动室、员工宿舍、食堂(包括设施)、仓库、商业用房等。

2)产权属全体业主所有的设备、工具和材料。

2.3.3 物业管理机构更迭时物业承接查验注意事项

(1)确认原物业业主委员会或产权单位与旧物业服务企业《物业服务合同》解除情况。物业管理机构更迭时,新的物业服务企业在接管新物业前,一定要要求业主委员会或产权单位提供解除合同原件,并详细察看解除合同内容,避免介入业主委员会或产权单位与旧物业服务企业的纠纷。

(2)实地调查和评估原物业详细情况。物业管理机构更迭时,由于涉及的问题往往比较多,所以新的物业服务企业在接管旧物业项目时,要认真进行调查和评估,掌握物业的真实状况,特别要注意的是对房屋完好情况、设备设施完好情况等的把握。对于查验中存在重大安全隐患的设备设施一定要认真调查,而且在接管前要求业主委员会或产权单位解决好这些问题,以免使新的物业服务企业遭受重大损失。

(3)各项财务账目交接清楚。物业管理机构更迭时,各项财务账目的交接尤其重要,一定要重点关注旧物业服务企业所拖欠的各项费用,对于暂时无法解决的问题,要签订书面协议,明确债权债务关系。

(4)收集整理各类原始管理资料。在物业管理机构更迭时,各类原始管理资料要进行交接,主要包括物业产权资料、业主资料、管理资料、人事档案资料等。这些原始管理资料对物业服务企业是非常重要的,它不仅便于物业服务企业了解项目过去的整体运行情况,还便于物业服务企业制定出更符合接管项目实际情况的物业服务方案。

2.4 物业管理工作的移交

物业管理工作的移交既涉及国家的政策法规,又涉及物业管理各方的权益,还直接影响到物业管理活动能否正常进行,因此,物业管理工作的移交是物业管理操作中一个重要环节。物业管理工作的移交必须在完成承接查验的前提下,在不同的主体之间进行。物业管理工作的移交分为三种情况:一是由建设单位将新建物业移交给物业服务企业;二是在业主大会选聘新的物业服务企业并订立《物业服务合同》后,由业主委员会或物业产权单位将物业移交给物业服务企业;三是在物业服务企业与业主委员会或物业产权单位终止物业服务合同、退出物业管理项目的同时,由物业服务企业向业主委员会或物业产权单位移交或交接物业。

2.4.1 新建物业的移交

(1)移交主体。在新建物业的移交过程中,移交主体主要是该物业的开发建设单位,承接方为物业服务企业。双方应签订《前期物业服务合同》。建设单位应按照国家相关规定的要求,及时完整地提供物业有关资料并做好移交工作；物业服务企业也必须严肃认真地做好承接工作。

(2)移交内容。移交的物业资料包括产权资料，竣工验收资料，设计和施工资料，机电设备资料，物业保修和物业使用说明资料，业主资料。移交的对象包括物业共用部位、共用设备设施以及相关清单(如房屋建筑清单、共用设备设施清单、园林绿化工程清单、公共配套设施清单等)。建设单位应按照有关法规政策的规定向物业服务企业提供物业管理用房。

2.4.2 物业管理机构更迭时管理工作的移交

《物业服务合同》或《前期物业服务合同》的终止，都将导致提供物业管理服务的主体发生变化，物业管理机构发生更迭；与此同时，在相关方之间会发生物业的移交行为。

(1)移交主体。物业管理机构更迭时所涉及的管理工作移交的主体主要有分为原有物业管理机构向业主委员会或物业产权单位移交和业主委员会或物业产权单位向新的物业服务企业移交。前者的移交方为该物业的原物业管理机构，承接方为业主委员会或物业产权单位；后者的移交方为业主委员会或物业产权单位，承接方为新的物业服务企业。

(2)移交内容。

1)物业资料的移交。

①物业产权资料、综合竣工验收资料、施工设计资料、机电设备资料等。

②业主资料包括：业主入住资料，包括入住通知书、入住登记表、身份证复印件、相片；房屋装修资料，包括装修申请表、装修验收表、装修图纸、消防审批、验收报告、违章记录等。管理资料包括各类值班记录、设备维修记录、水质化验报告等各类服务质量的原始记录。财务资料包括固定资产清单、收支账目表、债权债务移交清单、水电抄表记录及费用代收代缴明细表、物业服务费收缴明细表、维修资金使用审批资料及记录、其他需移交的各类凭证表格清单。合同协议书，指对内对外签订的合同、协议原件。人事档案资料是指双方同意移交留用的在职人员的人事档案、培训、考试记录等。

资料移交应按资料分类列出目录，根据目录中的名称和数量逐一清点是否相符完好，移交后双方在目录清单上盖章并签名。

2)物业共用部位及共用设备设施管理工作的移交。

①房屋建筑工程共用部位及共用设备设施：包括消防、电梯、空调、给水排水、供配电等机电设备及附属配件，共用部位的门窗，各类设备房、管道井、公共门窗的钥匙等。

②共用配套设施：包括环境卫生设施(垃圾桶、箱、车等)、绿化设施、公共秩序与消防安全的管理设施(值班室、岗亭、监控设施、车辆道闸、消防配件等)、文娱活动设施(会所、游泳池、各类球场等)。

③物业管理用房：包括办公用房、活动室、员工宿舍、食堂(包括设施)、仓库等。

值得注意的是，如果是停车场和会所等需要经营许可证和资质的，移交单位应协助新物业服务企业办理变更手续。

3)人员、财务和物资财产的移交。

①人员：在进行物业管理移交时，有可能会有原物业管理机构在本项目任职人员的移交或

交接，承接物业的物业服务企业应与移交方进行友好协商，双方达成共识。

②财务：移交双方应做好账务清结、资产盘点等相关移交准备工作。移交的主要内容包括物业服务费、维修资金、业主各类押金、停车费、欠收款项、代收代缴的水电费、应付款项、债务等。

③物资财产：物资财产包括建设单位提供和以物业服务费购置的物资财产等，主要有办公设备、交通工具、通信器材、维修设备工具、备品备件、卫生及绿化养护工具、物业管理软件、财务软件等。

4）办理交接手续。同新建物业的物业管理移交一样，原物业服务企业退出后的物业管理移交也应该办理交接手续。交接手续涉及建设单位、原物业服务企业、业主委员会、行业主管部门、新进入的物业服务企业等。在办理交接手续时应注意以下几个主要方面：

①对物业及共用配套设备设施的使用现状作出评价，真实客观地反映房屋的完好程度；

②各类管理资产和各项费用应办理移交，对未结清的费用（如业主拖欠的物业服务费）应明确收取和支付方式；

③确认原有物业服务企业退出或留下人员名单；

④提出遗留问题的处理方案。

附录：各类物业承接查验表格和清单见表3-4～表3-8。

表3-4　楼宇接管资料移交清单

序号	移交资料名称	单位	数量	备注

移交人：_____　　　　　时间：_____

表3-5　公共配套设施接管验收表

设施名称	存在问题简述	备注

接管人：_____　　　　　时间：_____

表 3-6　公共配套设施接管验收遗留问题统计表

设施名称	遗留问题简述	备注

统计人：_____　　　　　　　　　日期：_____

表 3-7　房屋接管验收表

栋号：_____　　　　接管验收时间：　　　　　　年　　月　　日

| 编号 | 存在问题简述 ||||| 备注 |
	土建设施	照明	给水排水	门窗	其他	

接管人：_____

表 3-8　房屋接管验收遗留问题统计表

栋号房号	遗留问题简述	备注

统计人：_____　　　　　　　　　日期：_____

复习思考题

1. 简述物业承接查验的概念。
2. 新建物业承接查验的准备工作包括哪些内容？
3. 简述物业承接查验的主要内容与方式。
4. 如何处理新建物业承接查验所发现的问题？
5. 物业管理机构更迭时的物业承接查验内容包括哪些？
6. 新建物业管理工作移交的内容是什么？

技能拓展

1. 假设你所在的物业服务企业刚中标拟接管新建物业A小区,公司派你作为A小区物业承接查验小组的成员之一,你们应该如何分别对新建房屋主体工程、新建房屋附属设施、新建小区公共设施工程进行承接查验?在对这些部位进行承接查验时,应遵照哪些具体的标准?

2. 小李是物业服务企业新来的员工,刚刚工作没多久,公司就派小李去协助工程部总工程师江工一起进行旧物业接管工作的移交事宜,江工想锻炼一下小李,就让小李准备一下接管移交的方案,你能告诉小李旧物业接管移交时都会涉及哪些资料吗?接管移交时有哪些需要注意的地方?

3. 假设你所在的甲物业服务企业,刚刚中标接管乙小区,根据双方所签订的合同,甲物业服务企业拟准备进行物业承接查验工作,然而,甲物业服务企业在物业承接查验的过程中发现小区内并没有配置专门的物业管理用房,而是在小区空地上临时搭建两间活动板房作为临时办公区域和员工食堂。假设你是甲物业服务企业此次物业管理移交工作的负责人,针对这种情况,你该怎么办?物业管理用房又应该是由谁来配置?

4. 某物业服务企业成立物业承接查验小组,参与对某小区的物业承接查验工作。在进行供暖设施验收时,由于是夏天,只是对供暖设施的书面资料和外观进行了现场验收,在没有按要求对锅炉和附属设备进行连续试运行测试的情况下,物业承接查验小组的负责人就签字确认了。四个月后,业主反映供暖设施有滴漏现象,温度达不到规定要求。供暖生产商以验收签字为由,不愿意及时维修,导致物业服务企业的工作非常被动。请问,物业服务企业的做法存在哪些问题?

任务3　入住管理与服务

知识目标

1. 了解入住的含义和时限。
2. 掌握入住准备工作的内容。
3. 掌握物业服务企业、业主办理入住时各自所需要的资料。
4. 熟悉各类入住文书和表格。
5. 掌握入住手续办理流程。
6. 熟悉业主对物业验收的重点内容。
7. 熟悉入住服务相关注意事宜。

技能目标

1. 通过本任务的学习，能够进行入住的准备工作。
2. 能够处理入住手续办理过程中遇到的各类突发状况。

任务导入

A小区一期已达到入住条件，开发商和B物业服务企业接下来准备办理业主入住事宜。经过商定，A小区的入住时间定在2018年12月10日。A小区一期拟交付使用的物业共有9栋楼，估计每日入住3栋，每日入住的数量为300户左右。以上相关信息资料B物业服务企业均以寄发入住通知书、电话确认、短信告知及登报公告等形式于9月底提前告知业主，并对入住时所需要准备的资料和缴纳的相关费用都给业主进行了详细说明。B物业服务企业也开始各种入住前的准备工作。

任务布置

1. 假如你是B物业服务企业的项目经理，请你为即将入住的业主做一份物业入住服务方案。
2. 根据上题所做的入住服务方案，模拟办理入住手续办理的全部工作过程。

任务要求

1. 提前预习入住管理与服务的相关知识。
2. 分组讨论、分工合作，确定在模拟入住手续办理时各自的角色定位。
3. 各组汇报成果。

📝 **知识准备**

3.1 业主入住

3.1.1 入住的含义

入住是指业主和使用人收到书面入住通知书并办理接房手续的过程,即业主领取钥匙,接房入住。入住过程涉及建设单位、物业服务企业及业主,入住的完成意味着业主正式接受物业服务企业,物业由开发建设阶段转入正常使用阶段,物业管理服务活动也全面展开。

视频:业主入住管理

对业主而言,入住的内容包括两个方面:一是物业验收及其相关手续的办理;二是物业管理有关业务的办理。从房产移交的角度来看,入住的实质是建设单位向业主交付物业的行为,建设单位应承担相关法律责任和义务。物业服务企业作为物业的管理者,有义务协助开发商和业主做好验房、付款、签约、装修和搬迁等入住相关事宜。从物业服务企业的角度出发,入住是业主和使用人与物业服务企业的第一次亲密接触,是物业服务企业展示企业形象、服务水平、专业能力的最佳契机,因此,入住是物业管理整个管理程序中非常重要的一个环节,对物业服务企业取得业主和使用人的信任和留下美好的第一印象至关重要,也是双方正式建立起服务与被服务关系的重要环节,所以,在业主入住时,物业服务企业应该把握机会,积极宣传物业管理法规、政策和临时管理规约等,让业主充分了解物业管理服务企业能够提供的各项服务,为日后物业服务企业工作的顺利开展创造条件。

3.1.2 入住时限

入住时限是指《入住通知书》规定业主办理入住手续的时间期限,当新建物业符合交付使用条件时,开发建设单位和物业服务企业应通过有效途径或合理方法,如根据业主提供的通信方式,以电话、电报、信函、电子邮件等方式与业主联系或在上述联系无效的情况下通过登报、广播和电视公共传媒等方式向业主传递或传达物业入住信息,适时向业主发出入住通知,约定时间验收物业和办理相关手续。要注意在通知业主时,尽可能一次性告知其办理相关手续时应携带的有关材料。

按规定,当新建房屋符合交付使用的条件后,开发商或物业服务企业应适时向业主和使用人发出入住通知书,约定时间办理入住手续。通常,业主和使用人应当在约定的时间期限内办妥房屋验收手续,如因特殊原因无法及时办理入住的,必须征得开发商或物业服务企业的同意。

3.2 入住准备工作

入住服务是物业服务企业首次直接面对业主提供相关服务,直接关系到业主对物业管理服务的第一印象,因此,物业服务企业要从各方面做好充分细致的准备,全面有效地保证业主入住工作的顺利进行。

3.2.1 建立健全物业管理客户服务中心，配齐工作人员

合理的组织机构，精干的员工队伍，是保证做好入住服务的前提条件。一般情况下，签订《前期物业服务合同》后，就要立即任命该物业的项目经理，以项目经理为主负责物业入住服务工作的开展。通常，在竣工验收前三个月筹建物业管理客户服务中心班子；其他工作人员可以根据工作进展的需要采取分步到位的办法。业主和使用人入住时，服务中心各类人员必须全部到位。

物业管理客户服务中心各类工作人员可按以下程序和时间到位，但应根据小区条件和实际情况进行调整。下面以建筑面积5万平方米的住宅小区各类工作人员到位情况为例进行说明。

（1）竣工验收前2个月：该住宅小区消防中心值班人员共有3人（机电1人，给水排水1人，电梯1人）进入现场，与机电安装维修工程部人员一起参与机电设备安装调试的监理工作，掌握小区设备设施的基本情况和操作规程。

（2）竣工验收前半个月：该住宅小区增加电工2人，给水排水1人进入现场，主要负责熟悉楼宇结构、公共配套设施和设备，参加竣工验收，配合房管员监督楼宇工程遗留问题的整改工作；同时，部分保安人员到位，负责所接受物业的守卫工作。

（3）入住前1个月：一是物业管理客户服务中心管理层人员到位，服务中心挂牌办公；二是食堂相关工作人员到位，食堂开始供应餐食。

（4）入住前半个月：一线操作人员要到位，如保洁人员到位，开始对小区内环境和已通过承接查验的物业进行清洁；全部保安人员配齐上岗；维修班组成立，人员配齐到位。

3.2.2 制订入住方案

物业管理客户服务中心成立后，项目经理在入住前一个月负责根据《物业管理方案》，编制服务中心入住工作方案。方案内容一般包括以下几项：

（1）核实《物业管理方案》中拟定的服务中心人员配备情况；

（2）根据接管项目的实际情况和《物业管理方案》中的管理要求以及要达到的标准，拟定入住后在加强治安、车辆管理、垃圾清运等方面的配套改进意见或整改措施；

（3）拟定管理处办公用房和员工宿舍的装修方案；

（4）根据《物业管理方案》的开办采购计划，拟定分步购置计划；

（5）制订入住工作计划，在计划中应明确入住时间、负责入住工作的人员及其职责、入住手续、入住过程中使用的文件和表格；

（6）制订入住流程；

（7）根据入住工作计划应提前发出《入住通知书》，详细说明需业主准备的证明材料、需业主填写的表格、办理入住手续的程序、办理入住手续的工作现场，应张贴入住公告和明确的指示标识。

3.2.3 入住资料准备

办理业主入住手续时，需要准备两大类入住资料和表格。第一类是业主需要阅读并且签字

的书面资料,包括前期物业管理服务协议、装修协议书、临时管理规约;第二类是业主只需要阅读或填写而不需要签字的资料,包括售楼证明书、业主资料登记表、住房手册、住户指南。两类资料应分别存档整理,方便办理手续时使用。合理测算并提前准备各部门在入住现场所需的必要的办公用具和物品,登记成表册。

(1)《住宅质量保证书》及《住宅使用说明书》。

(2)《入住通知书》。《入住通知书》是建设单位向业主发出的办理入住手续的书面通知。一般来说,其主要内容包括以下几项:

1)物业具体位置;

2)物业竣工验收合格以及物业服务企业承接查验合格的情况介绍;

3)准予入住的说明;

4)入住具体时间和办理入住手续的地点;

5)委托他人办理入住手续的规定;

6)业主入住时需要准备的相关文件和资料;

7)其他需要说明的事项。

(3)《物业验收须知》。《物业验收须知》是建设单位告知业主在物业验收时应掌握的基本知识和应注意事项的提示性文件。一般来说,主要内容包括以下几项:

1)物业建设基本情况和设备设施的使用说明;

2)物业不同部位保修规定;

3)物业验收应注意事项以及其他需要提示说明的事项等。

(4)《业主入住房屋验收表》。《业主入住房屋验收表》是记录业主对房屋验收情况的文本,通常以记录表格的形式出现。使用《业主入住房屋验收表》可以清晰地记录业主业主(或物业使用人)的验收情况。一般来说,其主要内容包括以下几项:

1)物业名称和楼号;

2)业主、验收人、建设单位代表姓名;

3)验收情况简要描述;

4)物业分项验收情况记录以及水、电、煤气等的起始读数;

5)建设单位和业主的签字确认;

6)物业验收存在的问题和有关维修处理的约定等;

7)验收时间;

8)其他需要约定或注明的事项。

(5)《业主(住户)手册》。《业主(住户)手册》是由物业服务企业编撰,向业主、物业使用人介绍物业基本情况和物业管理服务相关项目内容的服务指南性质的文件。一般来说,其主要内容包括以下几项:

1)欢迎词;

2)小区概况;

3)物业服务企业以及项目管理单位(处)情况介绍；

4)《业主临时管理规约》；

5)小区内相关公共管理制度；

6)物业装饰装修管理指南和物业服务流程等；

7)公共及康乐设施介绍；

8)服务指南及服务投诉电话；

9)其他需要说明的情况以及相关注意事项。

(6)物业管理有关约定。业主在办理入住手续时，物业服务企业要与业主签订有关物业管理服务的约定，进一步明晰双方的权利和义务，在协议中应明确：

1)物业服务费收费面积、收费标准及金额；

2)物业服务费计费时段和缴交时间；

3)物业服务费收缴方式(现金或托收等)；

4)滞纳金及其计收比例；

5)调整管理费的条件或其他情况。

附录一：各类入住文书

入住通知书

_____女士/先生：

您好！我们热忱欢迎您入住××花园！

您所认购的××花园____区____栋____单元____室楼宇，经市有关部门和××房地产开发公司、××建筑工程公司、××物业服务企业组成的验收小组验收、测量合格，现已交付使用，准予入住。

(一)请您按入住通知书和收楼须知办理入住手续，办理地点在____栋____单元____室。在规定的日期内，房地产公司地产部、财务部、物业服务企业等有关部门和单位将到现场集中办公。

(二)为了您在办理过程能顺利而快捷地办理好入住手续，请以下表时间为准前来办理入住手续。

各楼各层办理入住手续时间分配表(略)。

(三)如果您因公事繁忙，不能亲自前来，可委托他人代办。代办时，除应带齐相关文件外，还应带上您的委托书、公(私)章和本人身份证。

如您届时不能前来办理入住手续，请及时与我公司联系，落实补办事宜，联系电话：×××××。在您来办理各项手续前，请仔细阅读《入住手续书》《收楼须知》《缴款通知书》。

特此通知。

××房地产开发公司
××物业服务企业
年 月 日

入住手续书

_____女士/先生：

您认购的____区____栋____单元____室楼宇，现已交付使用，具备入住条件，请阅读《收楼须知》，按下列顺序办理入住手续：

(1) 房地产公司财务部

> 已付清购房余款。
> 　　特此证明。
> 　　　　　　　　　盖章

(2) 房地产公司地产部

> 入住资格审查合格。
> 　　特此证明。
> 　　　　　　　　　盖章

(3) 物业服务企业财务部

> 已付清各项管理费用。
> 　　特此证明。
> 　　　　　　　　　盖章

(4) 物业服务企业客户服务中心

> 入住手续办理完毕。
> 　　特此证明。
> 　　　　　　　　　盖章(业主)

××房地产开发公司
××物业服务企业
年　月　日

收楼须知

_____女士/先生：

欢迎您成为花园_____区的新业主！

我公司为提供良好的管理服务，兹先介绍有关收楼事项和收楼程序，避免您在接收新楼时，产生遗漏而带来不便。望您能认真阅读，务勿遗忘。

1. 在房地产公司财务部办理手续

1) 付清购房余款。
2) 携带已缴款的各期收据交财务部验证、收回并开具总发票。
3) 在《入住手续书》(1) 上盖章。

2. 在房地产公司地产部办理手续

1) 验清业主身份。业主如有时间应亲临我公司接收物业，并请带上入住手续书；业主身份证、港澳台同胞购房证明、护照或居住证；购房合同。
2) 若业主不能亲临收楼，可委托代理人。代理人除携带入住手续书、购房合同外，还应出具业主的授权书（由律师鉴证）；业主身份证或护照的复印件；代理人的身份证或护照。
3) 在《入住手续书》(2) 上盖章。

3. 在物业服务企业财务部办理手续

1) 缴付各项管理费用。预收不超过3个月的管理费；收取建筑垃圾清运费，业主装修完毕，自己清运了建筑垃圾即如数退还。

2)缴付其他费用。如安装防盗门、安装防盗窗花等。

3)在《入住手续书》(3)上盖章。

4. 在物业服务企业管理处办理手续

1)介绍入住的有关事项。

2)验收房屋。

3)签署《业主公约》，领取住户手册。

4)向业主移交楼宇钥匙。

5)在《入住手续书》(4)上由业主本人盖章或签字，交物业服务企业保存。

5. 您在收楼时，请认真检查室内设备、土建、装修是否有缺少、损坏等质量问题。如有投诉，请在收楼时书面告知，物业服务企业将代表业主利益向开发商协商解决。

6. 根据园区承建合同，楼宇保修期为两年。两年内如有工程质量所导致的问题，承建单位将负责为业主修缮，但因使用不当所导致的问题，则由业主自行支付修缮费用。

7. 您可以对所购房屋进行室内装修，请认真阅读《房屋使用说明书》，保证绝对不影响楼宇建筑结构和公共设施。装修前，需向物业服务企业提出书面申请，获准后方可进行。

××房地产开发公司
××物业服务企业
年　月　日

缴款通知书

_____女士/先生：

您好！您所购买的××花园×栋×室×单元楼宇已经竣工。按购房合同规定，您来办理入住手续时，请同时缴清以下款项：

1. 购房余款，计____元。

2. 预收×个月物业服务费，计____元。

3. 水电管理备用金，用于供水、供电、机电、电梯、消防等重要设备的更新及突发事故抢修时的储备资金，计____元。

4. 装修管理费，装修完毕按规定退还，计____元。

5. 建筑垃圾清运费，用于清理业主入住装修时产生的建筑垃圾所预收的管理费，装修完毕后，按规定清退，计____元。

6. 其他费用(具体列出项目及金额供业主选择)。

××房地产开发公司
××物业服务企业
年　月　日

附录2：入住手续办理表格

业主(或物业使用人)登记表见表3-9，住户家庭或成员登记表见表3-10。

表 3-9　业主(或物业使用人)登记表

姓　　名		性　　别		婚否		(照片)
出生年月		籍　　贯		文化程度		
专业职称		政治面貌		邮编		
住　　址						
工作单位						
联系电话						
物业编号 1._____，2._____，3._____。面积 1._____，2._____，3._____。						
本人简历						
家庭主要成员						
主要社会关系						
备注						

表 3-10 住户家庭成员登记表

姓名	性别	出生年月	籍贯	职务职称	工作单位	身份证号码	电话	备注

暂住人员姓名	性别	出生年月	籍贯	暂住原因	身份证号码	通信地址	电话	备注

3.2.4 其他准备工作

（1）入住前与相关部门的协调工作。为更好地方便业主入住后相关手续的办理，物业服务企业在入住前要做好各种协调工作，一是联系建设单位，统一办理地点，集中服务，形成"一条龙服务"程序；二是联系供电局、自来水公司、煤气公司和邮局等单位，保证入住后水、电、气等的供应；三是联系通信公司电话安装事宜，争取现场放号，方便业主；四是联系学校、派出所和社区委员会，了解小孩转学和迁移户口的手续办理细节以及有关联系电话，在业主入住时进行公告。

（2）入住仪式策划。为了提高小区整体形象，有效加强与业主、物业使用人的沟通，通常由物业服务企业根据物业管理的特点及小区实际情况，组织举行入住仪式。参加人员有业主、物业服务企业代表、建设单位代表以及其他有关人员。

（3）入住环境布置。在完成对物业的竣工验收和承接查验之后，物业服务企业要对物业共用部位进行全面彻底的清洁，为业主和物业使用人入住做好准备。一般来说，入住环境布置的要求主要有以下几项。

1）区内环境布置。通常，物业服务企业会在入口处挂横幅、插彩旗等，营造热烈气氛；设置由入口处到物业服务中心的指路牌；入口处标明物业服务中心的办公地址和办公时间。

2)入住手续办理现场环境布置。在入住手续办理现场,摆放花篮、盆景等,营造喜庆气氛;张贴醒目的"办理入住手续流程图",办理手续窗口设置要求做到"一条龙服务",各窗口标识清楚,一目了然;物业管理人员着装整洁,精神饱满;办公室内资料摆放整齐有序;同时,要设置业主休息等待区,方便业主休息;安排好电信、邮局、有线电视、银行等相关单位开展业务的场地。

3)要规划好入住当天车辆道路的管理,统一规划和管理业主停车地点,保持道路通畅;若遇有二期工程施工或临时施工情况,要进行必要的隔离,以防止安全事故的发生。

(4)制订应急预案。物业服务企业在设计入住方案时,应提前设想到各种突发事件的发生,并对每一突发事件发生做出应对措施,以保证入住当天一切工作的顺利开展。通常,易引发突发事件的情况主要有以下几项。

1)由客观原因导致的,例如:天气恶劣、刮风下雨等。遇到这类情况,物业服务企业应事先准备部分充气遮雨棚和雨伞,并且提前准备高层大堂、业主会所等地方供业主避雨,组织物业管理工作人员组成应急小分队疏散人群,避免场面混乱造成人员伤亡和财产损失。

2)由主观原因导致的,如突然停电、相关设备故障等。针对这类事件,物业服务企业在办理入住手续时,要安排维修部抽调工程人员随时待命,如遇突发的设备设施故障,应及时检修并排除故障;对于突发的停电事件,应能迅速启动小区配电房的发电机,及时供电,以保证入住手续的正常办理。

3.3 入住手续办理

3.3.1 入住工作程序

入住流程如图 3-3 所示。

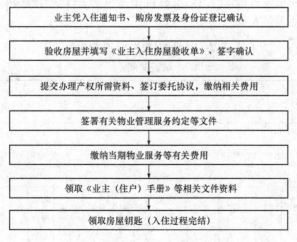

图 3-3 入住流程

(1)入住手续。

1)持购房合同和入住通知书等进行业主登记确认。

2)房屋验收:填写《业主入住房屋验收表》,建设单位和业主核对无误后签章确认。

3)产权代办手续,提供办理产权的相关资料,缴纳办理产权证所需费用,一般由建设单位承办。

4)建设单位开具证明:业主持此证明到物业服务企业继续办理物业入住手续。

5)业主和物业服务企业签署物业管理的相关文件:如物业管理收费协议、车位管理协议、装修管理协议等。

6)缴纳入住当月物业管理及其他相关费用。

7)领取提供给业主的相关文件资料,如《住宅质量保证书》《住宅使用说明书》《业主手册》等。

8)领取物业钥匙。

业主入住手续办理完结之后,物业服务企业应将相关资料归档。

(2)费用缴纳。建设单位或物业服务企业根据收费标准向业主、业主(或物业使用人)收取当期物业服务费及其他相关费用,并开具相应票据给业主、业主(或物业使用人)。

(3)验房及发放钥匙。

1)建设单位或物业服务企业陪同业主一起验收其名下的物业,登记水、电、气表起始数,根据房屋验收情况、购房合同双方在业主入住房屋验收表(表3-11)上签字确认。

2)向业主发放钥匙并记录。

3)对于验收不合格的部分,物业服务企业应协助业主敦促建设单位进行工程不合格整改、质量返修等工作。若发现重大质量问题,可暂不发放钥匙。

(4)资料归档。业主物业验收以及其他手续办理完结之后,物业服务企业应及时将已办理入住手续的房间号码和业主姓名通知门卫,及时将业主和业主(或物业使用人)资料归档并妥善保管,不得将信息泄露给无关人员。

表3-11 业主(租户)入住验房表

栋 号			填表时间:							年 月 日		
业主姓名		工作单位			联系电话					备注		
验收项目	验 收 时 详 细 内 容									验收内容	前阳台	后阳台
	天棚	墙面	地面	门	门锁	窗	天线插座	照明灯	开关	插座	防盗窗花	备注
客厅											天棚	
餐厅											外墙面	

续表

业主姓名		工作单位				联系电话				备注		
卧室1										地面		
卧室2										地漏		
卧室3										防盗网		
卧室4										照明灯		
厨房										排水管		
卫生间										晾衣钩		
验收项目	地漏	排污管	给水管	给水闸阀	洗涤盆	洗涤龙头	厕所坐便	坐便器水箱	喷头	水龙头	煤气管道	煤气阀门	煤气表	水表	电表
厨房															
卫生间															
室内配电箱		空气开关		门铃		电子对讲器		煤气底数		水表底数		电表底数			

住户验收意见：　　　　　　　　　　　　　管理处意见：
住户签字：　　　　　　　　　　　　　　　房管员签字：

注：1. 以上项目合格的打"√"，不合格的用简要文字说明。
    2. 此表必须在领钥匙之日起3日内交回管理处，否则后果自负。
    3. 代表业主(住户)验房或代表集体验房时验收人必须在"备注"栏内填上验房代表姓名和联系电话。

3.3.2 业主对自住物业的验收

购房入住对于所有的业主或物业使用人来说，都是一件非常重要的事情，关乎每个家庭的生活，因此，在办理入住手续时，业主对所购物业的验收是很重要而且必须完成的一个环节。根据入住手续书和收楼须知，业主在办理入住手续之前，应由物业服务企业派人员带领业主验收其所购物业。对自己所购物业进行验收是业主的权益，在验收之前应尽量把物业可能产生的问题了解清楚，并逐项进行鉴定检查，尽可能把问题解决在入住之前，将"先天缺陷"减少到最低限度。归纳众多物业服务企业的经验，一般物业可能存在的质量问题大致有以下几个方面。

(1)给水排水系列。包括水管、水龙头、水表是否完好，下水道是否有建筑垃圾堵塞，马桶、地漏、浴缸排水是否畅通、有无泛水现象等。

(2)门窗系列。包括框架是否平整、牢固、安全，门窗是否密缝、贴合，门锁、窗钩有无质量问题，玻璃是否防水密封等。

(3)供电系列。包括电灯、电线(管线)是否有质量问题，开关所控是否火线，电表的流量大小能否满足空调、电脑等家用电器的需求等。

(4)墙面、屋顶、地板系列。包括是否平整、起壳、起砂、剥落，是否有裂缝和渗水，瓷砖、墙砖、地砖贴面的平整、间隙、虚实等。

(5)公共设施及其他。包括垃圾桶、扶梯、电梯、防盗门、防盗窗、电话电线、天线、信箱等。

业主自备验房记录单

项目名称：_____　　开　发　商：_____　　物业服务企业：_____

房屋楼号：_____　　验房日期：_____　　验　房　人　员：_____

(1)文件

1)房屋权属文件：《国有土地使用权证》上是否有抵押记载？（是　否）

2)房屋质量文件：是否有《住宅使用说明书》《住宅质量保证书》《竣工验收备案表》？（是　否）

3)各种相关验收表格：是否有《住户验房交接表》《楼宇验收记录表》《商品房面积测绘技术报告书》、房屋管线图(水、强电、弱电、结构)等文件？（是　否）

4)如果是精装修，是否有厨、卫精装修物品的使用说明书以及保修单？（是　否）

(2)门

5)每间居室的门在开启、关闭的时候是否灵活？（是　否）

6)门与门框的各边之间是否平行？（是　否）

7)门插是否插入得太少？（是否）

8)门间隙是否太大？(门和门锁间的缝隙必须小于3毫米)（是　否）

9)每间居室的门的插销、门销是否太长太紧？（是　否）

(3)窗

10)窗边与混凝土接口有否缝隙？(窗框属易撞击处，框墙连接处不能有缝隙)（是　否）

11)各个窗户在开启、关闭的时候是否灵活？（是　否）

12)窗与窗框各边之间是否平行？（是　否）

13)窗户玻璃是否完好？（是　否）

14)窗台下面有无水渍？(如有则可能是窗户漏水)（是　否）

(4)墙

15)屋顶上是否有裂缝？(与横梁平行基本无妨，如果呈45°斜角，则说明有结构问题)（是　否）

16)承重墙是否有裂缝？(若裂缝贯穿整个墙面，表示该房存在隐患)（是　否）

17)房间与阳台的连接处是否有裂缝？(如有裂缝很可能是阳台断裂的先兆)（是　否）

18)墙身天棚是否有隆起？用木槌敲一下是否有空声？（是　否）

19)从侧面看墙上是否留有较大、较粗的颗粒或印迹粗糙？（是　否）

20)墙面是否有水滴和结雾现象？(冬天房间里的墙面如有水滴，可能是保温层有问题)（是　否）

21)山墙、厨房、卫生间顶面、外墙是否有水迹？（是　否）

22)内墙墙面上有否石灰爆点(麻点)？（是　否）

23)墙身有无特别倾斜、弯曲、起浪、隆起或凹陷的地方?(是 否)
24)墙上涂料颜色是否有明显不均匀处?(是 否)
(5)天花板
25)是否有麻点?(如果顶部有麻点,对室内装潢将带来很大的不利影响)(是 否)
26)是否有雨水渗漏的痕迹或者裂痕?(是 否)
27)卫生间天棚是否有漆脱落或长霉菌?(是 否)
28)天棚楼板有无特别倾斜、弯曲、起浪,隆起或凹陷的地方?(是 否)
(6)地面
29)检查地面有无空壳开裂情况?(用小木槌敲有咚咚声,说明空心,需要返工)(是 否)
30)看地板有无松动、爆裂、撞凹?(是 否)
31)木地板踩上去是否有明显不正常的"吱吱"声?(是 否)
32)地板间隙是否太大?(是 否)
33)柚木地板有无大片黑色水渍?(是 否)
34)地脚线接口是否妥当,有无松动?(是 否)
35)用鞋在地上蹭,是否能明显感受到地砖接缝处不平?(是 否)
(7)卫生间
36)坐便器下水是否顺畅?(是 否)
37)冲厕水箱是否有漏水声?(是 否)
38)浴缸、面盆与墙或柜的接口处是否做了防水?(是 否)
39)是否有地漏,坡度是否向地漏倾斜?(是 否)
40)浴缸、抽水马桶、洗脸池等是否有渗漏现象(裂痕有时细如毛发,要仔细观察)(是 否)
41)水口内是否留有较多的建筑垃圾?(是 否)
42)水池龙头是否妥当,下水是否顺畅?(是 否)
43)淋浴喷头安装是否过低?(是 否)
(8)厨房
44)电、水、煤气表具是否齐全?(是 否)
45)电、水、煤气表的底数是否由零开始?(是 否)
46)是否有地漏,坡度是否向地漏倾斜?(是 否)
47)厨房瓷砖和马赛克有无疏松脱落及凹凸不平?(是 否)
48)墙面瓷砖砌筑是否合格?(砖块不能有裂痕,不能空鼓,必须砌实)(是 否)
49)厨具、瓷砖及下水管上有无黏上水泥尚未清洗?(是 否)
50)水池龙头是否妥当,下水是否顺畅?(是 否)
51)您住的房间上面的邻居家是否漏水?(是 否)
52)水口内是否留有较多的建筑垃圾?(是 否)
53)水池等是否有渗漏现象?(是 否)

54)厨柜柜身有无变形,壁柜门是否牢固周正,门能否顺利开合?(是 否)

(9)水

55)上下水管是否有渗漏?(打开水龙头,查看各个管道)(是 否)

56)是否有足够的水压?(打开水龙头,尽可能让水流大一点,然后查水表)(是 否)

57)自来水水质是否符合标准?(注意区分市政水和小区自供水)(是 否)

58)供水管的材质?(目前大部分供水管采用铜管,可安全使用50年,并可净化管内水质)(是 否)

(10)电

59)配电箱和电表在户外的,拉闸后户内是否完全断电?(主要是查看电闸能否控制各个电源)(是 否)

60)户内有分闸的,拉闸后分支线路是否完全断电?(是 否)

61)各个开关、插座是否牢固?(电话、电视的线路接口看是否虚设)(是 否)

62)是否市政供电?(每度临时电要比市政供电高0.2元,而且还没有保障)(是 否)

63)试一下全部开关、插座及总电闸有无问题?(是 否)

64)所有灯是否能亮?所有插座是否有电?(使用试电笔或小型即插型电器)(是 否)

(11)供暖

65)暖气支管是否有坡度?(供水支管进水端应高于连接散热器的那端)(是 否)

66)供暖管道是否有套管?(防止供暖管道热胀冷缩后拱裂墙面和楼板)(是 否)

67)室内温度是多少?(冬季室内温度应高于16℃,不得低于14℃)(是 否)

(12)气

68)燃气是否已经开通?(是 否)

69)煤气和热水器开关位置是否妥当?(是 否)

(13)管线

70)燃气管线是否穿过居室?(穿过居室易有安全隐患,且不符合设计规范)(是 否)

71)居室和客厅有否各种管线外露?(是 否)

(14)隔声

72)将房门关闭,在房间外制造较大噪声,隔声效果是否满意?(是 否)

(15)精装修

73)核对买卖合同上注明的设施和设备等是否有遗漏,品牌和数量是否符合?(是 否)

3.3.3 入住服务注意事项

(1)入住服务准备工作要充分。入住在物业管理中是一项烦琐细致的工作,既要求快捷高效,又要求井然有序。由于业主普遍缺乏入住的相关知识和经验,经常会存在相关资料准备不足和对入住管理服务等缺乏认识的问题,加之业主的入住手续又是短时间内集中办理的,物业管理人员的工作频密度高、劳动强度大,因此,一定要充分做好入住的各项准备工作。

物业入住准备工作的核心是科学周密的计划。在进行周密计划和进行资料准备及其他准备工作的同时还应注意以下四个方面的工作。

1) 人力资源要充足。现场引导、办理手续、承接查验、技术指导、政策解释、综合协调等各方人员应全部到位，协同工作。如现场出现人员缺位，其他人员或机动人员应及时补位。

2) 资料准备要充足。虽然物业服务企业可通过一定管理方法有意识地疏导业主，避免业主过于集中，但业主的随意性是不可控的，因此，有必要预留一定余量的资料。

3) 分批办理入住手续，避免因为过分集中办理产生的混乱。为避免入住工作的混乱，降低入住工作的强度，物业服务企业在向业主发出《入住通知书》时，应明确告知其入住办理时间，现场也应有明确标识和提示，以便对业主入住进行有效疏导和分流，确保入住工作的顺利进行。

4) 紧急情况要有预案。入住时由于现场人员混杂而且场面较大，随时可能发生如治安、消防、医疗、纠纷等突发事件，建设单位及物业服务企业应预先设立各种处理方案，防患于未然。

(2) 合理安排业主入住服务办理时间。为方便业主入住，应根据业主的不同情况实行预约办理或实行弹性工作方式，如在正常工作时间之外另行安排入住手续的办理或延长工作时间，如中午或晚上延时办公。

(3) 指定专人负责业主办理入住手续时的咨询和引导。入住现场应设迎宾、引导、办事、财务、咨询等各类专职人员，以方便业主的不同需要，保障现场秩序，解决各类问题，以便入住工作有秩序地顺利进行。

阅读资料

复习思考题

1. 入住的含义是什么？
2. 入住前的准备工作有哪些？
3. 入住服务的工作程序和手续是什么？
4. 入住服务过程中有哪些注意事项？

技能拓展

1. 某物业服务企业在业主入住后不久就接到业主王某的报案，称其放置于小区内一楼楼梯口的摩托车被盗，应由物业服务企业赔偿，理由是开发商曾宣传该小区是"封闭式管理，凭证出入，绝对安全"。物业服务企业认为在办理入住手续时双方签订的《临时管理规约》《前期物业管理协议》均无此约定，双方又没有签订类似《机动车停放服务协议》的合同，物业服务企业还在《业主入住说明》《住户手册》等资料上善意提醒业主重视财产保管，因此，物业服务企业对王某无赔偿义务。法院的最后判决支持了物业服务企业的意见。你如何看待这个问题？法院的判决对物业服务企业有何启示？

2. 假如你是某小区物业服务企业客户服务中心的一名工作人员，在三个月后，小区业主开始入住，于是你按要求通知业主入住事宜。在与业主联系的过程中，就有个别业主提出："开发商规定的入住时间，我因为要出差，不能来办理入住，有什么办法解决吗？"作为物业服务企业的工作人员，你应该怎样回答业主的疑问呢？

3. 某小区入住手续办理结束，经过统计后，物业服务企业项目经理发现，仍有20%左右的业主未能在规定时间办理入住手续。其中，有部分业主提出"一年或更长时间内都不会入住，这期间的物业服务费能否免收？"对于暂时没有入住的业主，是否仍应缴纳物业服务费？物业服务中心又该如何应对这种情况呢？

任务 4　物业装饰装修管理与服务

知识目标

1. 了解物业装饰装修管理的含义。
2. 熟悉物业装饰装修管理的流程。
3. 掌握物业装饰装修管理的内容。
4. 熟知物业装饰装修管理过程中常见的问题及相关处理方法。
5. 掌握物业装饰装修过程各方主体的责任。

技能目标

1. 通过本任务的学习，能够为业主或物业使用人办理物业装饰装修手续及告知事项。
2. 能够在物业装饰装修管理过程中正确判断违章装修行为。
3. 能够独立处理各类违章装修行为。

任务导入

某小区业主李某家买了一个巨型浴缸，打算安装在自己居住的 30 层（楼栋顶层）物业内，在其吊装巨型浴缸时，被同栋楼的其他业主发现，遭到了大部分业主的反对和制止，双方各执一词，僵持不下。物业服务企业只能向有关专家进行咨询，专家认为根据该巨型浴缸的产品说明书，其尺寸和质量对于一般的建筑楼板来说已经属于超负荷，而且从目前居住的楼宇来看，该栋楼宇的顶房屋楼板也是无法承受浴缸重量的，因此，物业服务企业以专家意见为由制止李某吊装巨型浴缸，但是李某认为房子是他自己的私人财产，难道在自己家里装个浴缸都不行吗？

任务布置

1. 业主装修房屋必须接受物业服务企业的监督和管理吗？请说明理由。
2. 其他业主是否有权干涉某一业主对其专有物业的装修行为，为什么？
3. 如果业主在装饰装修的过程中确实需要安装大型家具或设备，应该怎么处理？

任务要求

1. 预习装修管理与服务相关知识及《物权法》第八十二条、第八十三条、第九十一条、《物业管理条例》第五十二条和《住宅室内装饰装修管理办法》；
2. 分组讨论并形成小组讨论结果，然后进行成果汇报。

> 知识准备

4.1 物业装饰装修管理

物业装饰装修是业主入住后必不可少的环节。由于缺乏物业装饰装修建筑专业知识和对装饰装修管理相关法律法规的了解，业主在装饰装修中更多考虑的是物业的实用、美观和舒适，而较少顾及建筑安全和公共权益。随着人们审美情趣的不断变化，物业装修设计、施工、材料等的个性化程度越来越高，加之物业装饰装修过程长、点多面广、不确定因素多，管理控制难度大，稍有不慎，一方面，可能危害物业安全，影响物业的正常使用，或对物业构成潜在的危险，导致物业风险；另一方面，可能激发物业服务双方的矛盾和冲突，影响物业管理和社区的和谐局面。因此，物业装饰装修管理是物业服务的重点和难点之一，不仅要求细致专业和一丝不苟，方案上严格把关，沟通上入情在理，而且还要求物业服务企业高度敬业、检查频密、消灭隐患、及时整改。

4.1.1 物业装饰装修及物业装饰装修管理的含义

（1）物业装饰装修的含义。物业装饰装修一般是指房屋室内装饰装修，是指业主和使用人在办理完入住手续后，根据自己生活或工作的特点和要求，在正式入住之前，对所购（所租）房屋进行重新设计、分隔、装饰、布置等活动。有时住户更换后，新住户往往把原来的装修拆除，按自己的意愿重新进行二次装修。

（2）物业装饰装修管理的含义。物业装饰装修管理是指物业服务企业通过对物业装饰装修过程的管理、服务和控制，规范业主、物业使用人的装饰装修行为，协助政府行政主管部门对装饰装修过程中的违规行为进行处理和纠正，从而确保物业的正常运行使用，维护全体业主的合法权益。

物业装饰装修管理包括装饰装修申报、登记审核、入场手续办理、装饰装修过程监督检查以及验收等环节。其内容包括装饰装修流程设计、管理细则规定、过程控制和责任界定等方面。

4.1.2 物业装饰装修管理流程

根据《物业管理条例》第五十二条规定，业主需要装饰装修房屋的，应当事先告知物业服务企业。物业服务企业应当将房屋装饰装修中的禁止行为和注意事项告知业主。所以，业主在住宅室内装饰装修开工前，应当告知物业服务企业，即业主的装饰装修行为对物业服务企业有告知义务，而物业服务企业在知道业主装修后应当将相关禁止行为和注意事项告知业主，这也是物业服务企业对业主的告知义务。通常，物业服务企业为了方便业主了解装饰装修管理的相关事宜，往往通过告知装饰装修管理流程来实现对业主装饰装修行为的管理。一般物业装饰装修流程要有书面形式，要求文字简明、内容明确、图表明晰、一目了然。

通常，物业装饰装修管理流程主要有准备资料、填写申报登记表、装饰装修登记、签订管理服务协议、办理开工手续、进场施工和装饰装修验收七个方面。物业装饰装修管理流程如

图 3-4 所示。

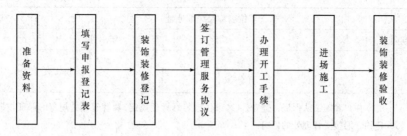

图 3-4　物业装饰装修管理流程

(1)准备资料。通常,资料的准备由业主(或物业使用人)和施工单位分别准备和提供。一般包括物业所有权证明,申请人身份证原件及复印件,装饰装修设计方案,装修施工单位资质,原有建筑、水、电、气等改动设计和相关审批,以及其他法规规定的相关内容。物业使用人对物业进行装饰装修时,还应当取得业主的书面同意。

(2)物业装饰装修申报。一般情况下,业主或物业使用人在入住过程中,就应收到物业服务企业发出的装饰装修手册及装饰装修申报登记表。业主或物业使用人在装修施工前,必须认真阅读装饰装修手册并填写装饰装修申报表,提交管理单位登记备案。只有在物业服务企业对装饰装修内容的登记备案完成之后,业主或物业使用人才能对物业动工进行装饰装修。装饰装修申报表见表 3-12。

物业管理工作人员应要求和指导业主逐项填写装饰装修申报登记表,确保各项申请明确无误,涉及专业部门(如水、电、气等)、建筑结构、消防等项目的,要求写明地点、位置或改变的程度及尺寸等详细数据和资料,必要时装修人或装修单位还应向有关部门申报核准。

表 3-12　装饰装修申报表

业主姓名		单位名称及详细地址		联系电话	
装修单位	全称			执照号	
	负责人		联系电话		装修人数
	申请装修内容和范围			管理处初审	
					初审人： 日　期：

续表

业主姓名		单位名称及详细地址		联系电话	
申请装修期限		年 月 日 至 年 月 日			
装修工程预算造价		装修押金		收款人	
装修保证	本住户和施工队保证：遵守《××市住宅装修管理规定》和管理处的规定，保证按期完成，若有违约，愿接受管理处的处罚 业主(住户)签字： 施工队负责人签字：				
管理处主任审批： 签字： 年 月 日					

（3）物业装饰装修登记。物业服务企业在进行装饰装修登记时，可以书面形式将装饰装修工程的禁止行为和注意事项告知装修人和装修人委托的装饰装修企业，并且督促装修人在装饰装修开工前主动告知邻里。装饰装修申报登记表见表3-13。

物业服务企业应该在规定工作日(一般为3个工作日)内完成登记工作；超出物业项目管理单位管理范围的，应报主管部门。

物业服务企业应详细核查装修申请登记表中的装修内容，有下列行为之一的将不予登记：

1）未经原设计单位或者具有相应资质等级的设计单位提出设计方案，擅自变动建筑主体和承重结构的；

2）将没有防水要求的房间或者阳台改为卫生间、厨房的；

3）扩大承重墙上原有的门窗尺寸，拆除连接阳台的砖、混凝土墙体的；

4）损坏房屋原有节能设施，降低节能效果的；

5）未经城市规划行政主管部门批准搭建建筑物、构筑物的；

6）未经城市规划行政主管部门批准改变住宅外立面，在非承重外墙上开门、窗的；

7）未经供暖管理单位批准拆改供暖管道和设施的；

8）未经燃气管理单位批准拆改燃气管道和设施的；

9）有其他影响建筑结构和使用安全行为的。

表3-13 装饰装修申报登记表

业主(物业使用人)	业主(物业使用人)	联系电话：	
	地址：		
装修公司	名称：	联系电话：	
	地址：	联系电话：	
	负责人：	承建资格证号：	

续表

业主(物业使用人)	业主(物业使用人)		联系电话:	
	地址:			
资料发放	《装饰装修手册》□ 《临时管理规约》□ 执行保证□			
资料收集：(复印件需核对原件)□			动火申请表 （原件）□	
装修设计图　　张(清晰简要明确)			业主委托书 （原件）□	
装修合同　　　　(复印件)□			业主认可书 （原件）□	
消防审批文件　　(原件)□			租赁合同　　 （复印件）□	
改造设计图　　张(原件)			营业执照　　 （复印件）□	
装修内容：(位置、材料、施工方式)			物业管理项目机构意见：	
			物业服务企业(或相关单位)意见：	
施工时间：　　年　月　日至　　年　月　日				
开工意见	准予本申报项目开始施工。 物业管理项目机构责任人签名：　　　　　日期：			
装修验收	完工验收情况：		物业管理项目机构完工小结：	
	验收人：　　　日期：		负责人：　　　日期：	

(4)签订《物业装饰装修管理服务协议》。在物业装饰装修之前，物业服务企业和装修人应签订《物业装饰装修管理服务协议》，约定物业装饰装修管理的相关事项应包括下列内容：

1)装饰装修工程的实施内容；

2)装饰装修工程的实施期限；

3)允许施工的时间；

4)废弃物的清运与处置；

5)外立面设施及防盗窗的安装要求；

6)禁止行为和注意事项；

7)管理服务费用；

8)违约责任；

9)其他需要约定的事项。

(5)办理开工的手续应包括下列内容：

1)业主按有关规定向物业服务企业(或指定方)缴纳装饰装修管理服务费；

2)装饰装修施工单位应到物业服务企业办理施工许可证、出入证等；

3)装修人或装饰装修施工单位应备齐灭火器等消防器材；
4)签署装修施工责任承诺书等。

装修施工责任承诺书

××物业服务有限公司：

1)本人/本公司已收到××物业服务有限公司发给的《装修指南》《装修补充规定》《防火手册》及《电梯管理规定》，现声明已详阅以上文件，已经明白并承诺遵守以上文件的所有规定，若有违反，愿接受物业服务企业的任何处罚。

2)承诺在装修期间按审批的装修方案和图样施工。

3)愿意在装修期间担任消防负责人，负责对进场装修的有关人员进行消防教育，并在装修施工过程中严格遵守消防规定，采取有效的防范措施并承担因装修而引发灾难所造成的一切后果。

特此承诺！

签署人：
身份证号码：
（单位盖章）

室内装修施工许可证

编号：
施工范围：
施工项目：
有效日期：　　年　　月　　日至　　年　　月　　日
施工责任人：　　　　　　　　联系电话：
发证单位：××物业管理有限公司
工程部消防监管人：　　　　　　装修监管人：

(6)施工单位进场施工。物业装饰装修施工期间，装修人和装饰装修施工单位应严格按照装修申报登记的内容组织施工。

物业服务企业应按照装饰装修管理服务协议做好管理和服务工作，加强现场检查，发现装修人或者装饰装修施工单位有违反有关规定的行为，应当及时劝阻和制止；已造成事实后果或拒不改正的，应及时报告有关部门依法处理。对装修人或者装饰装修施工单位违反《物业装饰装修管理服务协议》的，应追究违约责任。

(7)装饰装修工程验收。物业服务企业应当按照装饰装修管理服务协议进行现场检查，对照装修申报方案和装饰装修实际结果进行比较验收，验收合格后应签署书面意见。对因违反法律法规和装饰装修管理服务协议而验收不合格的，应提出书面整改意见要求业主和施工方限期整改；若发生歧义、无法统一意见或业主拒不接受的情况，应报请城市管理有关行政部门处理，并将检查记录存档。

4.2 物业装饰装修管理的内容

装饰装修管理是一个系统工程,要真正达到科学管理、细致服务,不仅要严格遵守装饰装修管理流程,还要对装饰装修过程中的各个环节、涉及的各个方面进行全面的分析。在综合各方因素的基础上,科学地制定装饰装修管理细则,使物业装饰装修管理真正落到实处。物业服务企业应当按照装饰装修管理服务协议实施管理,加强现场检查,及时发现问题加以制止。一般来说,物业装饰装修管理包括以下内容。

视频:物业装饰装修管理的内容

4.2.1 物业装饰装修范围和时间管理

物业装饰装修的区域应按照相关装饰装修管理规定和业主权益予以限定,原则上应统一要求、统一形式。如室内装饰装修只限于房屋本体单元内的自用部位;封闭阳台不得超过阳台顶部外边缘垂直投影面,封闭款式和材料力求统一等。

装饰装修时间应根据各地不同的作息时间、季节变换及习惯习俗等综合确定。装饰装修时间包括一般装修时间、特殊装修时间和装修期。

(1)一般装修时间是指除节假日外的正常时间。一般装修时间因地域和季节的差异而有所不同,如南方某些地区规定作业时间及拆打时间为:

作业时间:8:00~12:00 14:00~18:00;

拆打时间:8:30~11:30 14:30~17:30。

(2)特殊装修时间是指节假日休息时间。为保障其他业主的休息和正常生产生活秩序,原则上一般不允许在节假日进行装修。因特殊情况需要装修,应视具体情况相应缩短装修时间。

(3)装修期是指装饰装修过程的完结时间。目前,国家颁布的法规虽无明确规定,但一般情况下不超过三个月。

4.2.2 物业装饰装修管理的要求

为确保物业安全和全体业主的合法权益,物业装饰装修管理应重点检查以下部位:

(1)有无变动建筑主体和承重结构;

(2)有无将没有防水要求的房间或者阳台改为卫生间、厨房;

(3)有无扩大承重墙上原有的门窗尺寸,拆除连接阳台的砖、混凝土墙体;

(4)有无损坏房屋原有节能设施,降低节能效果;

(5)有无其他影响建筑结构和使用安全的行为;

(6)有无未经有关单位批准的下列行为:

1)搭建建筑物、构筑物;

2)改变住宅外立面,在非承重外墙上开门、窗;

3)拆改供暖管道和设施;

4)拆改燃气管道和设施;

5)超过设计标准或者规范增加楼面荷载的;
6)改动卫生间、厨房防水层的。

同时,还应注意检查以下几个方面:
1)施工现场有无采取必要的安全防护和消防措施,有无擅自动用明火和进行焊接作业等;
2)有无任意刨凿楼地面、穿凿梁柱等;
3)楼地面铺设材料是否超过 10 mm、新砌隔墙是否采用轻质材料等;
4)是否符合物业装修公共及室外统一要求(如空调室外机的安装和排水的统一要求、阳台栏杆的统一要求等);
5)物业装修方案和材料的选择是否符合环保、节能的要求。

4.2.3 物业装饰装修管理费用和垃圾清运的管理

物业装饰装修管理既涉及公共权益,也涉及业主的个人权益。装饰装修管理费用的收取要严格按照国家和地方的相关规定办理,不得自行设置收费项目和任意确定收费标准,即使无统一规定而又确需临时设置收取的,也应科学测算并报经相关主管行政部门批准。在我国物业管理实践中,装饰装修管理收费的项目和标准因各地规定的不同,差别较大。为确保物业装饰装修工程的有序进行,维护装饰装修活动涉及的各方的合法权益,目前较为通常和相对合理的做法是:在物业装饰装修之前,由装修人和物业服务企业签订《物业装饰装修管理协议》,约定物业装饰装修相关事项和管理收费并以此为依据规范各方行为。一般而言,《物业装饰装修管理协议》中物业服务企业向装修人约定收取的费用包括装饰装修管理服务费和垃圾清运费。

(1)装饰装修管理服务费。装饰装修管理服务费是指因物业装饰装修工程增加物业管理服务工作量而设置的临时性收费项目,国家对于具体的收费标准没有明确规定,一般由装修人和物业服务企业双方约定,该费用可向装修业主收取,也可向装饰装修工程单位收取。

(2)垃圾清运费。垃圾清运费是指由装饰装修工程所产生的垃圾的管理和清运费用。如业主按照要求管理并自行清运装修垃圾,则该费用可免予缴纳;否则,装修人应向物业服务企业缴纳该费用,装修垃圾由物业服务企业代为清运。

装饰装修垃圾是装修管理中的一个重要内容,其对物业环境和业主以及物业使用人的工作生活有着极大的影响,甚至会产生环保、安全等方面的隐患,因此,物业装饰装修管理的基本要求一是装饰装修垃圾需袋装处理;二是装饰装修垃圾应按指定位置、时间、方式进行堆放和清运。

4.2.4 物业装饰装修现场管理

(1)严把出入关,杜绝无序状态。由于装饰装修工人的来源控制有极大的不确定性、施工过程中的自我约束不足、施工单位管理不力等原因,在物业装饰装修期间,物业服务企业应严格物业区域出入口(包括电梯)的人员和材料管理。凡未佩带物业装饰装修施工标识的施工人员和其他闲杂人员,应一律禁止入内,保证装饰装修人员管理的有序化、规范化。

装饰装修材料和设备是装修违章的一个重要因素,应着重从以下两个方面强控制和管理,一是要认真核对是否为审批同意的材料;二是要核对是否符合相关规定。

对于有特别要求的材料或设备(如电焊机),应按照规定办理相应手续;施工队需进行动火作业的,必须办理申报审批手续,动用明火申请表见表3-14;进入物业区域的装饰装修材料和设备等,应符合物业装饰装修规定要求,否则拒绝入场。通过加强装饰装修材料和设备的出入管理,杜绝不安全因素的出现。

表3-14 动用明火申请表

申请单位 (业主/业主(或物业使用人))				动火类型			动火地点		
序号	器具名称	功率/kW	电源来源	起止日期(大写)			起止日期(大写)		
1			室内/外	月	日至	月 日	月	日至	月 日
2			室内/外	月	日至	月 日	月	日至	月 日
3			室内/外	月	日至	月 日	月	日至	月 日
4			室内/外	月	日至	月 日	月	日至	月 日
5			室内/外	月	日至	月 日	月	日至	月 日
6			室内/外	月	日至	月 日	月	日至	月 日
动用明火要求	1. 室内电源插座最大功率4 kW。 2. 配灭火器2个。 3. 远离易燃易爆物品。 4. 与木工制作区隔离。 5. 严禁室内用电器煮食。 6. 超过6 kW补交费用。 7. 违规作业罚款200~500元		申请单位(业主/业主(或物业使用人))签章 年 月 日				管理处签章 年 月 日		

(2)加强巡视,防患于未然。物业装饰装修期间,物业服务企业要抽调专业技术人员、管理人员和保安力量,加大物业装饰装修管理巡视力度,对有违规违章苗头的装饰装修户,要重点巡视盯防、频繁沟通,做到防患于未然;出现违规违章行为的,要晓之以理,动之以情,必要时报告有关行政主管部门处理;同时,要检查施工单位的施工人员是否如实申报和办理了施工证,强化施工人员的管理。

(3)控制作业时间,维护业主合法权益。物业装饰装修管理要特别注意装修施工(尤其是拆打)的作业时间,避免影响其他业主和物业使用人的正常生活工作秩序;另外,还应针对不同的物业类型制定相应的管理规定。

(4)强化管理,反复核查。物业集中装修期间,要增派人力,做到普遍巡查和重点检查相结合。一方面，要检查装饰装修项目是否为已登记的项目，一是要检查装饰装修项目是否申报，二是检查装饰装修物业的内容、项目有无私自增加，在巡视过程中发现新增装修、装饰项目的，须指导业主(或物业使用人)及时申报，办理相关手续。另一方面，要检查施工人员的现场操作是否符合相关要求，如埋入墙体的电线是否穿管、是否用合格的套管，施工现场的防火设备是否配备，操作是否符合安全要求，现场的材料堆放是否安全；垃圾是否及时清运，有无乱堆乱放，装修户门外是否保持清洁卫生等。

4.3 物业装饰装修施工中的常见问题及处理

4.3.1 物业装饰装修施工中的常见问题

在物业装饰装修管理过程中，尽管物业服务企业对装饰装修过程进行严格的管控，业主或物业使用人、施工单位也签订了《装饰装修管理协议》，但是在实践中，仍然会难以避免地出现违章装修的情况；同时，业主或物业使用人为了满足自己的需求，明知是违章行为而一意孤行，擅自改动装修方案、设计等。常见装饰装修施工中的问题主要集中在改动(破坏)房屋结构、改变房屋用途、线路改动以及房屋外观改变和破坏环境卫生四类。

(1)改动(破坏)房屋结构。这一类违章是物业装饰装修中最为严重的行为，主要表现在以下几项。

1)随意拆改墙体，破坏承重墙，改变房屋承重结构。在承重墙上穿洞、穿孔、削薄、挖槽。一般砖混结构的建筑物中，凡是预制板墙一律不能拆除或开门开窗；大于24厘米的砖墙也属于承重墙。如果在承重墙上开门开窗，则会破坏墙体的整体承重，这是不允许的。

2)破坏墙体中的钢筋。如果把房屋结构比作人的身体，则墙体中的钢筋就是人的筋骨；如果在埋设管线时将钢筋破坏，就会影响墙体和挡板的承受力，遇到地震，这样的楼板就容易坍塌或断裂。当然房间中的梁柱更是不能动的。

3)拆除阳台边的配重墙。一般房间与阳台之间的墙上，都有一门一窗，这些门窗拆改问题不大，但窗以下的墙体是不能动的。这段墙称为"配重墙"，它像秤砣一样起着挑起阳台的作用。拆改这种墙体，会使阳台承重力下降，导致阳台下坠。

4)不适当增加楼面静荷载包括在室内砌墙、超负荷吊顶、安装大型灯具、铺设大理石地板等。

5)任意刨凿、重击顶板、外墙内侧及排烟管道。

对于此类违章装修行为，物业服务企业一经发现，一定要坚决制止，必要时可以采取一些非常手段；同时，要上报上级行政主管部门共同处理。

(2)改变房屋用途。

1)改变阳台功能。通常是把没有防水要求的阳台更改为卫生间、厨房或者封闭阳台，拆除阳台与厅之间的墙体，使之连成一厅房。这样的违章将破坏外观的整体性，改变了排污、排水管道，加重阳台的负荷，造成下面漏水。

2)扩大卫生间门窗尺寸。

3)更改卫生间干湿墙位置。
4)将卧室改成卫生间。
5)将卫生间改为卧室或书房。
6)将阳台改为卫生间。
7)改变空调安装位置。
8)改变燃气、暖气管道。

针对此类违章装饰装修行为,物业服务企业应阻止其改动并告知业主这样改动应该承担的责任及可能会对其以后的生活带来麻烦和隐患;同时,将改动情况记录在案,并让业主签字确认。

(3)线路改动以及房屋外观改变。
1)破坏卫生间和厨房的防水层。这些地方的地面上都有防水层,所以,在更换地面材料、重新安装卫生洁具等时,可能破坏防水层,导致楼下成"水帘洞"。重新修建防水层,必须作24小时渗水实验。实验合格才能重新使用。
2)上下水管铺在地板内。
3)用水泥和瓷片封闭卫生间和厨房的上下水管,并未预留检查口。
4)改动上下水管。
5)改变烟道开口位置。
6)将污水管接到雨水管。
7)可视对讲机移位。
8)随意安装防盗网。

视频:违章搭建各方主体的权利与义务

针对这类违章装修,物业服务企业应阻止其改动并告知业主这样改动应该承担的责任及可能会对其以后的生活带来麻烦和隐患;同时,将改动情况记录在案,并让业主签字确认。

(4)破坏环境卫生。
1)装修垃圾未按规定运放。
2)污染公共设备设施。
3)噪声污染。
4)空气污染。
5)高空抛物。
6)将垃圾倒入下水道。

此类违章一般情况下是施工人员造成的,需要物业服务企业的工作人员在装修巡查过程中密切关注,发现一起,立即处理一起,必要时应要求相关人员离开小区,但一定要及时联系施工单位负责人和业主讲明原因,以避免误会。

4.3.2 物业装饰装修施工中常见问题的处理

上述四类违章装饰装修问题在物业装饰装修过程中是非常普遍的,也是物业服务企业在装饰装修管理中特别需要关注和防范的地方,而在问题的处理方面也要有正确的判断,以便采取有针对性的解决措施来处理这些问题。通常，在装修施工期间，常规的做法是，若发现违章装修时，则立即要求装修人停止违章装修并视情况采取以下方式进行处理：

(1)批评教育，规劝改正(如不按规定时间施工等)；

(2)责令停工，出具《违章整改通知单》限期整改(如侵占公共场地等)；

(3)责令恢复原状(如在承重外墙面打洞)；

(4)扣留或没收工具；

(5)水电集中供应的，视情况暂停水电(如改变管线等)；

(6)要求赔偿损失或按规定罚没押金(如损坏电梯表面或其他公共设施等)；

视频：住宅小区违章搭建处理程序

(7)情况严重的，上报当地上级主管部门(如破坏房屋结构，拒不整改的等)。

4.4 物业装饰装修中各方主体的责任

为减少物业装修、装饰过程中违章现象的出现，物业服务企业应主动提示督促业主(或物业使用人)阅读理解装饰装修管理的规定和小区规定。为了分清物业装饰装修有关各方的责任，物业装饰装修管理协议等相关文件应由装修人、施工单位及物业服务企业三方签字。物业装饰装修过程中如出现违规、违章行为，造成公共权益受到侵害和物业损害的，物业服务企业应及时劝阻，对不听劝阻或造成严重后果的，物业服务企业应及时向有关部门报告。

视频：物业装饰装修管理各方主体的责任

4.4.1 装修人和装修企业的责任

装修人是指业主或物业使用人，装修企业是指装修施工单位。装修人和装修企业在装饰装修活动中的责任包括以下内容。

(1)因装饰装修活动造成相邻住宅的管道堵塞、渗漏水、停水停电、物品毁坏等，装修人应当负责修复和赔偿；属于装饰装修企业责任的，装修人可以向装饰装修企业追偿。装修人擅自拆改供暖、燃气管道和设施而造成损失的，由装修人负责赔偿。

(2)装修人装饰装修活动侵占了公共空间，对公共部位和设施造成损害的，由城市房地产行政主管部门责令改正；造成损失的，应依法承担赔偿责任。

(3)装修人未申报登记就进行住宅室内装饰装修活动的，由城市房地产行政主管部门责令改正并处罚款。

(4)装修人违反规定，将住宅室内装饰装修工程委托给不具有相应资质等级企业的，由城市房地产行政主管部门责令改正并处罚款。

(5)装饰装修企业自行采购或者向装修人推荐使用不符合国家标准的装饰装修材料，造成空气污染超标的，由城市房地产行政主管部门责令改正，造成损失的，依法承担赔偿责任。

(6)装修活动有下列行为之一的，由城市房地产行政主管部门责令改正并处罚款。

1)将没有防水要求的房间或者阳台改为卫生间、厨房的或者拆除连接阳台的砖、混凝土墙体的，对装修人和装饰装修企业分别处以罚款。

2) 损坏房屋原有节能设施或者降低节能效果的，对装饰装修企业处以罚款。

3) 擅自拆改供暖、燃气管道和设施的，对装修人处以罚款。

4) 未经原设计单位或者具有相应资质等级的设计单位提出设计方案，擅自超过设计标准或者规范增加楼面荷载的，对装修人和装饰装修企业分别处以罚款。

(7) 未经城市规划行政主管部门批准，在住宅室内装饰装修活动中搭建建筑物、构筑物的或者擅自改变住宅外立面、在非承重外墙上开门窗的，由城市规划行政主管部门按照《中华人民共和国城市规划法》及相关法规的规定处罚。

(8) 装修人或者装饰装修企业违反《建设工程质量管理条例》的，由住房城乡建设主管部门按照有关规定处罚。

(9) 装饰装修企业违反国家有关安全生产规定和安全生产技术规程，不按照规定采取必要的安全防护和消防措施，擅自动用明火作业和进行焊接作业的，或者对建筑安全事故隐患不采取措施予以消除的，由住房城乡建设主管部门责令改正并处罚款；情节严重，责令停业整顿并处更高额度的罚款；造成重大安全事故的，降低资质等级或者吊销资质证书。

4.4.2　物业服务企业和相关管理部门的责任

(1) 物业服务企业发现装修人或者装饰装修企业有违反相关法规规定的行为不及时向有关部门报告的，由房地产行政主管部门给予警告，可处装饰装修管理服务协议约定的装饰装修管理服务费 2～3 倍的罚款。

(2) 物业装饰装修行政主管部门的工作人员接到物业服务企业对装修人或者装饰装修企业违法行为的报告后，未及时处理、玩忽职守的，应依法给予行政处分。

阅读资料

复习思考题

1. 物业装饰装修和装饰装修管理的含义是什么？
2. 物业装饰装修管理的流程是什么？
3. 物业装饰装修管理的内容是什么？
4. 物业装饰装修管理常见问题的处理办法是什么？

技能拓展

1. 近日，某高层楼宇 40 楼 C 室的业主王某，向物业服务企业报上一份装修申报登记表，申报表中说明其准备在阳台上装一台太阳能热水器。物业服务企业装修管理人员李某在接到申报后，没有发现其他不妥之处，拟予以同意。上级主管在审核相关资料时发现安装地点不明确，于是要求李某去现场核实，发现王某申报的安装位置实为共用屋面，而非业主自用部分。你能指出李某在接到装修申报后犯了什么错吗？应该怎样做才是正确的？

2. 假设你是B物业服务企业的工作人员，入住手续刚刚办完，目前正是业主们装饰装修的高峰期，服务中心派你和其他人员每天进行装修检查和巡视。在巡视和检查的过程中，你发现A栋高层顶楼有较大量钢材堆放，经了解得知是业主张先生准备利用坡顶加设钢结构阁楼。这时，你当即告诉业主此项装修工程应委托设计单位出设计图，并应事先申报，得到许可后方可施工。可是张先生并不这样认为，不愿意找相关单位出设计图，也认为不需要为这事单独进行申报。你作为工作人员，应该怎么处理和应对呢？而作为物业服务企业，在业主装饰装修管理过程中又有哪些疏漏呢？

3. Q花园小区业主许先生新近购入一套住房，办理完入住手续拿到钥匙后，许先生就请一家装修公司开始进行房屋装修。物业服务企业知道后，找到许先生，要求他暂时停工，先办理装修手续再行开工。而许先生认为装修自己房子是他的事情，任何单位和个人都无权干涉，你认为许先生的想法正确吗？物业服务企业在业主装修过程中负有哪些管理责任呢？

4. 李先生购买了一套商品房，面积不大。为了使房屋使用起来更合意，他改变了房屋的墙体结构，把房屋的原有墙体拆了，按照自己的装修方案进行装修，尤其是把承重墙也拆了。经过改造后，房屋宽敞多了。由于李先生有先例，其他业主入住后也比照李先生的做法装修房屋。业主们的装修行为被物业服务企业的保安发现了，保安对这一装修行为予以制止，并要求已经拆了承重墙的业主必须恢复原状，然而，业主们都不愿意配合，双方为此一直争执不下。物业服务企业提出要起诉李先生和其他业主。假设你是该物业服务企业的负责人，你会怎样做？

5. 假设你是物业服务企业装修管理人员，在某物业楼层巡视时发现某装修单位现场材料堆放混乱，工人正在用电炉做饭，而且无灭火设备，你该怎样处理？

6. 某日，某高层楼宇巡楼员在巡检过程中，发现某户业主未经申报擅自违章更换了四扇铝合金窗。作为巡楼员，在开出违章整改单之前，有哪些问题需要注意？

7. 近日，E物业服务企业不断接到业主投诉称A栋1单元7楼2室家最近出入人口有点多，而且这些人面孔生分，明显不是该小区的业主，于是物业服务企业派工作人员和保安前往查看，经调查，确实发现与其他业主投诉情况一样的现象，通过询问，发现这些人都是租住在这里的租户。原来A栋1单元7楼2室的业主于今年年初开始，在E物业服务企业不知情的情况下，偷偷将自己130平方米的房屋改成了8间大小不一的出租房，分别出租给12人居住，从中获取租金。假设你是E物业服务企业的经理，这个事件反映出了哪些问题？你会怎样处理？同时，对于业主的这种行为，谁有权提起诉讼？

8. 某物业服务企业在前期物业管理工作中，由于疏忽大意未将"业主、使用人在装修住宅中，应预留共用设备的检修孔，方便共用设备的维修。"的该项小区内住宅装修规定告知业主。多名业主在不知情的情况下，装修时封闭了共用管道检修孔。此后的物业使用中，共用管道发生堵塞，物业服务企业在疏通修理的过程中给业主的装修造成了一定程度的损坏，因此业主向物业服务企业提出赔偿要求。你认为物业服务企业是否应承担赔偿责任？

项目 4　物业常规性公共服务

任务 1　房屋及设备设施管理

知识目标

1. 了解房屋维修管理的概念和目的。
2. 掌握房屋维修养护责任的界定范围。
3. 掌握房屋维修养护管理的标准和具体要求。
4. 熟悉房屋维修日常养护的类型和内容。
5. 熟悉物业设备设施管理的概念和内容。
6. 熟知物业设备设施维修工程的分类。
7. 掌握物业设备设施管理的措施。

技能目标

1. 学习房屋维修管理，能够对物业管理的房屋进行日常维养修管理。
2. 根据物业设备设施管理，能够对物业设备设施进行正确的维护管理。

任务导入

白小姐购入某花园小区一套二手房，可搬进去不久，发现家中卫生间墙面上出现裂缝，阳台上的窗户变形，关闭不严。白小姐直接找物业服务企业帮助解决问题，物业服务企业明确表示，业主家中出现问题应由业主自己承担维修费用，不属于公共设施的维修，如果业主需要物业服务企业帮助，则物业服务企业愿意帮助，但业主应承担主要相应的费用。白小姐心存疑问：国家规定的保修期是否落实？保修期内的房屋质量问题该向谁要求赔偿？（案例来源：戴玉林，王媚莎. 物业管理典型案例与分析[M]. 北京：化学工业出版社，2006）

任务布置

1. 什么是国家规定的住房保修期？
2. 在此案例中，如何界定房屋的维修责任？

3. 针对房屋存在的问题，白小姐应该怎么做呢？
4. 此案例对于购房者来说有哪些启示？

任务要求

1. 预习房屋及附属设备设施管理相关知识。
2. 查找资料，课前预习《房屋建筑工程质量保修办法》第七条相关规定。
3. 分组讨论并提交案例分析报告。

知识准备

在整个物业管理中，房屋及附属设备设施管理占有极其重要的地位，房屋及附属设备设施的维修养护管理技术含量高，涉及面广，物业服务企业的管理服务水平的高低，很大程度上取决于房屋及设备设施维修与养护的水平、时效和质量。房屋及附属设备设施管理是指物业服务企业通过掌握房屋与设备设施的质量状况和运行状况，对房屋及其配套的设备设施的日常维修养护或维修施工以及更新改造，以保证房屋及设备设施的安全和正常使用。

1.1 房屋维修管理

1.1.1 房屋维修管理的含义

房屋维修管理是指对已建成的房屋进行小修、中修、大修、翻修以及综合维修和日常维护保养，还包括对房屋完损等级的检查与评定、不同等级房屋功能的改善和更新改造。房屋维修管理的目的主要是保持、恢复或提高房屋的安全性，延长房屋的使用寿命，其次是改善或改变房屋的使用功能。经常性及时地对房屋进行维修保养，是物业服务企业重要的基础性的工作内容之一。

视频：房屋修缮管理

房屋竣工交付使用后，由于受各种因素的影响或作用而逐渐损坏。导致房屋损坏的原因很多，基本上可分为自然损坏和人为损坏两类。自然损坏是指如自然界的风、霜、雨、雪及空气中有害物质的侵蚀，虫害（如白蚁等），菌类（如霉菌）的作用均会造成房屋损坏。自然损坏的速度（除洪水、地震、台风等情况外）一般是缓慢的。人为损坏是指如在房屋建造期间由于设计缺陷或施工质量隐患，在房屋使用期间由于违规装修、改造、搭建及不合理地改变房屋用途或维修保养不善，都会使房屋遭到损坏。在实际中，以上因素往往是相互交叉影响或作用的，从而加剧了房屋损坏的程度和速度，因此，为减缓房屋损耗速度、延长房屋使用年限、维持和恢复房屋原有质量和功能、保障住用安全和正常使用，以达到房屋保值、增值的目的，物业服务企业开展好房屋维修管理工作是十分必要的。

1.1.2 房屋维修养护责任的界定

房屋维修养护责任的划分是为了确定物业服务企业、业主和物业使用人应分别承担的维修责任和担负维修费用的界限，其基本原则有以下两点：

(1)新建房屋在保修期内的维修责任界定。新建房屋，自每幢房屋竣工验收之日起，在规定的保修期内，由施工单位负责房屋质量保修竣工验收与业主进入的时间差，由建设单位负责。具体保修年限如下：

1)民用与公共建筑的土建工程为设计合理使用年限；

2)屋面防水工程、有防水要求的卫生间、房间和外墙面的防渗漏，为5年；

3)小区道路为1年。

(2)房屋保修期满后的维修责任界定。保修期满后，由业主承担房屋维修责任。对业主委托物业服务企业管理的物业，具体规定如下。

1)物业服务企业承担房屋建筑共同部位、共用设备设施、物业规划红线内的市政公用设施和附属建筑及附属配套服务设施的维修责任。

房屋建筑共同部位包括楼盖、屋顶、梁、柱、内外墙体和基础等承重结构部位和外墙面、楼梯间、走廊通道、门厅、电梯厅、楼内车库等。物业规划红线内的市政公用设施和附属建筑、构筑物包括道路、室外上下水管道、化粪池、沟渠、池、井、绿化、室外泵房、自行车房棚、停车场等，附属配套服务设施包括网球场、游泳池、商业网点等。

2)业主承担物业内自用部位和自用设备的维修责任。自用部位和自用设施是指户门以内的部位和设备包括水、电、气户表以内的管线和自用阳台。业主可自行维修，也可委托他人或物业服务企业维修，但物业服务企业都负有检查监督的责任。维修费用由业主支付。

3)其他。凡属使用不当或人为造成房屋损坏的，由其行为人负责修复或给予赔偿。

1.1.3 房屋维修养护管理标准

(1)房屋维修标准。按不同的结构、装修、设备设施的具体条件，可将房屋分为"一等"和"二等以下"两类，并分别制定。划分两类房屋的目的是对原结构、装修、设备较好的"一等"房屋，加强维修养护，使其保持较高的使用价值；对"二等以下"房屋，主要是通过维修，保证其居住使用的安全性，适当改善居住使用条件。通常，"一等"房屋主要是满足以下条件的房屋：一是钢筋混凝土结构、砖木(含高级纯木)结构的房屋，其承重墙不得使用空心砖、半砖和乱石砌筑；二是楼地面不得有用变通水泥或三合土面层；三是使用纱门窗或双层窗的正规门窗；四是墙面有中级或中级以上粉饰；五是有独立的厨房、有水、电、卫设备，采暖地区有暖气。而低于"一等"房屋这五个条件的房屋，均属于"二等以下"房屋。

(2)房屋分项维修标准。房屋维修标准可以按主体工程、木门窗及装修工程、楼地面工程、屋面工程、抹灰工程、涂料粉饰工程、金属构件及其他八个分项工程进行确定，具体的分项维修标准如下。

1)主体工程维修标准。主体工程主要指屋架、梁、柱、墙、楼面、屋面、基础等主要承重构部件。当主体结构损坏严重时，无论对哪一类房屋维修，均应要求牢固和安全，不留隐患。

2)木门窗及木装修工程维修标准。木门窗维修应开关灵活，不松动，不透风；木装修工程应牢固、平整、美观，接缝严密。"一等"房屋的木装修应尽量做到按原样修复。

3)楼地面工程维修标准。楼地面工程维修应牢固、安全、平整、美观，拼缝严密不闪动，不空鼓开裂,卫生间、厨房、阳台地面无倒泛水现象。若厨房、卫生间长期处于潮湿环境,可增设防潮层;木基层或夹砂楼面损坏严重时,应改做钢筋混凝土楼面。

4) 屋面工程维修标准。屋面工程必须确保安全。要求平整不渗漏,排水畅通。

5) 抹灰工程维修标准。抹灰工程应接缝平整、不开裂、不起壳、不起泡、不松动、不剥落。

6) 涂料粉饰工程维修标准。各种内、外墙涂料,以及地面涂料,均属保养范围。应制定养护周期,以达到延长房屋使用年限的目的。对木构件和各类铁构件应进行周期性涂料保养。涂料粉饰要求不起壳、不剥落、色泽均匀,尽可能保持与原色一致。

7) 金属构件维修标准。金属构件维修应保持牢固、安全、不锈蚀。

8) 其他工程维修标准。对属于物业服务企业管理的庭院院墙、院墙大门、院落内道路、沟渠下水道、窨井损坏或堵塞的,应修复或疏通;庭院绿化,不应降低绿化标准,并应注意对庭院树木进行检查、剪修,防止大风暴雨时对房屋造成破坏。

另外,房屋维修应注意做到与抗震设防、白蚁防治、改善居住条件等相结合。

1.1.4 房屋养护具体要求

(1) 地基基础的养护。地基属于隐蔽工程,发现问题采取补救措施都很困难,应给予足够的重视,主要应从以下几个方面做好养护工作。

1) 杜绝不合理荷载的产生。地基基础上部结构使用荷载分布不合理或超过设计荷载,会危及整个房屋的安全,而在基础附近的地表面堆放大量材料或设备,也会形成较大的堆积荷载,使地基由于附加压力增大而产生附加沉降,所以,应从内和外两个方面加强日常使用情况的技术监督,防止出现不合理荷载状况。

2) 防止地基浸水。地基浸水会使地基基础产生不利的工作条件,因此,对于地基基础附近的用水设施(如上下水管、暖气管道等),要注意检查其工作情况,以防止漏水;同时,要加强对房屋内部及四周排水设施如排水沟、散水等的管理与维修。

3) 保证勒脚完好无损。勒脚位于基础顶面,将上部荷载进一步扩散并均匀传递给基础,同时起到基础防水的作用。若勒脚破损或严重腐蚀剥落,则会使基础受到传力不合理的间接影响而处于异常的受力状态,也会因防水失效而产生基础浸水的直接后果。所以,勒脚的养护不仅仅是美观的要求,更是地基基础养护的重要部分。

4) 防止地基冻害。在季节性冻土地区,要注意基础的保温工作。对按持续供热设计的房屋、不宜采用间歇供热,并应保证各房间采暖设施齐备有效。如在使用中闲置不采暖的房间,尤其是与地基基础较近的地下室,应在寒冷季节将门窗封闭严密,防止冷空气大量侵入,如还不能满足要求,则应增加其他的保温措施。

(2) 楼地面工程的养护。楼地面工程常见的材料多种多样,如水泥砂浆、大理石、水磨石、地砖、塑料、木材、马赛克、缸砖等。水泥砂浆及常用的预制块地面的受损情况有空鼓、起壳、裂缝等,而木地板更容易被腐蚀或蛀蚀。在一些高档装修中采用的纯毛地毯,则在耐虫性及耐湿性等方面性能较差,因此,需要注意:一是保证经常用水的房间要做到有效防水,注意保护楼地面的防水性能,加强对上下水设施的检查与保养,如厨房、卫生间等;二是要避免室内受潮和虫害，做好防潮工作，如保持室内有良好的通风等；三是加强对房屋二次装修的科学管理，保证业主在满足自身需求的同时，不影响整个房屋的正常使用。

(3)墙台面及吊顶工程的养护。墙台面及吊顶工程一般含有下列装饰工程：抹灰工程、油漆工程、刷(喷)浆工程、裱糊工程、罩面板龙骨安装工程等。这些工程都要根据其具体的施工方法、材料性能以及可能出现的问题，采取适当的养护措施，主要有：一是定期检查，尤其是针对容易出现问题的部位，要尽早发现问题并及时处理；二是加强保护与其他工程相接处的防水、防腐、防裂、防胀工作，如水管穿墙套管保护，与制冷、供热管相接处加绝热高强度套管等；三是注意保持墙台面及吊顶的清洁，清洁时要根据不同材料的不同性能，采用合适的方法，如防水、防酸碱腐蚀等；四是要防止在日常工作中对墙台面及吊顶的掠、划、刮和撞击，要加设防护措施，如台面养花、使用腐蚀性材料时，应有保护垫层；五是在潮湿、油烟、高温、低温等非正常工作要求时，注意墙台面及吊顶材料的性能，防止处于不利环境而受损；六是定期更换墙台面及吊顶的部件，保证整体的协调性。

(4)门窗工程的养护。门窗是保证房屋正常使用、通风的重要途径，应在管理使用过程中根据不同类型门窗的特点有针对性的养护，使之处于良好的工作状态。在门窗工程养护中，应重点注意的有：一是严格遵守门窗使用常识与操作规程，对于使用频率较高的门窗，尤其要注意保护；二是经清洁检查，发现问题及时处理；三是定期更换易损部件，保持整体状况良好；四是加强窗台与暖气的使用管理。

(5)屋面工程维修养护。屋面工程在房屋中的作用主要是围护、防水、保温(南方为隔热)等。屋面工程最容易受到破坏的是防水层，它直接影响到房屋的正常使用，并起着对其他结构及构造层的保护作用，所以，防水层的养护也就成为屋面工程维修养护中的重点内容。防水层维修难度大，基本无法恢复对防水起主要作用的整体性，所以，在使用过程中需要有一个完整的保养制度，以养为主，维修及时有效，以延长其使用寿命，节省返修费用，主要注意的地方有：一是要定期清扫，保证各种设施处于有效状态；二是定期检查并做好记录，并对发现的问题及时处理；三是建立大修、中修、小修制度；四是加强屋面使用的管理；五是建立专业维修保养队伍，保证达到较高的技术水平。

(6)通风道的养护管理。通风道在房屋建设和使用过程中很容易被忽略，因此，也是比较容易出现问题的一个地方。通常，在房屋设计时就要尽量选用坚固耐久的钢筋混凝土风道、钢筋网水泥砂浆风道等。在对通风道的养护过程中应注意：一是住户在安装抽油烟机和卫生间通风器时，必须小心细致地操作，不要乱打乱凿，对通风道造成损害；二是不要往通风道扔砖头、石块或在通风道上挂东西，挡住风口，堵塞通道；三是物业服务企业每年应对通风道的使用情况及有无裂缝破损、堵塞等情况进行检查。发现不正确的使用行为要及时制止，发现损坏要认真记录，及时修复；四是检查时可在楼顶通风道出屋面处测通风道的通风状况，并有铅丝悬挂大锤放入通风道检查其是否畅通；五是通风道发现小裂缝应及时用水泥砂浆填补，若损坏严重，则在房屋大修时应彻底更换。

1.1.5 房屋维修日常养护

(1)房屋维修日常养护的类型和内容。房屋维修日常养护可分为小修养护、计划养护和季节性养护三种类型。

1)房屋小修养护的内容。

①木门窗维修及少量新作；支顶加固；接换柱脚；木屋架加固；木衍条加固及少量拆换；木隔断、木楼地楞、木天棚、木楼梯、木栏杆的维修及局部新作；细木装修的加固及局部拆换；装配五金等。

②给水管道的少量拆换；水管的防冻保暖；废水、排污管道的保养、维修、疏通及少量拆换；阀门、水嘴、抽水马桶及其零配件的整修、拆换；脸盆、便器、浴缸、菜池的修补拆换；屋顶压力水箱的清污、修理等。

③瓦屋面清扫补漏及局部换瓦；墙体局部挖补；墙面局部粉刷；平屋面装修补缝；油毡顶斜沟的修补及局部翻做；屋脊、泛水、檐沟的整修；拆换及新作少量天窗；天棚、椽档、雨篷、墙裙、踢脚线的修补、刷浆；普通水泥地的修补及局部新作；室外排水管道疏通及少量更换；明沟、散水坡的养护和清理；井盖、井圈的修配；雨水井的清理；化粪池的清理等。

④楼地板、隔断、天棚、墙面维修后的补刷油漆及少量新作；维修后的门窗补刷油漆、装配玻璃及少量门窗的新做油漆；楼地面、墙面刷涂料等。

⑤白铁、玻璃钢屋面的检修及局部拆换；钢门窗整修；白铁、玻璃钢檐沟、天沟、斜沟的整修、加固及少量拆换。

⑥电线、开关、灯头的修换；线路故障的排除、维修及少量拆换；配电箱、盘、板的修理、安装；电表与电分表的拆换及新装等。

2) 房屋计划养护的内容。房屋的结构、部件等均有一定的使用期限，超过这一期限，房屋的结构、部件就容易出现问题，因此，对房屋进行有计划的定期检修保养，以延长房屋的使用寿命，保证房屋的正常使用，就是房屋的计划养护。

计划养护从性质上来看是一种房屋保养工作，它强调要定期对房屋进行检修保养，才能减少房屋的毛病，更好地为业主和使用人的生产和生活服务，延长房屋的使用寿命。计划养护任务一般要安排在报修任务不多的淡季，如果报修任务较多，要先保证完成报修任务，然后再安排计划养护任务。房屋计划养护是物业服务企业通过平常掌握的检查资料、或房屋完损等级状况，从物业管理角度提出来的养护种类。一般楼宇设施的养护、翻新周期见表4-1。

3) 房屋季节性养护的内容。房屋季节性养护是指由于季节性气候原因而对房屋进行的预防保养工作。其内容包括防汛、防台风、防冻、防梅雨、防治白蚁等。季节和气候的变化会给房屋的使用带来影响，房屋的季节性预防养护，关系着业主和使用人的居住和使用安全以及房屋设备的完好程度，所以，这种预防养护也是房屋养护中的一个重要方面。房屋养护应注意与房屋建筑的结构种类及其外界条件相适应。砖石结构的防潮，木结构的防腐、防潮、防蚁，钢结构的防锈等养护，各有各的要求，各有各的方法，必须结合具体情况进行。

(2) 房屋维修日常养护的程序。

1) 小修保养项目收集。日常养护的小修保养项目，主要通过管理人员的走访查房和住户的随时报修两个渠道来收集。

①走访查房是管理人员定期对辖区内住户进行走访，并在走访中查看房屋，主动收集住户对房屋维修的具体要求，发现住户尚未提出或忽略掉的房屋险情及公用部位的损坏部位。为了加强管理并提高服务质量，应建立走访查房手册。一般楼宇设施的养护和翻新周期见表4-1。日

巡视检查记录见表4-2。

表4-1 一般楼宇设施的养护和翻新周期

设备	事项	周期
1. 楼宇内、外墙	(1)走廊及楼梯粉刷 (2)修补粉刷外墙	每3年1次 每5~6年1次
2. 沟渠	(1)清理天台雨水筒及渠闸 (2)清理明渠及沙井沉淀物	每周1次 每2周1次
3. 栏杆	(1)检查锈蚀的窗框、栏杆、楼梯扶手 (2)油漆	每月1次 每年1次
4. 楼宇附加装置	(1)屋顶覆盖物 (2)窗 (3)门 (4)五金器具	20年 20年 20年 20年
5. 修饰	(1)墙壁 (2)地板 (3)天花板	15年 10年 20年
6. 装修	(1)外部 (2)内部	5年 5年

表4-2 日巡视检查记录

分管工作(责任区)	
业主(住户)意见建议或管理心得	
巡视项目	1. 装修巡视　5. 治安　　9. 仓库查看　13. 员工宿舍 2. 投诉接待　6. 清洁　　10. 机电设备　14. 内务巡视 3. 违章检查　7. 绿化　　11. 社区活动 4. 车辆管理　8. 维修　　12. 食堂员工

序号	巡视存在问题与整改情况	处理结果
备注:		

注：负责的巡视项目上打"√"，未列出的巡视项目，在空白处填补

②物业服务企业接受住户报修的途径主要有：一是组织咨询活动。一般利用节假日时间，物业管理在辖区内主要通道处、公共场所摆摊设点，征求住(用)户提出的意见并收集报修内容。二是设置报修箱。在管辖区内的繁华地段、主要通道处设置报修箱，供住(用)户随时投放有关

的报修单和顶约上门维修的信函。物业服务企业要及时开启报修箱,整理报修信息。三是设立报修接待中心。物业服务企业在管理辖区内设立报修接待中心,配备一名专职报修接待员,负责全天接待来访、记录电话和收受信函。接待员应填写物业维修报修单(表4-3)或业主(或物业使用人)维修委托单(表4-4),协调住户与维修工程部门之间的关系。

表4-3 物业维修报修单

部门:　　　　　　　　日期:　　　　　　　　归档编号:

物业编号		项目		发现时间	
造成维修的原因、责任:					
维修负责人电话、地址				部门意见	
完成维修时间				验收人姓名	
维修付款方式				业主/业主(或物业使用人)签字验收	

表4-4 业主(或物业使用人)维修委托单

NO: 年 月 日		NO:					
业主:		业主:					
栋 楼 号		维修项目					
维修项目							
			名称	规格	单位	数量	单价
		使用材料					
维修结果							
		人工:			应收费:		
维修人:		维修结果:			住户签字:		
备注		备注:维修完成后送财务核算费用,委托人收到收款通知单后,同月交管理费时一次付清					

2）编制小修工程计划。通过走访查房和接待报修等方式收集到小修工程服务项目后，应根据轻重缓急和维修人员情况做出维修安排。对室内照明、给水排污等部位发生的故障及房屋险情等影响正常使用的维修，应及时安排组织人力抢修。暂不影响正常使用的小修项目，均由管理人员统一收集，编制养护计划表，尽早逐一落实。

在小修工程收集过程中，若发现超出小修养护范围的项目，管理员应及时填报中修以上工程申报表。

3）落实小修工程任务。管理人员根据急修项目和小修养护计划，开列小修养护单。物业小修养护工程凭单领取材料，并根据小修养护单上的工程地点、项目内容进行小修施工。对施工中发现的房屋险情可先进行处理，然后再由开列小修养护单位的管理人员变更或追加工程项目手续。

阅读资料

4）监督检查小修养护工程。在小修养护工程施工中，管理人员应每天到小修工程现场解决工程中出现的问题并监督检查当天小修工程完成情况。

1.2 物业设备设施管理

1.2.1 物业设备设施管理的含义

物业设备设施管理是指物业服务企业的工程管理人员通过熟悉和掌握设备设施的原理性能，对其进行保养维修，使之能够保持最佳运行状态，有效地发挥效用，从而为业主和客户提供一个更高效和更安全、舒适的环境的管理方法。

视频：物业设施设备管理内容

物业服务企业的物业设备设施管理工作是物业管理的基础，是物业服务企业最经常、最持久、最基本的工作内容之一，在物业管理工作中占有很大的比重。一般情况下，现代物业项目都拥有如电梯、中央空调、发电机组、消防系统、通风、照明和出入监控系统等设备设施，这些设备设施的工作正常与否，直接决定了物业项目功能发挥的正常与否，因此，物业工程管理人员必须熟悉和掌握物业内设备设施的原理性能，通过维修和保养，保持所有的物业设备设施处于良好的技术状态，有效地发挥其功能，延长其使用寿命，并尽可能地减少人力和能源、材料的消耗，以达到物业的保值增值目的。

1.2.2 物业设备设施管理内容

物业服务企业针对公共、共用实施设备管理的内容主要包括以下几个方面。

（1）设备设施使用管理。设备设施使用管理主要通过制定和实施一系列规章制度来实现。例如，设备运行值班制度、交接班制度以及设备操作使用人员岗位责任制等。

（2）设备设施维修管理。设备设施维修管理的内容包括设备的定期检查维修制度，维修质量标准、维修人员管理制度等。

（3）设备设施安全管理。设备设施安全管理的内容包括国家对安全性能要求较高的设备实行合格证制度，维修人员参加学习培训考核后的持证上岗制度以及企业实施的消防通道管理、电梯安全使用管理等。

(4)设备设施技术档案资料管理。设备设施技术档案资料管理的内容包括建立设备的登记卡片、技术档案、工作档案、维修档案等。

1.2.3 物业设备设施维修工程的分类

为了保证设备设施的正常运作,必须对各种房屋设备设施进行保养与维修。

(1)设备设施保养的分类。房屋设备设施的保养是指物业服务企业主管部门和供电、供水、供气等单位对设备进行的常规性检查、养护、维修等工作。通常采用三级保养制(即日常维护保养、一级保养和二级保养)。

1)日常维护保养。日常维护保养是指设备操作人员所进行的经常性的保养工作,主要包括定期检查、清洁保养,发现小故障及时排除,及时做好维护工作并进行必要记录等。

2)一级保养。一级保养是由设备操作人员与维修人员按计划进行保养维修工作。其主要包括对设备的某些局部进行解体清洗,按照设备磨损规律进行定期保养。

3)二级保养。二级保养是指设备维修人员对设备进行全面清洗、部分解体检查和局部修理、更换或修复磨损零件,使设备达到完好状态。

4)设备点检。设备点检是指根据要求利用检测仪器、设备或人的感觉器官,对某些关键部位进行的检查。

(2)设备设施维修的分类。房屋设备设施的维修是通过修复或更换零件、排除故障、恢复设备设施原有功能所进行的技术活动。房屋设备设施维修根据设备破损程度可分为以下几项。

1)零星维修工程。零星维修工程是指对设备进行日常的保养、检修及为排除运作故障而进行局部修理。

2)中修工程。中修工程是指对设备进行正常的和定期的全面检修、对设备部分解体修理和更换少量磨损零部件,保证能恢复和达到应有的标准和技术要求,使设备正常运转。更换率为10%~30%。

3)大修工程。大修工程是指对房屋设备定期进行全面检修,对设备要进行全部解体,更换主要部件或修理不合格零部件,使设备基本恢复原有性能。更换率一般不超过30%。

4)设备更新和技术改造。设备更新和技术改造是指设备使用一定年限后,由于技术性能落后、效率低、耗能大或污染日益严重,需要更新设备,提高和改善技术性能。

5)故障维修。通常,故障维修是房屋设备在使用过程中发生突发性故障而停止,检修人员采取紧急修理措施,排除故障,使设备恢复功能。

1.2.4 物业设备设施管理措施

(1)制订合理的使用计划。根据设备设施和物业的实际情况所制订的合理使用计划,应包括开关机时间、维护保养时间、使用的条件和要求等方面的内容,如电梯的运行时间、台数和停靠楼层,中央空调机组的开关机时间和制冷量、供应范围和温度,路灯或喷泉的开关时间等。这些内容会根据具体物业的实际情况和季节、环境等因素的变化而有所区别,以满足安全、使用、维护和经济运行方面的需要。

(2)配备合格的设备设施管理人员。物业服务企业应根据设备设施的技术要求和复杂程度配备相应工种的操作者,并根据设备性能、使用范围和工作条件安排相应的工作量,确保设备设施的正常运行和操作人员的安全。必须采取多种形式对设备设施管理人员进行多层次的培训,培训内容包括技术教育、安全教育和管理业务教育等,目的是帮助设备设施管理人员熟悉设备设施的构造和性能。操作人员需经培训考核合格后,才能独立上岗操作相关工作专业的设备。供配电、电梯、锅炉运行等特殊工种还需经政府主管部门组织考核发证后凭证上岗。

(3)提供良好的工作环境。工作运行环境不但与设备设施的正常运转,减少故障,延长使用寿命有关,而且对操作者的情绪也有重大影响,因此,应安装必要的防腐蚀、防潮、防尘、防震装置,配备必要的测量、保险、安全用仪器装置,还应有良好的照明和通风设备等。

(4)建立健全必要的规章制度。

1)实行定人、定机和凭证操作设备制度,不允许无证人员单独操作设备,对多人操作的设备设施,应指定专人负责。

2)对于连续运行的设备设施,可在运行中实行交接班制度和值班巡视记录制度。

3)操作人员必须遵守设备设施的操作和运行规程。

(5)定期进行设备状态监控,消除隐患。

1)设备的检查。设备的检查就是对其运行情况、工作性能、磨损程度进行检查和校验,通过检查可以全面掌握设备技术状况的变化和劣化程度,针对检查发现的问题改进设备维修工作,提高维修质量和缩短维修时间。

按检查时间的间隔,通常可分为日常检查和定期检查。日常检查是操作人员每天对设备进行的检查,在运行值班巡视中实施;定期检查是指在操作人员的参与下,由技术人员按计划定期对设备进行的检查,属定期维护保养内容。

2)设备的状态监测。设备的状态监测可分为停机监测和不停机监测(又称在线监测),其是在设备运行使用过程中通过相关的仪器仪表所指示的参数,直接或间接地了解掌握设备的运行情况和设备自身状态。设备的状态监测应根据不同的检测项目采用不同的方法和仪器,通常采用的方法有直接检测、绝缘性检测、温度检测、振动和噪声检测、泄漏检测、裂纹检测和腐蚀检测等。

3)定期预防性试验。对动力设备、压力容器、电气设备、消防设备等安全性要求较高的设备,应由专业人员按规定期限和规定要求进行试验,如耐压、绝缘、电阻等性能试验,接地、安全装置、负荷限制器、制动器等部件试验,发电机启动、消防报警、水泵启动、管道试水等系统试验。通过试验可以及时发现问题,安排修理,消除隐患。

4)设备故障诊断技术。在设备运行中或基本不拆卸的情况下,采用先进的信息采集、分析技术掌握设备运行状况,判定产生故障的原因、部位,预测、预报设备未来状态的技术称为设备故障诊断技术。设备诊断技术是预防维修的基础,目前应用中的技术手段主要是红外线温度检测、润滑油品化学分析、噪声与振动频谱分析、超声与次声波检测以及计算机专家分析与故障诊断系统等。

设备故障诊断技术在设备综合管理中具有重要作用,主要表现在以下几个方面:

①监测设备状态,发现异常状况,防止突发故障和事故的发生,建立维护标准,开展预防性维修和改善性维修;

②较科学地确定设备修理间隔期和内容;

③预测零件寿命,搞好备件管理。

(6) 实施设备设施节能管理,节约企业开支。

1) 采用管理手段节能降耗。通过各种管理手段,在不投资或少量投资的情况下杜绝能源浪费,减少各种非正常的能源消耗,是一种最经济的节能方式。

能源消耗可以用下式表达:

$$\sum W_n = W_b + W_c + W_s + W_f + W_b$$

式中 $\sum W_n$ ——设备系统的综合能耗量;

W_b ——设备(或产品)标准能耗;

W_c ——操作人员非正常操作浪费的能源;

W_s ——因维护保养不善设备损坏造成的能源消耗;

W_f ——运输、保管及其他非正常消耗;

W_b ——设备状况不良,运行中浪费的能源。

以上除 W_b 外,其余均属浪费掉的能源,因此,节能的主要任务就是用各种管理手段,以减少能源的浪费。要建立一个系统的管理体系,使物业运行中各环节的所有操作和管理人员密切配合,其具体措施包括以下几项。

①落实组织和管理体系。要建立有物业服务企业领导和业主参加的,覆盖各个管理环节和所有用能设备设施的节能体系。业主和有关物业服务企业领导在财力上、计划上、人力上等的多方面支持是节能工作顺利开展的根本保证。

②加强节能宣传和培训,树立节能意识。加强对各级管理人员、技术人员和操作工的培训。要系统地对上述人员进行能源科学管理知识、热工基础理论和节能技术改造途径等方面的教育,使其增强责任感和紧迫感。

③建立能源消耗的计划和考核制度。要做到能源有计划的使用与消耗,根据物业设备设施的运行要求与性质准确测算各年、季、月的能源需要量,确定能源考核标准。

④在运行管理上,尽量安排设备能够连续、满载开动使用。这样可以减少设备的能量相对损失,减少固定能耗部分。

⑤调整设备运行时间,实行节能运行程序,特别注意控制空调、室外照明和霓虹灯等的开关时间。

⑥合理设定运行参数(如空调温控点),既保证正常使用功能,又节省能源。

2) 采用技术改造节能。技术改造节能也称为投资性节能,通过对设备或工艺进行局部或全部改造,必要时包括对耗能较大设备的更换,提高设备技术水平或工艺水平,降低能源消耗。在设备和技术状况一定的情况下,采取管理手段节能是有一定限度的。由能源消耗表达式可见,当一切浪费的能源都得到了控制,剩下的就是设备或产品的合理消耗,这时以管理手段节能就达到了极限,要进一步提高节能水平,还可以靠改造和更换设备及技术。

技术和工艺的改进,一方面,可以使标准耗能状况大幅度下降,即改变了 W_b;另一方面,在新设备、新工艺的条件下,又会产生新的非正常消耗。例如,由于工人的技术熟练程度不足、设备未达到最佳状态及未合理使用等原因,又会造成新的浪费,就需要通过管理手段来逐步提高、解决问题。由于管理水平的提高,管理节能效益也会不断提高,又会进一步提出需要解决的技术问题。通过科技进步,解决了生产中的技术问题或提高了技术水平,又会促进管理水平的提高。

房屋及设备设施的节能管理,必须将管理手段和技术改造两者有机结合,方能达到最佳效果。除上述所列的方法外,还有许多具体方法,设备设施管理人员可在不影响物业正常合理使用的前提下根据实际情况采用相应的措施,实事求是,因地制宜。

复习思考题

1. 房屋维修管理的含义及其目的是什么?
2. "一等"房屋应满足哪些条件?
3. 房屋维修的八个分项工程各是什么?
4. 如何做好地基基础的养护工作?
5. 房屋维修日常养护的程序有哪些?
6. 物业设备设施节能管理措施有哪些?

技能拓展

1. 假如你是物业服务企业的维修养护工作人员,你很清楚地基基础属于隐蔽工程,平时要足够重视,发现问题采取补救措施是很困难的,因此,你能告诉新来的小李应做好地基基础的养护工作都需要注意哪些方面吗?

2. 楼地面工程常见的材料多种多样,要针对材料特性做好相应的养护工作,请你告诉工程部新来的小李应注意从哪些方面进行养护?

3. 门窗是保证房屋使用正常、通风良好的重要途径。你作为物业服务企业的工程人员,对于门窗工程的养护应重点注意哪几个方面?

4. 屋面工程在房屋中的作用主要是隔热、防水、保温,最容易受到破坏的是防水层。假设你是物业服务企业经理,请问怎样建立以养为主的保养制度?

5. 某小区业主认为通风道没有什么用,于是在装修时擅自将通风道拆除,造成通风道内中段堵塞。作为物业服务企业,应该怎样注意养护和管理通风道,避免此类事件再次发生?

6. 物业服务企业的员工在进行外墙清洁,洗至10楼时,一员工打开铝合金窗户,没想到整扇窗户脱落向下砸去,差点伤到人。作为物业服务企业的经理,你认为造成该事故的原因是什么？是否可以避免？今后应如何避免？

7. 某物业服务企业接到停电通知，经理派小张处理此事。请你告诉小张应该怎样做？

8. 李某是某住宅小区某栋楼501室业主。一天凌晨，他在一场暴雨中发现，雨水滴滴嗒嗒从楼上渗漏到了他的家中，床垫、竹席、毛巾毯、被子、电风扇等物品不同程度被水浸湿，刚装修好的房间也遭到一定程度的损坏。李某沿着渗漏水一路查上去，最终发现是楼顶的排水管道被一只饮料瓶堵住，致使雨水不能从管道排出，沿着屋面缝隙从上而下流入了他家。李某找到物业服务企业要求赔偿，但物业服务企业认为是自然原因造成了这起事件，于是，李某向法院起诉要求追究物业服务企业的责任。本案例给物业服务企业什么启示？

任务2 物业公共秩序管理

知识目标

1. 了解物业公共安全防范管理服务的含义和目的。
2. 掌握公共安全防范管理服务的内容。
3. 熟悉巡逻的方法及具体内容。
4. 熟悉公共安全防范措施及注意事项。
5. 掌握物业消防管理的内容。
6. 熟悉物业消防安全检查内容与方法。
7. 了解消防器材的配备、使用与维护。
8. 熟知车辆管理的方法与要求。
9. 了解不同类型物业车辆管理的特点。

技能目标

1. 能够根据物业公共安全防范的内容提供安全保卫服务。
2. 能够根据物业管理区域特点制定物业消防安全预案。
3. 通过本任务的学习，能够合理配备和正确使用消防器材。
4. 能够对物业区域内的车辆行驶和停放进行有效管理。

任务导入

某日清晨，王某开车准备去上班，然而当他到达小区门岗时，因收停车费未能当即给付发票而与保安发生争吵。保安未开闸栏，王某先后将岗亭旁出入口的两条闸栏扭曲折断，并摔坏了交通指示牌。保安当即阻止王某离开，王某于是从车内取出车锁打保安，保安上前抢夺车锁，之后多名保安一起将王某按倒在地并给其戴上手铐，时间达10分钟。经派出所调解，王某赔偿损坏的闸栏，物业服务企业赔偿王某医疗费。事后，王某以保安用暴力手段侮辱和侵害其人格尊严及人身自由为由，要求物业服务企业赔偿精神损失费20万元。[案例来源：戴玉林，王媚莎.物业管理典型案例与分析[M].北京：化学工业出版社，2006(案例有删改)]

任务布置

1. 上述案例中，你如何评价保安的行为？
2. 在物业服务区域内，应该如何界定保安的义务？
3. 物业服务企业是否要承担责任？

4. 物业区域公共安全防范义务的内容有哪些？
5. 物业服务企业在履行物业小区安全防范义务工作时，应当有哪些要注意的地方？

任务要求

1. 提前预习物业公共秩序管理相关知识，注意区分公共安全防范管理中责任的界定问题。
2. 查找资料，学习《物业管理条例》第四十六条的相关规定，并能对上述任务进行判断和初步分析。
3. 分组进行讨论并提交案例分析报告。

知识准备

物业公共秩序管理服务是指在物业管理区域内，物业服务企业协助政府有关部门所进行的公共安全防范和公共秩序维护等管理服务活动包括公共安全防范管理服务、消防管理服务和车辆停放管理服务等方面内容。公共秩序管理服务的实施一要以国家相关法规为准绳，二要以物业服务合同的约定为根据，明确相关各方的责任和义务，不得超越职权范围，不得违规操作。

2.1 公共安全防范管理服务

2.1.1 公共安全防范管理服务的含义

物业公共安全防范管理服务是物业服务企业(或由其委托的保安公司)协助政府相关部门(社区管理机构)为维护物业管理区域内的公共治安、施工安全等采取的一系列防范性管理服务活动，其目的是保障物业服务企业所管辖的物业区域内人身和财产安全，维护管辖区内的工作和生活秩序。

2.1.2 公共安全防范管理服务的内容

公共安全防范管理服务的内容主要包括安保管理、安防系统的使用、维护和管理、扰乱公共秩序管理、施工现场管理、配合政府开展社区管理等工作等。

(1)安保管理。

1)出入管理。物业项目的出入管理依照国家法律、政策和物业管理辖区的有关规章制度，区分不同物业的类型和档次，制订相应方案，实现人员、物品、车辆等出入的有效管理。对出入大门的人员、车辆、物资要进行严格的检查、验证和登记，防止不法人员进入，防止物资丢失，以维护物业管理辖区内部秩序，保证其人、财、物的安全。

视频：物业治安管理

在出入管理中，安防人员应熟悉国家有关法律法规、物业小区公共秩序管理服务规章制度，熟悉岗位工作规程及相关安防设施设备的使用方法，合理控制出入管理环节，认真履行岗位职责，发现异常情况及时采取相应防范措施。其具体内容包括以下几项。

①对出入辖区人员的身份、证件和所携带物品进行检查、登记，控制外部无关人员进入，确保业主和使用人的人、财、物安全。为外来人员做好引导和咨询。

②对进出辖区的车辆、物资认真地进行检查、核对，防止危险品的进入，防止盗窃及其他物资流失现象的发生。

③对进出辖区的车辆进行疏通，清理无关人员，保证进出口的秩序和通畅无阻，防止人员和车辆造成门口堵塞及事故的发生。

④对可疑的人和事应及时通报，主动配合公安保卫部门开展工作。

2) 守护管理服务。守护管理服务是指保安人员根据保安服务合同的规定，采取各种有效措施，对指定的人、财物、场所进行看护和守卫的活动。其主要任务是采取各种有效的措施，防范和制止违法犯罪分子的各种破坏活动，预防治安事件的发生，确保守护对象的安全，维护物业管理辖区内的正常秩序和安全，具体内容包括以下几项。

①保护人身安全。主要通过对守护对象的住宅、办公场所的守护，保护人身安全。

②保护财产安全。工作重点是做好防火、防盗、防破坏等安全防范工作。

③维护物业管理辖区内正常的秩序。对发生在守护范围内的各种有碍正常秩序的行为和活动，尽快采取办法予以劝阻、制止，防止事态扩大、蔓延。

3) 巡逻管理服务。巡逻管理服务是指保安人员在物业管理辖区内有计划地进行巡视、检查、警戒，发现、纠正和防范影响内部安全的各种因素，以确保物业管理辖区内安全的活动。巡逻的任务是有效防范巡逻区域内各种事故和案件的发生，依法同各种违法犯罪活动作斗争，维持正常的工作、生产和生活秩序。

一般情况下实行 24 小时值班制度，在巡逻时间上不留空当。巡逻的重点以不同的社区或单位的具体情况以及犯罪活动的特点来分析、研究和确定。通常，夜间应是巡逻的重点，尤其是傍晚至午夜，还有恶劣天气和节假日，巡逻队伍应该在这些时段进行重点巡逻和防范。

在物业实践中，通常采用三种巡逻方法：一是定线巡逻方法，这主要是指在一定时间和区域范围内，采取按照既定和指定的巡逻路线，做有规律的巡回警戒和看护检查的巡逻活动；二是不定线巡逻方法，这种方法是指保安员在其负责的区域范围内，根据实际值勤任务的需要，自由选择巡逻路线和时间，自由往返实施巡逻；三是定线与不定线相结合的方法，这种方法则是在整个巡逻过程中，根据具体的巡逻目标、范围和实际需要采取定线和不定线交叉进行的一种混合巡逻方法。

总的来说，巡逻的具体内容包括以下几项。

①维护物业管理辖区内的正常治安秩序，以保证工作和生活正常的进行。

②充分利用巡逻对时空控制的有利条件，堵塞各种违规违法活动的空隙，预防、发现、制止各种违规违法行为，防止各种危害的发生。

③及时发现各种可疑情况，对嫌疑人员要进行必要的盘查，搞清其身份，查清楚原因；个别嫌疑重大，一时难以搞清的，可移送保卫部门或公安机关审查处理；有现行违法犯罪行为的人，应毫不犹豫地将其抓获，送交公安保卫部门处理。

④对巡逻中发现的案件或事故,要做好案件或事故现场的保护工作,根据现场保护的规定和要求划定保护范围,布置警戒,维护秩序,不准无关人员进入现场,更不得随意触摸和移动现场中的任何物品。

⑤检查发现防范方面的漏洞,针对不同部位和不同场所在防范方面存在的某些漏洞,如建筑物不坚固以及防护上有空档等,认真检查,及时发现并将存在的问题及时改进。

⑥对巡逻中发生的突发性事件或意外事故,如雷电伤人、建筑设施倒塌、爆炸、挤伤挤死人等事故,巡逻人员要全力维护好现场秩序,协助有关方面做好人员和物资的抢救工作,对群众进行劝导、教育、疏散并平息事态,注意发现故意煽动群众闹事的人。

(2)安防系统的使用、维护和管理。物业管理安防系统是指物业管理区域内用于治安、消防、车辆管理及紧急呼叫等安全防范的技术设备系统。常用的安防系统有闭路监控系统、红外报警系统、自动消防监控系统、门禁系统、自动呼救系统、道闸系统、煤气自动报警系统和巡更系统等。

为确保安防系统功能的正常发挥,安防人员要熟练掌握安防系统的技术性能,使之相互配合,正确使用,如利用监控系统和自动报警系统的相互配合,减少误报,提高管理效率;同时,安防系统应由专人维护与保养,定期检查、检测,发现问题应及时处理。

(3)扰乱公共秩序管理。扰乱公共秩序的行为包括噪声扰民、宠物扰民、侵犯他人人身权利、侵犯个人及公共财产权利、违反辖区消防管理规定、违反辖区车辆与道路管理规定、违反辖区绿化管理规定等在公共场合影响、干扰他人正常生活、工作的行为。物业服务企业有权根据《物业服务合同》《物业管理条例》和《管理规约》等相关规定,对物业区域内扰乱公共秩序的行为予以制止。

(4)施工现场管理。施工现场管理主要是针对物业项目现场施工维修和业主装饰装修施工现场的管理等,通过施工现场的管理能够实现物业服务企业对施工现场管理与控制的目的。

(5)配合政府开展社区管理。配合政府部门开展社区管理工作是物业服务企业的特殊功能,也是物业服务企业的一项重要工作,因此,为了共同做好社区管理,创建安全和谐社区,物业服务企业除做好各项物业管理服务工作外,还应协助公安机关和居委会等政府部门做好社区安全防范管理工作。在实践中,物业服务企业主要是从以下几个方面来配合政府有关部门开展社区管理工作:

1)物业服务企业在社区组织重大活动时,应及时知会辖区派出所及社区居委会,相互协调,避免发生意外事故;

2)物业管理辖区内发生治安或意外事故时,应及时通知相关部门,并协助做好调查取证及善后处理工作;

3)积极配合相关部门做好法律政策宣传教育工作。

2.1.3 公共安全防范措施

(1)建立一支高素质的安全防范队伍,搞好人防工作。人防是安全保障的基础,做好人防必须要有一支合格的防范队伍。在队伍建设上要把好"三关",即人员选聘关、人员培训关、制度管理关。人员选聘对象应以复员军人、院校学生为主。人员培训上需要做到岗前、岗中都有培训。制度管理上提倡推行准军事化管理,实行优胜劣汰、奖勤罚懒的激励制度。建立群防群治网络是社区安全管理的重点工作。

(2)增设安全防范设备设施,提升物防管理效力。物防是指通过安装围栏、防爬刺、种植带刺植物等建立相对封闭的防范区域或提高防范能力而采用的实物防范措施。在物业管理过程中,往往要对小区的管理情况,尤其是治安防范方面重点关注,在防范措施方面要结合项目的具体情况,增设安全设备设施或采取其他措施,提升物防管理效力。

(3)运用智能安防系统,提高技防水平。物业管理中常运用智能安防系统对公共区域进行安全防范。智能安防系统是指物业管理区域内用于治安、消防、车辆管理及紧急呼叫等安全防范的技术设备系统。常用的安防系统有闭路监控系统、红外报警系统、自动消防监控系统、门禁系统、自动呼叫系统、智能道闸系统、煤气自动报警系统和巡更系统等。

2.1.4 公共安全防范的注意事项

(1)遇到有人在公共区域聚众闹事,应立即向公安机关报告并及时上报上级领导,协助公安机关迅速平息事件,防止事态扩大。

(2)遇有违法者正在进行盗窃、抢劫、行凶和纵火等违法犯罪活动时,应立即报警,协助公安机关制止其行为,并采取积极措施予以抢救、排险,尽量减少损失。对于已发生的案件,应做好现场的保护工作,以便公安机关进行侦查破案。

(3)管辖范围内公共区域有疯、傻、醉等特殊人员进入或闹事时,应将其劝离管辖区或通知其家属、单位或公安派出所将其领走。

(4)管辖区公共区域内出现可疑人员,要留心观察,必要时可礼貌查问。

(5)管辖区域内发生坠楼等意外事故,应立即通知急救单位及公安部门及其家属,围护好现场并做好辖区业主的安抚工作,等待急救单位及公安部门前来处理。

阅读资料

> **知识拓展**
>
> 物业治安管理问题及处理方法。
>
>      
>
> 动画:公共区域乱丢垃圾、   动画:发现可疑人员   动画:抢劫、偷盗
> 或抽烟、或随地吐痰

动画：醉酒滋事、精神病

动画：电梯故障

2.2 物业消防管理

物业消防管理是指在日常管理中通过有效措施预防物业火灾发生，在火灾发生时采取应急措施以最大限度地减少火灾的损失而进行的管理。消防工作包括防火和灭火两方面内容。

物业消防管理是公共秩序管理服务的一项重要工作，为了做好物业的消防安全管理工作，物业服务企业应着重加强对管辖区内业主的消防安全知识宣传教育及消防安全检查并建立义务消防队伍，完善消防管理制度，加强消防设施设备的完善、维护和保养工作。

视频：物业消防管理

2.2.1 物业消防管理的内容

（1）建设义务消防队伍，加强队伍能力培训。义务消防队伍是日常消防检查、消防知识宣传及初起火灾抢救扑灭的中坚力量，为了做好小区的消防安全工作，各物业项目应建立完善的义务消防队伍，并经常进行消防知识与实操技能的训练与培训，加强其实战能力。

1）消防队员的构成。物业管理项目的消防队由项目的全体员工组成，分为指挥组、通信组、警戒组、设备组、灭火组和救援组。其中，灭火组及救援组的人员应由年轻力壮、身体素质较好、反应灵敏和责任心强的人员担任；设备组应由具备消防设备操作及维护知识的人员担任。

2）消防队伍的工作。

①消防监控报警中心的日常值班。消防监控报警中心是接受火灾报警、发出火灾信号和安全疏散指令，控制消防水泵，固定灭火、通风、空气调节系统和防烟排烟等设施并能操纵电梯到达指定位置和保证消防电梯的运行的控制中心。控制中心应实行24小时值班制，值班人员要忠于职守，工作态度严肃认真，密切注意主机和监视仪表信号，认真做好值班记录并定期向上级汇报。

②定期进行消防安全检查。专职消防员须进行日常安全检查，每天巡视大厦或小区的每个角落，及时发现和消除火险隐患；每月对防火责任制和防火岗位责任制执行情况进行1~2次检查；定期检查消防设备。安全检查时，一经发现火险隐患，都要记录在案并向主管领导报告，通知有关部门限期整改。对消防设施方面的故障和不足，还要写出专门报告，经主管领导批准后，由工程部门作计划进行整修。

③负责消防知识的普及、宣传和教育。作为小区消防管理的消防员，要定期在小区内开展

消防知识的普及、宣传和教育工作，增强业主的消防法制观念和消防安全意识，让业主学会安全操作，正确地用火、用电、用燃气，通过宣传教育提高业主和使用人的消防意识。

④发生火灾时应配合消防部门实施灭火扑救。当火灾发生时，消防员要配合消防部门实施扑救工作，如采取措施控制火情、疏散人群、保障消防通道畅通等。

3)义务消防队伍的演练。义务消防队伍建立后应定期对义务消防人员进行消防实操训练及消防常识的培训。消防员必须坚持灭火管理的平时训练，通过训练掌握防火、灭火的措施和技术等。物业服务企业还应根据自己的实际情况，最好每年进行一次消防演习，通过演习来检验物业管理辖区防火和灭火的整体功能：如防火、灭火预定方案是否科学，指挥是否得当，专职消防员是否称职，消防设施是否发挥作用。

(2)制定物业消防相关制度。消防工作的指导原则是"预防为主，防消结合"。为达到"预防为主"的目的，必须把日常的消防管理工作制度化、明确化。消防制度包括各种场所的消防要求规范、消防检查制度、各种消防设施设备的操作及维修保养制度、火警火灾应急处理制度、消防值班制度和消防器材管理制度等。

1)制定物业服务企业消防管理规定。物业服务企业消防管理规定包括企业消防管理机构及运作方式、消防安全岗位责任、奖惩规定、消防安全行为、消防保障要求和消防事故处理报告制度等。

2)制定消防设施设备管理制度。消防设施设备管理制度的内容包括消防系统运行管理制度，消防器材配置和保管制度，消防系统维护、保养及检查制度，消防装备日常管理制度和消防系统运行操作规程等。

3)制订消防检查方案及应急预案。根据各管辖区特点制订消防检查要求与标准并制订消防演习方案及消防事故应急预案等。

(3)消防设备设施和器材的配备与管理。

1)设备设施和器材的配备。消防设备设施和器材是搞好消防工作，保证人身财产不受火灾危害的物质技术基础，因此，物业服务企业应在管辖区建筑物内外配备必要的消防设备设施和器材。

①配备防火建筑工程设施。按照国家建筑工程消防技术标准原则要求设计配备防火建筑工程设施，如设计配备建筑防火间、防火门、防火墙、防烟排烟设施、消防车道、疏散通道、疏散照明设施、疏散指示标志、消防水泵房、消防监控室等，并经公安消防部门检查验收合格后再投入使用。

②配备灭火设备和器材。如在高层楼宇内安置消防栓、水龙带、水枪；在高档公寓、别墅、酒店宾馆、大型商厦、写字楼等防火关键部位配备自动喷水灭火装置；在建筑物内易发生火灾事故的地点放置泡沫灭火器、干粉灭火器等，一旦发生火灾，可利用这些灭火设备和器材控制和扑灭火灾。

③配备火灾自动报警装置。如在高档公寓、酒店宾馆、商厦、写字楼内安装烟感探测器、温感火灾探测器、火灾报警控制器等，用于探测初期火灾，并及时发出火灾警报。

④配备各种消防标志。根据国家有关消防安全管理的规定，在易发生火灾的防火重点部位、

消防设备和器材置放点、疏散通道出口处等区域设置各种指示标牌，以便在火灾发生时，能帮助人民迅速准确地找到灭火器材组织灭火，或指引人员正确地疏散逃生。

2) 消防设备设施和器材的管理。为了使消防设备设施和器材随时处于完好状态，确保火灾发生时有效启动和使用，物业服务企业必须加强对消防设备设施和器材的管理。

① 建立消防设备档案。对消防设备的类型、功能、安放位置、使用说明、维修说明等文件资料和图表进行收集、整理、存档保管，以备随时查阅。

② 加强消防建筑设施的维护管理。禁止和查处拆改、损坏一切消防建筑设施的行为；禁止业主和使用人在消防车通道、消防安全出口、安全疏散通道上堆放物品和杂物，防止堵塞，确保畅通无阻。

③ 加强消防设备和器材的维护管理。禁止业主和使用人随意损坏、挪动消火栓、灭火器，拆除和损坏火灾自动报警装置、自动喷水灭火装置等。

④ 加强消防设备设施和器材的日常保养和维修管理。建立检查和巡视制度，了解和掌握消防设备设施和器材的完好状态，若发现损坏要及时修理和更换，发现丢失要及时补充到位，确保其完好无损，随时可启动和正常使用。

2.2.2 物业消防安全检查内容与方法

(1) 消防安全检查的内容。物业消防安全检查的内容主要包括消防控制室、自动报警（灭火）系统、安全疏散出口、应急照明与疏散指示标志、室内消火栓、灭火器配置、机房、厨房、楼层、电气线路以及防排烟系统等场所。

(2) 消防安全检查的组织方法和形式。消防安全检查应作为一项长期性和经常性的工作常抓不懈。在消防安全检查组织形式上可采取日常检查和重点检查、全面检查与抽样检查相结合的方法，应结合不同物业的火灾特点来决定具体采用什么方法。

1) 专职部门检查。应对物业小区的消防安全检查进行分类管理，落实责任人或责任部门，确保对重点单位和重要防火部位的检查能落到实处。一般情况下，每日由小区防火督查巡检员跟踪对小区的消防安全检查，每周由班长对小区进行消防安全抽检，监督检查实施情况并向上级部门报告每月的消防安全检查情况。

2) 各部门、各项目的自查。

① 日常检查。应建立健全岗位防火责任制管理，以消防安全员和班组长为主，对所属区域重点防火部位等进行检查。必要时要对一些易发生火灾的部位进行夜间检查。

② 重大节日检查。对元旦和春节等重要节假日应根据节日的火灾特点对重要的消防设备、设施、消防供水和自动灭火等情况重点检查，必要时制定重大节日消防保卫方案，确保节日消防安全。节假日期间大部分业主休假在家，用电、用火增加，应注意相应的电气设备及负载检查，采取保卫措施，同时做好居家消防安全宣传。

③ 重大活动检查。在举行大型社区活动时，应作出消防保卫方案，落实各项消防保卫措施。

(3) 消防安全检查的程序和要求。

1) 消防安全检查的基本程序。

①按照部门制定的巡查路线和巡检部位进行检查。
②确定被检查的部位和主要检查内容得到检查。
③对检查内容的完好情况进行判断，并通过直观检查法或采用现代技术设备进行检查，然后对检查结果和检查情况进行综合分析，最后得出结论，进行判断，提出整改意见和对策。
④对检查出的消防问题在规定时间内进行整改，对不及时整改的应予以严肃处理。对问题严重或不能及时处理的应上报有关部门。
⑤对检查情况进行登记存档，分析总结，提出检查安全报告。
2) 消防安全检查的要求。
①深入楼层对重点消防保卫部位进行检查，必要时应做系统调试和试验。
②检查公共通道的物品堆放情况，做好电气线路及配电设备的检查。
③对重点设施设备和机房进行深层次的检查，发现问题立即整改。
④对消防隐患问题应立即处理。
⑤应注意检查通常容易忽略的消防隐患，如单元门及通道前堆放单车和摩托车，过道塞满物品，疏散楼梯间应急指示灯不亮，配电柜(箱)周围堆放易燃易爆物品等。

2.2.3 物业消防安全预案的制订

(1) 确定重点防火单位和防火部位。
1) 重点防火物业。重点防火的物业主要包括生产易燃易爆的工厂，大型物资仓库及工厂较为密集区、酒店、商场、写字楼、高层及超高层和度假村等。
2) 重点防火部位。重点防火部位主要包括机房、公共娱乐场所、桑拿浴室及卡拉OK厅、业主专用会所、地下人防工程、资料库(室)和计算机(资讯)中心等。
(2) 灭火预案的要求。
1) 所制订的灭火预案应结合现有物业的消防技术装备和义务消防队伍的业务素质，符合本物业的实际情况。
2) 灭火预案经消防安全部门演练后具有实操性和可行性。
3) 根据小区情况和火灾特点对火险隐患较大的地方进行重点标识。
4) 有具体的组织实施时间和相应演练经费预算。
5) 确定灭火预案演练的责任人。
6) 确定各人员、部门的职责及分工要求。
7) 灭火方案须报经当地公安消防大(中)队审核通过和备案。
(3) 灭火预案。
1) 灭火预案的制订。
①在制订灭火预案前，消防安全部门负责人应组织人员深入实地，调查研究，确定消防重点。
②根据火灾特点和灭火战术特点，假想火场上可能出现的情况，进行必要的计算，为灭火方案提供正确的数据，确定需投入灭火的装备和器材，以及供水线路。明确灭火、救人、疏散等战斗措施和注意事项。

③写出文字说明,打印报批并绘制灭火力量部署的草图。
2)灭火预案主要内容。
3)物业项目单位的基本概况,包括周围情况、水源情况(特点)、物资特性及建筑特点、单位消防组织与技术装备。
4)火灾危险性及火灾发展特点。
5)灭火力量部署。
6)灭火措施及战术方法。
7)注意事项。
8)灭火预案图。

2.2.4 消防器材的配备、使用与维护

(1)常规消防器材装备。
1)大型物业管理区域一般配备。大型物业管理区域的一般配备应包括消防头盔、消防战斗服、消防手套、消防战斗靴、消防安全带、安全钩、保险钩、消防腰斧、照明灯具、个人导向绳和安全滑绳等。
2)消防器材一般配置。
①楼层配置。消防器材的配置应结合物业的火灾危险性,针对易燃易爆物品的特点进行合理的配置。一般在住宅区内,多层建筑中每层楼的消火栓(箱)内均配置2瓶灭火器;高层和超高层物业每层楼放置的消火栓(箱)内应配置4瓶灭火器;每个消火栓(箱)内均配置水带1~2盘、水枪1支及消防卷盘。
②岗亭配置。物业管理项目的每个保安岗亭均应配备一定数量的灭火器,在发生火警时,岗亭保安员应先就近使用灭火器扑救本责任区的初起火灾。
③机房配置。各类机房均应配备足够数量的灭火器材,以保证机房火灾的处置。机房内主要配备有固定灭火器材和推车式灭火器。
④其他场所配置。其他场所配置灭火器材应保证在发生火灾后,能在较短时间内迅速取用并扑灭初期火灾,以防止火势进一步扩大蔓延。
(2)消防装备的维护和管理。
1)定期检查。常规消防装备是配备在队部中的战备器材,应至少每月进行一次全面检查,发现破损、泄漏、变形或工作压力不够时,应对器材进行维修和调换申购,以防在训练中发生事故。
2)定期养护。所有员工应爱护器材,在平时训练和战勤中对器材都应轻拿轻放,避免摔打和乱扔乱掷,用完统一放回原处进行归口管理,并定期清洗和上油,以防器材生锈、变形和失去原有功能。
3)专人保管。消防安全部门应指定专人对消防装备进行统一管理,建立消防设备保管台账,避免器材丢失和随便动用。平时训练用完后应由带训负责人交给器材保管员,做好领用和归还登记。
4)交接班检查。消防班在交接班时应对备用、应急和常规配备的器材进行检查,以保证器材的良好运行。

5)消防器材的定期统计。配置在各项目的消防器材每月均应做一次全面统计工作并按照各区域分类统计,以保证项目配备的消防器材完整和齐全,对已失效和损坏的器材应进行重新配置。配置在每个项目及各个场所的消防器材应由项目管理员签字确认,由专人负责管理。

2.2.5 高层建筑消防管理

(1)高层建筑消防的特点。

1)高层建筑火险因素多。主要体现在:一是高层建筑功能复杂,存在可燃物质和多种火源;二是高层建筑设备繁多,易引起电器火灾;三是高层建筑二次装修频繁,采用易燃材料,施工质量等都易形成火灾隐患;四是高层建筑遭受雷击的机会较大,有可能因雷击而起火。

2)高层建筑火势蔓延快。高层建筑物内有许多通道和竖向井,发生火灾时这些都成为火势蔓延的良好途径。另外,越是建筑物的高处,风速越大,这也是加速火势蔓延的一个因素。

3)高层建筑疏散难度大。高层建筑时常集中的人员众多,而且楼层高,层数多,疏散距离长,加之电梯电源被切断,这些都造成了其疏散的困难。

4)扑救难度大。高层建筑高达几十米甚至超过一二百米,一般的地面消防车和登高消防车的能力都难以满足扑救高层建筑火灾的供水需要和登高疏散抢险的要求。

(2)高层建筑消防管理的主要措施。

1)防火分隔。消防部门要对高层建筑进行内部分区,设置防火和防烟区域,对电梯井和管道等也要进行分隔。

2)做好安全疏散的准备工作。要经常检查楼房公共通道,不要把闲杂物品堆放在楼道内;检查消防供水系统,保证消防用水输送到必要的高度。

3)设置自动报警设施。物业管理消防部门要在楼房适宜部位安装固定灭火装置。

4)设置火灾事故照明和疏散标志。在高层建筑的楼梯间、走道、人员集中场所和发生火灾时必须坚持工作的地方(如配电房、消防控制室等)设有事故照明;在人员疏散的走道和楼梯等处设有灯光显示的疏散标志。疏散标志的电源应用蓄电池,其他事故照明也可使用城市电网供电。

阅读资料

2.3 车辆管理

车辆是人们生活工作必需的交通工具。随着人们生活水平的提高,车辆也在逐年增加。通常,停车位的数量远远赶不上车辆的增加速度,加之不少物业没有停车场或停车位严重不足,再加上物业服务企业管理不善等原因,造成物业区域内车辆乱停乱放,车辆被盗案件、行车事故屡屡发生,因此,物业管理区域内交通管理与车辆停放服务是物业公共秩序管理的一项基本内容,也是体现管理服务水平的重要环节。物业服务企业必须认真做好车辆管理工作。

视频:物业交通
安全管理

2.3.1 车辆管理的方法与要求

(1)建立健全车辆管理队伍。为做好物业管理区域内车辆管理，提供安全有序的车辆停放管理服务，物业服务企业应根据小区车辆管理实际情况做好人员安排，包括小区车辆交通的疏导及管理人员、停车场维护人员和车辆收费管理人员等。

(2)采用先进技术，完善车辆出入管理系统，提升车辆进出管理效率。随着科技的进步，电子技术、计算机技术、通信技术的应用，如今的停车场收费系统已经向智能型的方向转变。先进可靠的停车收费系统在停车场管理系统中的作用也越来越大。目前，停车场使用的收费系统大多数使用感应卡停车场管理系统，车辆的出入通过感应系统有效地实现了高效快捷的通行速度，公正准确，可大大减少保安员的劳动强度，还可以杜绝失误及任何形式的作弊，防止停车费用流失。另外，停车道闸收费系统还可与智能图像识别系统一起使用，可以更有效地杜绝偷盗车现象的发生并减少在外被刮伤的车辆进入停车场后再行索赔的纠纷，使停车场管理者和使用者得到最大的安全保障。

(3)车辆停放管理。车辆进入管理区域后，管理人员应引导车辆停放。有固定车位而任意停放或不按规定任意停放或在消防通道停车等现象出现时，管理人员应及时劝阻。同时，车辆进入停车位停放时，管理人员应及时检查车辆，观察车辆是否有损坏，车窗是否已关闭，是否有贵重物品遗留在车内等，必要时做好记录并通知车主，避免引起法律纠纷。

2.3.2 车辆管理注意事项

(1)车辆管理的交通标识及免责告示应充足明显，避免引起法律纠纷。完善的交通标识及提示既可以确保管理区域车辆交通的有序，又可以减少安全事故的发生。而车辆停放票据、卡、证及收费牌上的相关免责提示等则可以提醒车主做好相应的安全防范措施，减少安全事件的发生，并且避免发生安全事件时引起法律纠纷。

视频：车辆丢失责任认定

(2)车主首次申请办理停车年卡或月卡时应提交本人身份证、驾驶证、车辆行驶证原件与复印件，并签订停车位使用协议，建立双方车辆停放服务关系。协议上应对车辆是有偿停放还是无偿停放、是保管关系还是仅仅车位租用关系、停放过程中的安全责任等法律责任问题予以明确，避免在车辆出现刮损或丢失时引起法律纠纷。

(3)车辆停放必须符合消防管理要求，切忌堵塞消防通道。部分车主为了方便，经常将车辆停放于消防通道，部分物业公司为了提高车辆停放收入，擅自将部分消防通道划为停车位，这样往往会导致消防通道的堵塞，严重影响消防疏散及抢救，因此，车辆停放管理应特别注意对消防疏散通道的管理，确保车辆停放符合消防管理的要求，绝对不能堵塞消防通道。

(4)对于电梯直接通往室内停车场车库的小区，必须做好电梯入口的安全防范监控措施，避免不法人员直接从地下车库进入楼内。

2.3.3 不同类型物业的车辆管理特点

(1)住宅区物业的车辆服务管理特点。在住宅区的车辆管理工作，主要是车辆停放和车辆保管。住宅区的车辆复杂，进出频繁，在管理中要注意扰民问题，停车场尽量设在小区的边缘，以减少车辆进出时间并保证住宅区的安静和清洁。

（2）写字楼物业的车辆服务管理特点。在写字楼物业车辆管理中，主要是车辆的引导、停位调度。写字楼进入车辆主要集中在上班时间段，应集中力度统一调度，尽量对客户车辆采取固定存放方式，对进出车辆进行登记管理，严格控制外来车辆存放。

（3）商业物业的车辆服务管理特点。商业物业车辆管理主要是停车场的建设和管理。商业物业车辆流动量大，应尽量引导车辆进出方便和快捷，必要时物业服务企业可以拥有自管班车，为顾客提供不定站服务。

（4）工业物业车辆服务管理特点。工业物业车辆管理主要是针对货运车辆的管理。针对其运输性质，应对货物装卸做好准备工作，减少货运车辆停放时间；应对夜间运输做好准备工作，如路标、照明设施的养护维修。

阅读资料

复习思考题

1. 公共安全防范管理服务包括哪些内容？
2. 简述物业安全防范措施。
3. 物业消防管理的内容有哪些？
4. 消防安全检查的组织方法和形式包括哪些内容？
5. 高层建筑消防的特点和措施有哪些？
6. 简述车辆管理的方法与要求。

技能拓展

1. 保安部最近新来了几个保安，假设你是保安队队长，你能告诉他们要如何做好公共安全防范工作吗？

2. 巡逻是物业公共安全防范的一项重要工作，也是物业区域内公共安全的保障，你能说出巡逻的方法和具体内容吗？

3. 某物业服务企业在管辖某办公室大楼时，一单位的面包车在前一天进入车库时没有做登记，第二天上午9：00时从大厦车库开出，10：30时回来就投诉称该车的三个轮胎装饰盖不见了。如果你是物业服务企业的经理，该如何处理这件事呢？

4. 车主王某将其小轿车停放于Q大厦停车场，后发现车被高空坠物砸坏车头盖板。王某于是找到Q大厦物业管理处的保安，保安称其发现汽车被砸后，积极保护现场，而且已查明车辆是邻近正在施工的T大厦坠落的瓷片所砸，并带王某查看了现场。现场为T大厦外墙正在拆卸脚手架和防护网,不时有坠物降落,车身上下布满灰尘,车旁有瓷片等建筑垃圾,车头盖板上有明显的锐物砸痕。随后赶来的物业管理处工作人员对现场进行了多角度拍照,并将瓷片包装好后交给王某。

保安和管理处工作人员的做法是否正确,为什么?对于物业管理活动中发生的意外可能导致纠纷时,物业服务企业在这个案例中有什么值得借鉴的地方?

5. A物业服务企业的保安,在巡逻时发现小区G栋1单元17楼1702室从门缝中有浓烟冒出,经过认真查看后,确认是该户发生了火情,多次敲门但没人应答。假设你就是这名保安,接下来该怎么办呢?

6. R厂房是H物业服务企业租赁给A公司进行生产经营用的,而在H物业服务企业对R厂房的设备、场地进行安全检查时,发现A公司所安装的生产设备存在火灾、爆炸等诸多安全隐患。假设你是H物业服务企业的经理,要如何处理呢?如果A公司不配合工作的话,又该怎么办呢?

任务3　物业环境管理

知识目标

1. 了解物业环境、物业环境管理、保洁管理、绿化管理的含义。
2. 熟悉物业环境的分类。
3. 掌握物业环境管理的内容。
4. 熟悉物业环境管理的原则。
5. 掌握保洁管理的工作范围和措施。
6. 掌握绿化管理的范围、内容、质量管控方法和相关注意事项。
7. 了解物业环境污染的特点。
8. 掌握物业环境污染的防治方法。

技能目标

1. 通过本任务的学习，能够根据物业环境管理的内容，组织有关人员对物业环境进行绿化美化，指导有关人员按标准进行保洁管理和绿化管理。
2. 能够判断物业环境污染源产生的原因，通过对污染源的控制实现对物业环境污染的防治。

任务导入

周老太与往常一样来到所居住的小区内的广场上与其他老人打太极，该小区广场有几棵粗大的老杨树。时至寒冬，老杨树上的枯枝清晰可见。突然一阵旋风刮过，老杨树上的枯枝纷纷下落。周老太及其他老年同伴赶紧躲闪，但已来不及了。一根较粗的枯枝砸在了周老太后头颈上，致其当场倒地。同伴立即叫来物业服务企业的保安员将其送往医院。诊断结论为颈脊震荡，颈椎过伸性损伤。周老太共支出医疗费8 000元，护理费1 200元。事后，双方对上述费用的承担问题发生了争执。[案例来源：全国物业管理项目经理岗位技能培训教材(案例有删减)]

任务布置

分组讨论物业服务企业是否要承担赔偿责任？请详细说明理由。

任务要求

1. 提前预习物业环境管理相关知识，注意结合物业公共安全防范的知识进行分析。
2. 分组讨论并形成案例分析报告。

知识准备

3.1 物业环境和物业环境管理

3.1.1 物业环境

(1)物业环境的含义。物业环境是与业主及使用人生活、生产和学习有关的,直接影响其生存、发展和享受的各种必需条件及外部变量因素的总和。物业环境是人类城市环境的一部分,是属于城市大环境范围内的某个物业区域范围的小环境。

(2)物业环境的分类。按物业用途的不同,物业环境可分为生活居住环境、生产环境、商业环境和办公环境四类。

1)生活居住环境。生活居住环境是指提供给人们居住的物业环境,包括内部居住环境和外部居住环境两个方面。内部居住环境和外部居住环境的有机组合构成了居住物业的生活居住环境。

①内部居住环境是指居住物业(住宅建筑)的内部环境。而影响物业内部环境的因素通常有住宅标准、住宅类型、隔声、隔热与保温、光照、日照、通风、风向、风力、室内小气候、室内空气量和二氧化碳含量等。

②外部居住环境是指居住物业所在区域内,与居民生活居住密切相关的各类公共建筑、公共设施、绿化、院落和室外场地等设施与设备的情况和条件。影响住宅建筑外部环境的因素主要有居住密度、公共建筑、市政公共设施、绿化、室外庭院和各类活动场所、室外环境小品、大气环境、声环境和视环境、小气候环境、邻里和社会环境、环境卫生状况等。

2)生产环境。生产环境是指提供给企业及其生产者(工人)从事产品生产的相关设施与条件,影响生产环境的因素主要包括物业用途及类型、隔声、隔热和保温、绿化、环境卫生状况、交通条件、基础设施和行政服务条件等。

3)商业环境。商业环境是指用于商业目的的物业,包括商店(商场、购物中心、商铺、市场等)、旅馆(宾馆、饭店、酒店、招待所、旅店等)、餐馆(饭庄、酒楼、酒家、茶楼等)、游艺场馆(娱乐城、歌舞厅等)和商务写字楼等所在区域的情况和条件,影响商业环境的因素主要有物业类型与档次、隔声、光照与通风、室内小气候、室内空气含氧量、绿化、环境卫生状况、环境小品、商业设施、交通条件、服务态度和服务水平等。

4)办公环境。办公环境主要是用于办公的物业环境。通常影响办公环境的因素较多,主要有办公室标准与类型、隔声、隔热和保温、光照与日照、通风、室内小气候、室内空气含氧量和二氧化碳含量、室内景观、办公设备、室外绿化、室外环境小品、大气环境、声环境与视环境、环境卫生状况、办公区域的治安状况、办公人员的基本素质(思想文化素质、艺术修养以及人际关系)等。

3.1.2 物业环境管理

(1)物业环境管理的含义。物业环境管理是指物业服务企业为防止和控制物业环境状况的不良变化,调控业主或物业使用人与环境保护的关系,组织并管理业主或物业使用人生产和生活的活动,限制业主或物业使用人损害环境质量、破坏自然资源的行为。

通过物业环境管理可以为业主或物业使用人创造舒适、优美、清洁和文明的物业环境,实践中,常常采用执法检查、履约监督、制度建设和宣传教育等方式,为业主及使用人提供物业环境管理服务,以维护和改善物业环境。

(2)物业环境管理的内容。

1)物业环境保洁管理。物业环境保洁是物业管理中一项经常性的工作,其目的是净化环境,给物业业主或物业使用人提供一个清洁宜人的工作、生活的优良环境。良好的环境卫生不但可以保持物业区域容貌的整洁,而且对于减少疾病和促进身心健康十分有益。

2)物业环境绿化管理。物业服务企业要尽量扩大绿化面积,增加花草、树木的种类,不仅可以净化空气,调节物业区域内的小气候,保持水土,防风固沙,而且还可以消声防噪,达到净化、美化环境的目的。

3)物业环境污染防治。环境污染是指人们在生产和生活活动中,由于有害物质进入生态系统的数量超过了生态系统本身的承受能力,从而引起环境质量下降或环境状况恶化,使生态平衡和人们的正常生存条件遭到破坏的现象。物业环境是城市环境的组成部分,因此,物业环境污染在很大程度上源于城市环境污染。

(3)物业环境管理的原则。

1)以防为主,防治结合。物业环境管理必须以预防为主,要控制污染源,从源头上解决问题。要抓"早"抓"小",将一切可能的污染消灭在萌芽状态,同时,对已经发生的污染采取积极有效的措施进行治理。

2)专业管理与业主(或物业使用人)参与相结合。专业管理要取得最佳效果,离不开业主和使用人的积极参与。只有业主和使用人以至广大群众都了解了环境管理的意义及自己的义务,严于律己,相互监督,专业管理才能获得最佳的效果。

3)环境保护与资源利用相结合。从严格意义上来讲,没有废物,只有如何利用的问题,因此,在环境保护的同时,要尽量废物利用,变废为宝。如余热利用、水的循环利用、生活垃圾的资源化处理等。

4)制度约束与宣传教育相结合。物业环境管理离不开严格的制度约束及监督检查,所谓"没有规矩,不成方圆",因此,必须对广大业主和使用人进行有效的宣传教育,加强社会主义文明建设,制度约束才能起到预期效果。

5)污染者承担相应责任。要贯彻"谁污染,谁负责"的原则,对违反环境保护法律和制度的行为,要进行严肃处理。根据情节严重程度,责令其承担相应的法律责任、损害补偿责任以至刑事责任。

3.2 物业环境保洁管理

3.2.1 保洁管理的含义

物业环境保洁管理是指物业服务企业对物业管理区域范围内的卫生保洁服务实施的一系列

管理活动。其目的是净化环境，给业主或物业使用人提供一个清洁宜人的工作与生活环境。它是通过制定规章制度、做好日常清洁和垃圾清运、加强宣传教育和监督管理等活动实施管理的。

3.2.2 保洁管理的模式

通常，物业环境保洁管理有两种模式：一种是委托服务模式，即由物业服务企业委托专业的清洁公司进行专业性的清洁服务；另一种是自管模式，即物业服务企业设置清洁管理部门负责物业管辖区的清洁卫生工作。

视频：物业保洁卫生管理

3.2.3 保洁管理的工作范围

物业环境保洁管理的工作范围为委托的物业管理区域内，室内和室外的环境卫生，重点是环境"脏、乱、差"的治理，因此，物业环境保洁管理工作必须注重日常保洁与专业化保洁相结合，纠正不良习惯与保洁服务相结合，促使业主和使用人提高自身素质，规范日常行为，共建整洁的物业环境。物业环境保洁管理的具体工作范围如下：

(1)楼宇前后左右的公共地方。一般指物业区域内的道路、空地、绿地、网球场、游泳池等所有公共地方。

(2)楼宇上下空间的公共部位。一般指楼宇一层到屋顶屋面，包括楼梯、走道、电梯间、大厅、平台、建筑物外墙等公共部位。

(3)物业区域范围内的日常生活垃圾的收集、分类和清运。要求和督促业主或物业使用人按规定的地点、时间和有关要求，将垃圾倒入专用容器或指定的垃圾收集点，不得擅自乱倒。

3.2.4 保洁管理措施

(1)制定完善的物业保洁服务制度。物业环境保洁管理部门首先要认真制定管理制度。制度一般包括部门的岗位责任制、环境清洁管理规定及定量定期考核标准。

(2)加强物业环境保洁宣传教育。物业服务企业在业主和使用人办理入户手续时，应通过颁发《住户手册》《房屋使用规定》《临时管理规约》等资料向业主和物业使用人宣传保洁服务的重要性，增强业主和物业使用人的保洁意识，以便收到事半功倍的效果。

(3)配备必要的硬件设施。良好的物业环境保洁管理离不开必要的硬件设施。

(4)实行生活垃圾的分类袋装化。学习发达国家生活垃圾管理经验，努力做到生活垃圾统一袋装、统一收集、统一运至指定的地点进行无害化、资源化、减量化处理。

阅读资料

3.3 物业环境绿化管理

3.3.1 绿化管理的含义

绿化管理是指物业服务企业通过行使组织、协调、督导和宣传教育等职能，并通过建绿、护绿及养绿活动创造优美的生态环境。绿化是城市生态系统的主体，对城市生态系统的平衡起到至关重要的作用；也是物业辖区内唯一有生命的基础设施，对改善气候和净化空气、提供良好的休闲场所、保持业主和物业使用人的身心健康都有极大的好处。

视频：物业环保绿化管理的内容

3.3.2 绿化管理的范围和内容

(1)绿化管理的范围。根据我国城市绿化分工的有关规定，居民小区道路建筑红线之内的部分，以及小区内部没有路名的道路绿化归房管部门或物业服务企业绿化和养护管理。

(2)绿化管理的内容。

1)绿化日常养护。日常保养工作包括水分管理、清理残花黄叶、绿化保洁、杂草防除、植物造型与修剪、园林植物施肥、园林病虫害防治、草坪养护等。

2)园林绿化的翻新改造。

①园林植物补植：尽量用回原植物品种；植株大小尽量与当前植物大小一致；人为破坏的植物补植后应采取一定的保护措施。

②花坛更换：按照花坛形状及观赏要求设计造型、品种及数量；准备好相关花卉，用光谱性农药喷洒；清除旧花，加入适量基肥后松土；将新花运到脱盆后栽好；清理现场，适当装饰；淋足水，并用水洒洗新花叶面。

3)绿化环境布置。绿化环境布置主要是指节假日或喜庆场合对公共区域或会议场所进行花木装饰。

4)花木种植。花木种植主要包括苗圃花木种植及工程苗木种植。物业服务企业可以有自己的苗圃，自行栽种所需的花木。也可以与专业的苗圃进行合作，由他们定期按照合同的规定进行花木的供应。

5)园林绿化灾害预防。

①寒害的预防。加强栽培管理，增加植株抗寒力、灌水保墒、搭防风障、堆土护根、包扎、涂白、堆雪、打雪等措施。

②防旱。防旱主要方式有：一是避开用水高峰加强人工淋水；二是有选择性灌溉，淋水优先满足重点观赏植物用水，对偏远地方植物要保证不死；三是利用滴灌系统提高水的利用率；四是将盆栽花木搬移树下或遮阴处理。

③处理涝害。处理涝害主要包括：一是做好园林景观地面坡度与排水；二是要经常检查园林排水管道并及时疏通堵塞；三是注意天气预报，雨前检查排水管道，雨后及时进行人工排涝；四是在每年五、六月对大面积板结草坪进行打孔培沙，增加土壤的透气透水能力，避免形成积水。

6)绿化有偿服务。绿化有偿服务是利用物业服务企业所拥有的园林绿化专业人才开展的针对业主、物业使用人甚至是物业管理区域外其他单位的绿化有偿服务，其内容包括园林设计施工、绿化代管、花木出租出售、花艺装饰服务等。

3.3.3 绿化管理模式与质量管控方法

(1)物业绿化管理模式。物业绿化管理的运作模式有完全自主管理模式、自己管理与特种作业外包管理模式、子公司式管理模式及外包管理模式等。

(2)绿化管理质量管控方法。

1)建立健全绿化管理制度。绿化管理制度主要包括：各岗位职责、标准操作工艺流程、质量标准、检查及预防纠正机制、员工行为规范、绿化养护绩效考核制度等。

视频：物业环保绿化管理的运作模式

2)编制管辖区植物清册。

3)区分绿化管理的日常工作和周期性工作。绿化管理的日常工作包括淋水、除杂、清除黄叶、绿化保洁；周期性工作包括修剪、施肥、病虫害防治等。

4)完善巡视检查机制。

5)制定绿化巡视线路，建立日检、周检、月检验收及会诊等检查机制，完善检查记录及整改机制。

6)建立植物养护工作预报制度。

7)制定《园林绿化管理月历》，实现预见性管理。

8)不同类型植物绿化检查重点。

①乔木。虫害、病害的情况；有无攀爬及寄生植物情况；有无枯黄枝及折断枝；植物长势及肥水情况；植物修剪情况（株型及造型是否合理，有无徒长枝及重叠枝等）。

②灌木。虫害、病害的情况；有无攀爬及寄生植物；植物肥水状况；有无枯黄枝及折断枝；植物修剪、造型状况；植物生长势；松土除草状况等。

③绿篱及造型植物。虫害、病害情况；修剪造型情况（重点注意有无变形、崩露、徒长现象）；有无寄生或杂生植物、杂草；施肥及水分状况；有无枯黄枝、空膛、空脚现象；植物生长势；有无垃圾杂物等。

④地栽花卉。有无残花、观花植物结果枝、黄叶；有无虫害、病害；施肥及水分状况；有无枯黄枝；植物花卉修剪状况；生长势；松土除草；有无垃圾杂物等。

⑤草坪。杂草状况；修剪是否及时；施肥、淋水是否合理；表面的平整度、秃斑；有无垃圾杂物等。

⑥绿化保洁。草坪内垃圾杂物及落叶；灌木及绿篱下落叶杂物；地栽花卉内垃圾杂物；有机肥料裸露情况；花盆花槽内烟头等杂物；室内花木叶面是否积尘等。

⑦棕榈科植物。枯黄叶及时清除；花苞及花果枝及时清除；病虫害情况等。

(3)绿化管理的基本要求。

1)保持植物正常生长；

2)加强枯枝黄叶的清理及绿化保洁工作；

3)及时对妨碍业主和物业使用人生活活动的绿化植株进行改造，减少人为践踏对绿化造成的危害；

4)创建社区环境文化，加强绿化保护宣传。

3.3.4 绿化管理注意事项

在园林绿化中，要正确选择优良的园林绿化树种资源，合理应用于当地的生产安排或园林工程，以求发挥最大的经济、生态效益，就必须认真了解与其相关的基础知识，仔细把握市场的需求信息。绿化管理应注意以下几个方面：

（1）要根据当地的气候环境条件选择适于栽培的树种，这一点在经济和技术条件比较薄弱的发展新区尤显重要；

（2）要根据当地的土壤环境条件选择适于栽培的树种；

（3）要根据树种对太阳光照的需求强度，合理安排栽培用地及绿化使用场所。

3.4 物业环境污染防治

随着社会经济的发展，环境污染日益严重，人类的生存环境不断恶化。为了给业主和使用人创造一个整洁、舒适、优雅的良好环境，物业服务企业必须重视物业环境污染的防治工作。

3.4.1 物业环境污染的特点

通常，从影响人体健康的角度来年看，环境污染一般具有以下特点。

（1）影响范围大，控制难度大。大气、水体、土壤与人们的生存、生产、生活密切相关，而人们与它们的接触又极为广泛，因此，大气、水体、土壤一旦受到污染，则影响非常大、范围非常广，控制难度大。

（2）作用时间长。大气、水体、土壤的范围大，而且有自我调节的能力。它们本来是很难被污染的，但是如果受到污染的程度超过了它们自身所能允许的限度，那么这个影响就会非常大，既很难治理，也很难消除影响。

（3）污染物种类多，污染情况复杂。由于环境中存在的污染物业种类多，它们可以通过理化或生物作用发生转化而产生不同的危害作用，而且多种污染物同时作用于人体，往往会产生复杂的联合作用，加大对人体的危害。

3.4.2 物业环境污染的防治

（1）大气污染与防治。

1）物业大气污染的产生。物业大气污染主要是指人为活动造成的污染。它的产生主要有三个方面：一是生活污染源，即人们在做饭、取暖、洗涤等过程中使用的燃料等放出的有毒、有害气体及烟雾等造成的污染；二是工业污染源，即工矿企业在生产过程中和燃料燃烧过程中排放的煤烟、粉尘及无机、有机化合物；三是交通污染，即各种交通工具运行时排放出的尾气等造成的污染。

2）大气污染防治措施。控制污染源是控制物业大气污染的关键。控制大气污染应以预防为主，防治结合，标本兼治为原则，因此，控制大气污染主要有以下几个方面：

①加强对物业大气的监测管理，及时了解物业大气的污染状况；

②改善能源结构，对燃料进行预处理，进行技术生产工艺改革，综合利用废气，积极开发清洁能源，用清洁的气体或燃料来代替燃煤，减少排污；

③综合防治汽车尾气及扬尘污染，综合治理汽车尾气、普及无铅汽油、鼓励使用环保汽车、减少城市裸地；

④在物业区域内有计划、有选择地扩大绿地面积,利用植物净化功能,降低大气污染浓度。

(2)水体污染与防治。

1)水体污染的产生。物业水污染是指人们在使用物业过程中所排放的污染物质进入水体,导致水质下降甚至恶化,从而影响水的有效利用,并对生物和人体造成损害的现象。

物业水污染产生的主要来源有:一是工业废水;二是生活废水;三是医疗污水;四是降雨冲刷地面所夹带的各种垃圾废物进入水体后所造成的污染。

2)水体污染防治措施。进行水污染防治,根本的原则是将"防""管""治"三者结合起来。

①"防",主要是指对污染源的控制,通过有效控制使污染源排放的污染物减到最少量。对工业污染源,要积极推行清洁生产;对生活污染源,推广使用节水用具并提高民众的节水意识可以降低用水量,从而减少生活污水排放量;提倡农田的科学施肥和农药的合理使用,从而降低农田中残留的化肥和农药含量。

②"管",主要是指对污染源及水体进行监测管理。经常对物业用水和排水情况进行监测,了解物业污染等情况及其是否符合国家有关规定和标准,确保物业用水安全和身体健康。

③"治",主要是指通过各种预防措施,污染源可以得到一定程度的控制。如设置污水处理设施、建立城市废水收集系统和处理厂等。

(3)物业噪声污染与防治。

1)物业噪声污染的产生。噪声可分为自然噪声和人为噪声两大类。噪声的防治主要是指人为噪声的防治。人为噪声按发生的场所,一般可分为交通噪声(如飞机、火车、轮船、各种机动车辆等交通运输工具产生的噪声)、工业噪声(机器运转产生的噪声,如空气机、通风机、机床等发出的噪声)、建筑施工噪声(如打桩机、混凝土搅拌机、推土机等产生的噪声)和社会生活噪声(社会活动和家庭设施产生的噪声,如娱乐场所、商业活动中心、高音喇叭、运动场、家用机械、电器设备等产生的噪声)。

2)物业噪声污染防治措施。物业噪声的控制主要是根据环境噪声标准和有关法律法规,对物业范围内的各种噪声采取相关技术措施和管理措施来限制或降低噪声强度;同时,对物业的科学布局和合理规划也能使噪声的控制取得较好的效果。在实践中,常采用的方法有:一是统一规划物业范围内的绿地,提高物业区域内绿化覆盖率,尽可能形成集中绿地,真正取得消声防噪和美化环境的效果;二是加强物业范围内的车辆管理,尽量减少外来车辆数量,对驶入小区的车辆实行限速降噪;三是通过座谈会、电视、网络、宣传单等多种形式进行文明宣传教育,让广大业主和物业使用人自觉地约束自己的行为,讲公德、尊重他人,尽量减少噪声。

阅读资料

➤复习思考题

1. 什么是物业环境,它分为哪几种类型?

2. 物业环境管理的含义是什么？它包括哪些内容？
3. 物业环境管理的原则是什么？
4. 保洁管理的含义是什么？
5. 保洁管理的工作范围是什么？
6. 保洁管理措施有哪些？
7. 绿化管理的含义什么？
8. 绿化管理的范围和内容有哪些？
9. 绿化管理的注意事项有哪些？
10. 绿化管理质量控制方法有哪些？
11. 物业环境污染的特点是什么？
12. 大气污染的产生原因是什么？防治方法有哪些？
13. 水体污染的产生原因是什么？防治方法有哪些？
14. 噪声污染的产生原因是什么？防治方法有哪些？

技能拓展

1. 近日，某小区的业主们发现小区的公共绿地上的两棵大树消失了，经调查后得知，原来是物业服务企业私下迁移到别处去了。由于这两棵大树是小区业主们刚刚入住小区时统一出钱购买的，因此，物业服务企业的这一行为引起了业主们的愤怒。面对业主们的不满，物业服务企业应该怎么办呢？物业服务企业的做法是否妥当？

2. 小李最近新买了一套商品房，他对小区的环境很满意，小区无论是绿化还是卫生情况都很好，多交点物业费也值了。那么，物业服务企业在环境管理方面还应该做些什么呢？

3. 某小区的物业服务企业将冬季供暖用煤放在业主宁先生家的窗户外面，冬天刮风的时候，煤灰正好刮进宁先生家，将其家里的地板、家具和床褥都弄黑了。宁先生认为物业服务企业的行为严重影响了他们一家的生活，要求物业服务企业排除妨碍，并赔偿损失，否则拒绝交纳物业服务费。你认为宁先生的要求合理吗？为什么？物业服务企业是否有不妥的地方？

4. A绿化公司的工作人员甲在使用割草机对B小区的草地进行修剪工作时，突然正在路过的乙一声惨叫后捂着其左眼，左眼位置鲜血直流。与乙同行的丙赶紧叫来保安，并一起将甲送往医院。医院诊断下来后，从乙的左眼里取出1 cm大小的玻璃碎片。丙回忆事发时，他和乙正好是在经过草地时被击中的，后因调查，玻璃碎片是甲当时使用割草机时，割草机割到了草地上的玻璃块，弹起来的碎片正好飞入路过的乙的眼睛里。请问：乙左眼受伤到底应该由谁来负责，是A公司、工作人员甲还是物业服务企业？

项目 5　物业管理的控制

任务 1　物业管理风险防范

知识目标

1. 了解物业管理风险的含义。
2. 掌握物业管理风险的内容和防范措施。
3. 熟知物业风险管理内容及相关策略。

技能目标

1. 能深刻识别物业管理涉及的复杂关系及风险,通过妥善合理防范,在一定条件下能有效避免或减少风险带来的影响。
2. 通过学习物业管理风险的合理防范和紧急事件的有效处置,解决现实中存在的具体问题,为日后从事物业管理服务工作奠定基础。

任务导入

2017 年 5 月,某大厦电梯设备已老化,又无人看管,致使乘客人数超过了限乘人数,达 16 人。电梯运行上升瞬间发生故障,停运于 4~5 层之间达 4 小时之久;同时,电梯内无安装报警系统,延迟了施救,直至最后解救时,一名孕妇已昏迷,只得送医院抢救。事隔不久,同一幢楼内的电梯再次发生故障,乘客被困 1 个多小时,致使有人心脏病复发,住院治疗。这两次事故,引起了业主们的强烈不满,受害业主也要求物业服务企业赔偿治疗费及精神损失费等。

一般情况下,电梯产生的伤害事故责任应由物业管理部门承担责任,但由于该物业服务企业购买了电梯责任保险,这一风险又可由电梯责任保险转嫁于保险公司。(案例来源:戴玉林,王媚莎. 物业管理典型案例与分析[M]. 北京:化学工业出版社,2006,案例有修改)

任务布置

1. 该案例中"电梯故障使乘客受困,耽误乘客行动,导致经济损失或其他损失"属于物业管理工作中的一项风险。请问,物业服务企业只要购买了电梯责任保险就可以不用对电梯等设备设施进行日常维护保养了吗？为什么？

2. 物业服务企业能否通过保险制度进行风险管理呢？

3. 物业服务企业只要投保责任保险就可以理所当然地将风险转移给保险公司了吗？

任务要求

1. 提前预习物业管理风险防范相关知识，了解物业管理风险及防范措施。

2. 查找资料，学习《中华人民共和国保险法》公众责任保险相关内容，熟悉公众责任保险的特殊性内容和被保险人所负有的义务。

3. 分组讨论并形成案例分析报告和总结。

知识准备

1.1 物业管理风险概述

1.1.1 物业管理风险的含义

物业管理风险是指物业服务企业在服务过程中，由于企业或企业以外的自然和社会因素导致的应由物业服务企业承担的意外损失。

1.1.2 物业管理风险的内容

物业管理的风险包括早期介入的风险、前期物业管理的风险和日常管理的风险。

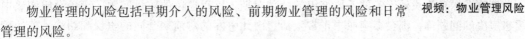
视频：物业管理风险

(1) 早期介入的风险。早期介入的风险主要包括项目接管的不确定性带来的风险和专业服务咨询的风险。

1) 项目接管的不确定性带来的风险。有的物业服务企业在还没有确定取得项目接管权时，就投入了较多的人力、物力和财力。但因为种种原因，最终未被建设单位选聘，物业服务企业不仅蒙受人、财、物的损失，还将损害企业的品牌形象。

2) 专业服务咨询的风险。早期介入涉及面广、时间长、技术性强、难度高，当物业服务企业不具备足够的具有相当专业技术能力和物业管理操作经验的人员全过程参与时，难以发现在项目规划设计和施工等方面存在的隐患和问题，其提供的专业咨询意见和建议也可能出现不足和偏差。另外，如果不能与建设、施工和监理单位有良好的沟通和配合，早期介入提出的合理化建议将得不到重视和采纳。以上两个方面都有可能导致物业建成后管理运作中的一定风险。

(2) 前期物业管理的风险。前期物业管理的风险有许多方面，但最主要的是合同风险。合同风险具体包括以下三个方面。

1) 合同期限的不确定性风险。根据《中华人民共和国合同法》第四十五条规定："当事人对合同的效力可以约定附条件。附生效条件的合同，自条件成就时生效。附解除条件的合同，自条件成就时失效"。前期物业服务合同是附解除条件的合同,《物业管理条例》二十六条规定:"前期物业服务合同可以约定期限;但是,期限未满、业主委员会与物业服务企业签订的物业服务合同生效的,前期物业服务合同终止。"因此,前期物业管理合同的期限具有不确定性,物业服务企业随时有可能被业主大会解聘。一旦被提前解约,物业服务企业对物业管理项目的长期规划和各种投入将付诸东流,将蒙受损失,但如果物业服务企业过多局限于这一因素,致使前期的规划和投入不到位,可能会带来操作上的短期行为,也会引发业主(或物业使用人)与物业服务企业的矛盾和冲突。

2)合同订立过程中的风险。在订立前期物业服务合同时,物业建设单位居于主导方面。而且物业相关资料的移交,物业管理用房、商业经营用房的移交,空置房管理费缴纳等均需要物业建设单位的支持与配合。因此,建设单位在与物业服务企业订立前期物业服务合同时,可能会将本不该由物业服务企业承担的风险转嫁给物业服务企业。另外,一些物业服务企业为了取得项目管理权,在签订合同时盲目压低管理费用,这将影响到接管项目后正常经营的维持;一些物业服务企业在签订合同时没有清晰约定有关责任,或忽视免责条款,甚至作出一些难以实现的承诺,致使在接管后发生不测事件(家中财产被盗、人员伤亡等)时,处于被动局面,而加之在合同内容上的疏忽都有可能成为业主向物业服务企业索赔的理由。

3)合同执行的风险。前期物业服务合同是具有委托性质的集体合同由建设单位代表全体业主与物业服务企业签订。虽然这种合同订立行为是法规规制的结果,但在业主入住和合同执行的过程中,由于缺乏相应法规知识或其他原因,可能会发生部分业主或物业使用人对前期物业服务合同的订立方式、合同部分条款和内容的不认同、不执行甚至不配合,从而引发业主与物业服务企业之间的矛盾和纠纷。

前期物业服务阶段处于各种矛盾交织的特殊时期,工程遗留的质量问题、设备设施调试中未妥善解决的问题等,都会影响业主正常生活。由此引发的对前期合同的争议和纠纷,若处理不当,将会诱发管理风险。

(3)日常物业管理的风险。日常物业管理的风险主要包括两个方面:一是业主(或物业使用人)在使用物业和接受物业服务过程中存在的风险;二是物业管理日常运作过程中存在的风险。

1)业主(或物业使用人)使用物业和接受物业服务过程中存在的风险。

①业主(或物业使用人)违规装饰装修带来的风险。业主(或物业使用人)违规装饰装修,不仅会造成物业共用部位损坏、安全隐患和邻里纠纷、增加物业管理的运行、维修和维护成本,还会使物业服务企业承担一定的物业装饰装修管理责任。

②物业使用带来的风险。物业使用带来的风险主要是指在物业日常使用过程中,业主(或物业使用人)对物业使用出现不当行为或不当使用的情况而带来的风险,如高空抛物、改变物业使用功能、堵塞消防通道、损毁共用设备设施和场地等。这些不当行为或不当使用物业的情况大多是难以确定责任人的,又或者业主(物业使用人)因物业的"瑕疵或当事人的疏忽"而发生意外事故,造成他人人身伤害或财产损失的情况下,物业服务企业都要承担一定法律责任的风险。

③法律概念不清导致的风险。在公共安全、人身财产的保险和财产保管方面,业主(或物业使用人)往往对物业管理安全防范主体的责任认识不清,误将本应由公安机关或业主自身承担的安全

防范责任强加给物业服务企业，导致物业服务企业与业主(或物业使用人)之间的矛盾和纠纷增加，而物业服务企业要为此投入大量的人力、财力和物力，造成不必要的消耗，承担额外的责任。

2)物业管理日常运作过程中存在的风险。

①物业服务费收缴风险。业主(或物业使用人)由于各种原因缓交、少交或拒交物业服务费，是物业服务活动中比较突出的问题。由于物业服务企业普遍缺乏有效的追缴手段，收费风险是物业日常管理服务常见的风险之一。

②公用事业费用代收代缴存在的风险。在公用事业费用(如水、电、煤气费等)的代收代缴以及公共水电费分摊中，物业服务企业居于收取和缴纳的中间环节，如业主(或物业使用人)不及时、不足额缴纳相应费用，势必导致物业服务企业蒙受经济损失，承担其不应有的风险。

③物业管理项目外包存在的风险。物业管理服务项目外包是物业管理运作中常见的现象。在对项目外包单位的选择以及合同订立、实施管理的诸多环节中，物业服务企业虽然可采取多种手段加以控制，但潜在和不确定的因素依然存在。如选择的专业公司在履行合同约定的过程中，其行为不符合物业管理服务要求时，虽然物业服务企业可通过要求整改予以解决，但其后果往往是业主(或物业使用人)仍将责任归咎于物业服务企业。

④物业服务企业员工服务存在的风险。物业服务企业未能履行物业服务合同的约定，导致业主人身、财产安全受到损害的，要承担相应的法律责任。由于员工违规操作引发的问题，按照"雇主责任"的法律规定，物业服务企业也将承担其属下员工不当行为的赔偿责任。

⑤公共媒体在宣传报道中的舆论风险。在物业管理操作中，由于物业管理服务不到位、矛盾化解不及时、投诉处理不当和与各方沟通不及时等，均有可能导致物业管理的舆论风险。舆论风险不仅会影响物业服务企业的品牌形象，而且会给物业服务企业带来经济上的损失。

1.2 物业管理风险防范

在物业管理活动中，风险是客观存在和不可避免的，其在一定条件下还带有某些规律性。虽然风险不可能完全消除，但可以通过努力把风险缩减到最小的程度。这就要求物业服务企业主动认识风险，积极管理风险，有效地控制和防范风险，以保证物业管理活动和人们的工作、生活正常进行。

1.2.1 物业管理风险防范措施

物业管理风险防范的具体措施应根据物业管理活动时间、地点和情况的不同来区别处理。总体而言，物业管理风险防范可从以下五个主要方面进行把握。

(1)物业服务企业要学法、懂法和守法。通常情况下，物业服务企业所涉及的事项中，都会或多或少的与国家相关法律法规有关，因此必须要学法、懂法，而在处理物业具体事宜时更要守法。例如，物业管理相关合同在订立前要注重合同主体的合法性，合同服务的约定应尽可能详尽，避免歧义，在合同订立中要明确相关服务标准、服务质量、收费事项、违约责任、免责条件和纠纷处理的方式等；又如，在参与投标、接管项目和提供服务等各个环节中要自觉执行物业管理相关法律法规，并充分运用法律武器保护自身的合法权益，切实提高风险防范的法律意识、合同意识、公约意识和服务意识。

(2)建立和完善物业服务企业现代管理制度。物业服务企业要抓制度建设、抓员工素质和抓管理落实,建立健全并严格执行物业服务企业内部管理的各项规章制度和岗位责任制,不断提高员工服务意识、服务技能和风险防范意识。通过机制创新、管理创新和科技创新改进经营管理方式,提高管理水平和效率,降低运营成本,增强企业自身的市场竞争能力和抵御风险能力。管理中要特别注意对事故隐患的排除,在服务区域的关键位置,设立必要的提示和警示标牌,尽可能避免意外事件的发生。

(3)妥善处理物业管理活动相关主体之间的关系。

1)妥善处理与业主的关系。物业服务企业在向业主提供规范、到位、满意服务的同时,应通过管理规约、宣传栏等形式向业主广泛宣传物业管理的有关政策,帮助业主树立正确的物业管理责任意识、消费意识和合同意识,使他们既行使好权利,又能主动承担相应的义务。

2)妥善处理与开发建设单位的关系。物业服务企业要通过加强早期介入,帮助建设单位完善物业项目设计,提高工程质量,节约建设资金等,努力引导建设单位正确认识物业管理活动。

3)妥善处理与市政公用事业单位及专业公司的关系。按照《物业管理条例》第四十四条规定,物业管理区域内,供水、供电、供气、供热、通信、有线电视等单位应当向最终用户收取有关费用。物业服务企业应当按此规定,与有关单位分清责任,各司其职。对分包某项专业服务的清洁和绿化等专业公司,要认真选聘,严格要求,并在分包合同中明确双方的责任。

4)妥善处理与政府相关行政主管部门、街道办和居委会的关系。物业服务企业要积极配合各级政府主管部门的工作,主动接受行政主管部门、街道办、居委会对服务工作的指导和监督。

(4)有效化解舆论风险。物业服务企业应重视企业的宣传,建立舆论宣传的平台,树立企业良好的形象。要与政府、行业协会、业主委员会和新闻媒体等相关部门建立良好的沟通与协调机制。在风险与危机发生后,应当从容应对,及时妥善处理,做好相关协调工作,争取舆论支持,最大限度地降低企业的经济和名誉损失。

(5)适当引入市场化的风险分担机制。市场化的风险分担有多种形式,例如,为其接管物业的共用设备设施购买保险,若发生楼宇外墙墙皮脱落伤及行人或砸坏车辆等意外事件,由保险公司承担相应的赔偿责任。

1.2.2 物业风险管理

物业服务企业要做好物业风险管理工作,就必须要重视研究风险发生的规律,加强控制和防范风险的能力。通常,物业服务企业可以通过以下几个方面做好物业的风险管理。

(1)构建合理的组织机构和管控体系。物业服务企业可以按照物业规模大小和盈利能力的多少等情况,合理设置组织机构。管控体系要符合现代企业的要求,其中必须在企业内部设立专职的风险管理职能部门或确定相关职能部门为风险管理职能部门。明确责任体系,做好职责分工。

(2)营造良好的全面风险管理内部环境。全面风险管理的内部环境是指企业风险管理赖以有效开展的各种内部条件的总和。它以隐性和显性的方式,影响和决定企业风险管理的有效性。

(3)设定风险管理目标。物业服务企业在设定全面风险管理的目标时,一要将风险控制在与总体目标相适应并可承受的范围内;二要确保企业内、外部能有真实、可靠的信息沟通渠道;三要遵守法律法规；四要通过企业制度来降低实现经营目标的不确定性；五要建立重大风险危机处理预案。

(4) 风险识别。风险识别是对企业风险进行识别、甄别和汇总的一项活动。其是风险评估、风险应对、风险控制的基础。风险识别的范围既可是整个企业，也可是企业的某个或者某些机构，包括企业的职能部门、业务单位、管理层等，甚至可以是企业的某个或者某些岗位，如会计岗位等。

风险清单是风险识别的最终成果，一般包括风险主题、对风险成因及影响的简述、风险所在的机构及岗位等栏目。编列风险清单时，一般还要按照风险发生可能性的大小和风险发生后影响程度的大小，对风险进行排序。

(5) 风险评估。风险评估是指对风险发生的可能性和风险发生后的影响所进行的评价、估计与衡量。由于内部条件、外部环境都处在不断的变化之中，因此企业风险也处在不断的变化之中。所以，风险评估不是一项一次性的工作，而应定期或不定期地进行。

(6) 风险应对策略。风险应对是指具体管理风险的对策和策略。它与风险识别、风险控制一起，共同构成风险管理的基本流程。风险应对包括以下几种类型。

1) 风险回避策略。任何物业服务企业对待风险的策略，首先考虑到的是避免风险。凡是风险所造成的损失不能由该项目可能获得的利润予以抵消的，企业采取回避、退出、不参与、不介入的对策，避免风险是最可行的简单方法。例如，不进行某项投资，就可以避免该项投资所带来的风险；又如，目前不少企业经过评估，退出一些涉及过多精力、影响品牌、经济效益不好的老旧社区物业管理。但避免风险的方法具有很大的局限性，一是只有在风险可以避免的情况下，避免风险才有效；二是有些风险无法避免；三是有些风险可以避免，但是成本过大；四是企业消极地避免风险会使企业安于现状，不求进取。

2) 风险控制策略。物业服务企业在风险不能避免或在从事某项经济活动势必面临某些风险时，首先想到的是如何控制和减少风险的发生以及如何减少风险发生后所造成的损失，即控制风险。控制风险主要包括两层含义：一是控制风险因素，减少风险的发生；二是控制风险发生的频率和降低风险损害程度。要控制风险发生的频率就要进行准确的预测，要降低风险损害程度就要果断地采取有效措施。例如，企业管理决策是有一项风险的活动，对此，企业显然不能回避，只能通过建立决策程序、决策制度来降低决策的风险水平。控制风险要受到各种条件的限制，人类的知识及技术虽然已高度发展，但是依然存在诸多困难无法突破，因此，无法达到完全控制风险和充分减少损失的目的。

3) 风险分散策略。分散风险，主要是指物业服务企业采取多角经营、多方投资、多方筹资、外汇资产多元化、吸引多方供应商、争取多方客户以分解风险的方式。如在物业管理中，对于业主有要求的物业本体实施第三方责任险，如电梯乘客险；为内部员工(水电维修工、保安等)投保"意外伤害险""医疗险"等。保险的目的是分散风险，减轻经济负担，从而达到降低本企业风险水平的目的。

4) 风险承受策略。物业服务企业在既不能避免风险，又不能完全控制风险或分散风险时，只能自己承担风险所造成的损失。物业服务企业承担风险的方式可以分为无计划的单纯自留或有计划的自己保险。无计划的单纯自留主要是指对未能预测到的风险所造成损失的承担方式；有计划的自己保险是指已预测到的风险所造成损失的承担方式，如提取坏账准备金等形式。有的物业服务企业为了在区域拓展过程中，抢占某机构大宗物业并建立战略合作关系，会接受其单一项目亏损风险。

5) 风险转移策略。物业服务企业为了避免自己在承担风险后对其经济活动的妨害和不利，可以对风险采用各种不同的转移方式，如进行保险或非保险形式转移。现代保险制度是转移风险的最理想方式。如单位进行财产、医疗等方面保险，把风险损失转移给保险公司。另外，物业服务企业还可以通过合同条款规定，把部分风险转移给对方，最典型的就是把不具有优势的项目分包出去，如把公共秩序维护业务分包给保安公司，把清洁业务分包给专业的清洁公司等。

(7) 信息沟通。信息沟通对企业来说是很重要的，不仅要做好企业的沟通，还要加强企业内部领导层、各职能部门以及上下级等之间的良性沟通渠道。没有信息沟通，就不能有效地进行企业全面风险管理。

(8) 持续监控。持续监控的内容是监督检查企业全面风险管理所提要求的落实情况。监控的主要任务有两项：一是找缺陷，即寻找企业全面风险管理中的问题、不足及其原因；二是找变化，即看企业全面风险管理是否随着企业内部条件和外部环境的变化而做出相应的变化。另外，通过监控，还可总结推广企业全面风险管理的成绩和经验。

复习思考题

1. 物业管理风险应对策略的内容有哪些？
2. 日常物业管理中的风险主要包括哪些方面？
3. 前期物业管理风险包括哪些内容？
4. 在制定物业管理风险防范措施时应把握的主要内容是什么？

技能拓展

1. 某物业服务企业准备向保险公司投保员工诚实保险，采用职位承保的方式，以财务人员王某作为被保证人，并商定保险金额为 30 万元。你认为该物业服务企业所购买的这项保险有必要吗？为什么？

2. 小王是物业服务企业服务中心新来的员工，她不知道平时的工作都会涉及哪些人或单位，更不知道要如何处理这些人或单位的关系，你能告诉她吗？

3. 假设你是物业服务企业的经理，你知道物业管理其实面临很多的风险。目前，你所在的小区正好是处于前期物业管理阶段，你能根据前期物业管理的风险制定相应的应对措施吗？

4. 在日常的物业管理中，会经常发生一些不确定风险，如物业服务企业职工施工过程中不幸坠落受伤、吊灯或广告牌掉落、电梯故障或者发生火灾、爆炸事故等。请问物业服务企业要如何减少因这些不确定风险带来的损失呢？

任务 2　紧急事件的处理

知识目标

1. 了解紧急事件的概念及性质。
2. 掌握紧急事件处理要求和过程。
3. 熟悉典型紧急事件的处理。
4. 熟悉紧急事件处理与危机公关的策略。

技能目标

1. 通过本任务学习,能够认识各类紧急事件及处理方法,能够帮助学生提高在日后物业管理工作中遇到各类紧急事件后的应变能力和提升紧急事件处理能力。
2. 能够沉着应对紧急事件引发的公关危机,掌握一定的处理公关危机的方法或策略。

任务导入

谢先生是某花园小区的业主,谢先生在买房时就和该小区物业服务企业签订了《车位租赁合同》,而《车库管理制度》作为上述合同的组成部分与上述合同具有同等的法律效力。合同签订后,谢先生交纳了租金 8 000 元。2018 年 7 月 28 日,下起了大暴雨,小区车库被淹,于是,物业服务企业组织工作人员 50 多人到车库入口处筑坝拦水,并没有通知业主挪车,大部分车主得知车库淹水后,都自行迅速地将车辆移出车库。车库进水 48 小时后,物业服务企业才将谢先生的车从车库中拖出,车辆受损严重。

谢先生认为,首先,物业服务企业明明可以在大暴雨刚开始下时,就迅速判断其将给车库造成的影响,执行应急预案,但是物业服务企业却没有;其次,物业服务企业未能在第一时间通知其将车辆开出车库进行避险,当其从邻居口中得知车库被淹已过去 1 个小时,水深已经 1 米左右,他已无法进入车库取车,致使车辆长时间泡水,给自己造成了巨大的经济损失;第三,自己和物业服务企业签订了《车位租赁合同》及相关文件和法律规定,物业服务企业有保证租赁物符合法律规定的车库用途义务,同时对车库内存放的车辆有保管义务;由于物业服务企业未履行相关义务,给自己造成重大经济损失。要求物业服务企业赔偿车身损失 98 万元。

而物业服务企业则认为,天降暴雨致使车库被淹,是不可抗力,2018 年 7 月 28 日当天气象信息为阵雨,雨量不大,因此当天的大暴雨是突发性的、灾害性的,物业服务企业无法预测,且还组织 50 余人全力抢险,已尽到积极的管理义务,此事属于不可抗力,物业服务企业不应承担损失。(案例来源:钟兰安,陈书海. 物业纠纷处理图解锦囊[M]. 北京:法律出版社,2017. 案例有删改)

任务布置

1. 物业服务企业是否要承担谢先生车辆损失责任？为什么？
2. 什么是不可抗力？本例中物业服务企业是否尽到了合理的注意义务和充分的防御职责？
3. 上述案例中，物业服务企业在处理紧急事件的过程中是否有过错？为什么？

任务要求

1. 提前预习紧急事件相关知识，会初步识别和判断紧急事件，并知晓常见紧急事件的处理程序。
2. 查找资料，学习《中华人民共和国合同法》第一百零七条和第一百一十七条的规定；《物业管理条例》第三十五条关于物业服务企业提供约定服务的义务和不履行合同约定时的责任的规定。
3. 分组讨论并形成案例分析报告。

知识准备

2.1 紧急事件

2.1.1 紧急事件的概念

紧急事件，是指物业管理服务活动过程中突然发生的，可能对服务对象、物业服务企业和公众产生危害，需要立即处理的事件。

2.1.2 紧急事件的性质

(1)紧急事件的偶然性。紧急事件能否发生、何时何地发生、以什么方式发生，发生的程度如何，均是难以预料的，具有极大的偶然性和随机性。

(2)紧急事件的复杂性。紧急事件的复杂性不仅表现在事件发生的原因相当复杂，还表现在事件发展变化也是相当复杂的。

(3)紧急事件的损害性。无论什么性质和规模的紧急事件，都会不同程度地给社区、企业和业主造成经济上的损失或精神上的伤害，危及正常的工作和生活秩序，甚至威胁人的生命与社会的和谐。

(4)紧急事件的可控性。随着现代科技的发展和人类文明程度的提高，人们对各种紧急事件的控制和利用能力也在不断提高，因此，面对突如其来的、不可预见的紧急关头或困境，必须立即采取行动以避免造成灾难和扩大损失。任何紧急事件都有潜伏、爆发、高潮、缓解和消退的过程，抓住时机就可能有效地减少损失。面临紧急情况要及时发现、及时报告、及时响应、及时控制和及时处置。

2.2 紧急事件的处理

2.2.1 紧急事件的处理要求

(1)控制事态,降低损失。在发生紧急事件时,企业应尽可能努力控制事态的恶化和蔓延,把因事件造成的损失减少到最低限度,在最短的时间内恢复正常;同时,要求在处理紧急事件时应以不造成新的损失为前提,不能因急于处理,而不顾后果,造成更大损失。

(2)积极应对,及时处理。在发生紧急事件时,管理人员不能以消极、推脱甚至是回避的态度来对待,应主动出击,直面矛盾,及时处理。

(3)迅速启动应急预案,视情况调整预案。随着事件的不断发展、变化,对原有的预防措施或应对方案要能灵活运用,要能随各种环境与条件的变化而有针对性地提出有效的处理措施和方法。

(4)统一指挥,服从领导。在紧急事件发生后,应由一名管理人员做好统一的现场指挥并安排调度,以免出现"多头领导",造成混乱。

2.2.2 紧急事件的处理过程

通常,物业服务企业为了更好地应对紧急事件,一般将紧急事件的处理过程分为事先准备、事中控制和事后处理三个阶段。

(1)事先准备。

1)成立紧急事件处理小组。紧急事件处理小组应由企业的高层决策者、公关部门、质量管理部门、技术部门领导及法律顾问等共同参加。

2)制订紧急事件备选方案。紧急事件处理工作小组必须细致地考虑各种可能发生的紧急情况,制订相应的行动计划,一旦出现紧急情况,小组就可按照应急计划立刻投入行动。对物业管理常见的紧急事件,不仅要准备预案,而且针对同一种类型的事件要制订两个以上的预选方案。

3)制订紧急事件沟通计划。紧急事件控制的一个重要工作是沟通,包括企业内部沟通和与外部沟通两个方面。

(2)事中控制。在发生紧急事件时,首先必须确认危机的类型和性质,立即启动相应行动计划;负责人应迅速赶到现场协调指挥;应调动各方面的资源化解事件可能造成的恶果;对涉及公众的紧急事件,应指定专人向外界发布信息,避免受到干扰,影响紧急事件的正常处理。

(3)事后处理。对于紧急事件的善后处理,一方面,要考虑如何弥补损失和消除事件后遗症;另一方面,要总结紧急事件处理过程,评估应急方案的有效性,改进组织、制度和流程,提高企业应对紧急事件的能力。

2.2.3 典型紧急事件的处理

在物业管理服务过程中经常会面临的紧急事件有火警、气体燃料泄漏、电梯故障、噪声侵扰、电力故障、浸水漏水、高空坠物、交通意外、刑事案件和台风侵袭等。

(1)火警。

视频:典型紧急事件的处理

1)了解和确认起火位置、范围和程度。
2)向公安消防机关报警。
3)清理通道,准备迎接消防车入场。
4)立即组织现场人员疏散。在不危及人身安全的情况下抢救物资。
5)组织义务消防队。在保证安全的前提下接近火场,用适当的消防器材控制火势。
6)及时封锁现场,直到有关方面到达为止。
(2)燃气泄漏。
1)当发生易燃气体泄漏时,应立即通知燃气公司。
2)在抵达现场后,要谨慎行事,不可使用任何电器(包括门铃、电话、风扇等)和敲击金属,避免产生火花。
3)立即打开所有门窗,关闭燃气闸门。
4)情况严重时,应及时疏散人员。
5)如发现有受伤或不适者,应立即通知医疗急救单位。
6)燃气公司人员到达现场后,应协助其彻底检查,消除隐患。
(3)电梯故障。
1)当乘客被困电梯时,消防监控室应仔细观察电梯内情况,通过对讲系统询问被困乘客并予以安慰。
2)立即通知电梯专业人员到达现场救助被困乘客。
3)被困者内如有小孩、老人、孕妇或人多供氧不足的需特别留意,必要时请消防人员协助。
4)督促电梯维保单位全面检查,消除隐患。
5)将此次电梯事故详细记录备案。
(4)噪声侵扰。
1)接到噪声侵扰的投诉或信息后,应立即派人前往现场查看。
2)必要时通过技术手段或设备,确定噪声是否超标。
3)判断噪声的来源,针对不同噪声,采取对应的解决措施。
4)做好与受噪声影响业主的沟通和解释。
(5)电力故障。
1)若供电部门预先通知大厦/小区暂时停电,应立即将详细情况和有关文件信息通过广播、张贴通知等方式传递给业主,并安排相应的电工人员值班。
2)若属于因供电线路故障,大厦/小区紧急停电,有关人员应立即赶到现场,查明确认故障源,立即组织抢修;有备用供电线路或自备发电设备的,应立即切换供电线路。
3)当发生故障停电时,应立即派人检查确认电梯内是否有人,做好应急处理;同时立即通知住户,加强消防和安全防范管理措施,确保不至于因停电而发生异常情况。
4)在恢复供电后,应检查大厦内所有电梯、消防系统、安防系统的运作情况。
(6)浸水、漏水。

1）检查漏水的准确位置及所属水质（自来水、污水、中水等），设法制止漏水（如关闭水阀）。
2）若漏水可能影响变压器、配电室和电梯等，通知相关部门采取紧急措施。
3）利用现有设备工具，排除积水，清理现场。
4）对现场拍照，作为存档及申报保险理赔证明。

（7）高空抛物。
1）在发生高空抛物后，有关管理人员要立即赶到现场，确定坠物造成的危害情况。如有伤者，要立即送往医院或拨打急救电话；如造成财物损坏，要保护现场、拍照取证并通知相关人员。
2）尽快确定坠落物来源。
3）确定坠落物来源后，及时协调受损/受害人员与责任人协商处理。
4）事后应检查和确保在恰当位置张贴"请勿高空抛物"的标识，并通过多种宣传方式，使业主自觉遵守社会公德。

（8）交通意外。
1）在管理区域内发生交通意外事故，安全主管应迅速到场处理。
2）有人员受伤应立即送往医院，或拨打急救电话。
3）如有需要，应对现场进行拍照，保留相关记录。
4）应安排专门人员疏导交通，尽可能使事故不影响其他车辆的正常行驶。
5）应协助有关部门尽快予以处理。
6）事后应对管理区域内交通路面情况进行检查，完善相关交通标识、减速坡、隔离墩等的设置。

（9）刑事案件。
1）物业服务企业或控制中心接到案件通知后，应立即派有关人员到现场。
2）如证实发生犯罪案件，要立即拨打110报警，并留守人员控制现场，直到警方人员到达。
3）禁止任何人在警方人员到达前触动现场任何物品。
4）若有需要，关闭出入口，劝阻住户及访客暂停出入，防止疑犯乘机逃跑。
5）积极协助警方维护现场秩序和调查取证等工作。

（10）台风侵袭。
1）在公告栏张贴台风警报。
2）检查和提醒业主注意关闭门窗。
3）检查天台和外墙广告设施等，防止坠落伤人，避免损失。
4）检查排水管道是否通畅，以防止淤塞。
5）物业区域内如有维修棚架、设施等，应通知施工方采取必要防护和加固措施。
6）有关人员值班待命，并做好应对准备。
7）台风过后要及时检查和清点损失情况，采取相应措施进行修复。

2.2.4 物业管理紧急事件处理与危机公关

（1）建立科学的反应系统和应急处理预案。物业服务企业应针对其在经营管理过程中可能遇到的各种风险,树立高度的警觉意识,建立起科学的反应系统和紧急情况处理预案程序,充分发挥协调的功能,当面对紧急事件等公共危机时,物业服务企业应临危不乱、快速反应、尽快分析危机产生的原因及产生的影响并逐一做出应对措施,并按照处理突发危机的步骤有序进行处理。

(2)处理突发危机要注意与相关方的有效沟通。在处理危机的过程中,要加强与社会公众的沟通。一般来说,沟通与交流的对象主要分为与直接利益受害人和媒体、其他业主、政府官员、员工。最重要的是与直接利益受害人和媒体的沟通。要在第一时间内把所发生事件的本来面目真实、准确、全面地反映出来。

1)与直接利益受害者的沟通。由于突发危机直接受害人是危机事件的直接接触者,其经济上或精神上受到了威胁与损失,在心理上很容易发生不平衡,所以在突发危机期间与之后需要倾听受害者的意见,把握受害人的情绪,耐心向受害人解释,让受害人理解物业服务企业已在全心全意为业主服务。无论是他们需要帮助时,还是危机事后,都应当选择适当时机,及时沟通,往往能取得意想不到的效果。

2)与媒体、其他业主、政府官员做好沟通交流。由于突发危机阶段信息处于不全,阻塞甚至于中断的状态,所以需及时将事情的原委及各项善后措施,以书面及最诚恳的态度召开记者招待会,以最诚意的态度公开事实的真相,以最真诚的态度坦承错误,公开表达歉意,并表明承担相应的责任,由发言人主动迅速而正确地传送给外界,以取得受害人的信赖与舆论界的支持;同时,也为了避免因不实新闻而产生的纷扰现象,从而造成危机事件信息的夸张、偏差传送,影响企业的形象与声誉。

而对于非直接受害人的业主,也应及时做好解释、说明、安抚工作。因为他们与直接受害人同处于一个小区,同被一家物业服务企业服务,在感情上有天然的联系。如果不能做好沟通交流工作,势必让他们在心理上存在阴影,影响对物业管理与服务的正确评价。

在重大事故发生时,按照有关规定与要求,必须逐级上报给有关政府部门,政府官员也会介入处理。让官员了解事故真相,有助于其协调各方面关系,对妥善处理事故的后续工作有很大的帮助。

(3)着重与新闻媒体的关系,适当进行危机公关管理。企业应对危机的能力集中反映了企业的公共关系管理水平,同时,也反映了企业员工的专业素质。从企业公共关系管理角度出发,成熟的物业服务企业应致力于建立一套健全的危机处理系统,力求将危机消除在萌芽阶段,或者在危机出现时将危害降低到最小。一个企业的危机公关意识有多强,企业的抗风险能力就有多强。物业服务企业面对错综复杂的关系,在危机公关处理时,应该从以下几个方面与新闻媒体进行有效沟通。

1)制定沟通政策。与新闻媒体沟通之前须有周详的沟通政策,要预先拟定应对各种公众关心的问题策略。沟通政策最关键的内容是指定新闻发言人,统一对外表态,切忌对外发布相互矛盾的消息,那样会让外界质疑信息的可靠性,并引起公众不必要的猜疑,增加危机处理的难度。

2)妥善回答。在采访中妥善应答是与媒体沟通的关键所在。回答问题应简洁而直截了当,不要重复采访者在采访过程中表达的不适宜的语句,应尽量引用真凭实据来加强说服力,要设法把采访问题的回答引向有利于企业的事实,还应注意不要把采访者提出的未经本方查证的数字或事实当作讨论的依据等。

3)不分大小同等对待各媒体。互联网打破了大报以及其他传统新闻媒体的霸主地位,有些很致命的新闻首先是从地方小报记者那里发出来的,经过网络的迅速传播,成为大报或央视、新华社等媒体深入报道的素材。

4)与新闻记者建立良好关系。发生突发危机时,物业服务企业必须面对媒体记者,他们对特定事件的判断,足以左右大众对该事件、企业、组织的看法。要在尽可能的条件下,满足记者的采访需求,为他们的采访创造有利条件。在没有发生危机时的日常工作中,也应经常与媒体及相关记者保持良好的沟通关系,这种关系在危机发生后有利于媒体全面和正确地传达信息。

5)避免电话采访。如果有电话采访,要求当场回答哪怕只是"三分钟两个问题",也不要回答。声音的感染力不如面对面地加上表情和手势,所以要与记者面谈。通常可以通过再约时间或接受电子邮件采访等拒绝电话采访。如果确需电话采访,在不得已的情况下同意的,需请记者先把问题提交过来,再约好时间请电视台打电话过来。总之,面对突袭采访等,都不应当场回应。

阅读资料

复习思考题

1. 紧急事件处理的步骤有哪些?
2. 紧急事件的概念是什么?
3. 处理紧急事件的要求是什么?
4. 发生火警的主要应对措施有哪些?

技能拓展

1. 某日上午9:30左右,其物业服务企业控制中心收到报警,发现C座六楼厨房附近窗户有浓烟冒出。如果你是该物业服务企业控制中心的工作人员,接到报警后应该怎样处理?

2. 某小区一业主反映每天晚上后半夜在家里听到"嗡嗡"的声音,影响入睡,于是向物业服务企业反映,希望得到及时处理。接到业主反映后,物业服务企业要做些什么呢?

3. 假设你是A物业服务企业B小区物业管理项目经理,前几日,接到当地电视台的电话,称群众举报B小区保安殴打业主致死一事被采取非常手段隐瞒起来了,并未给小区业主一个合理的解释。为给小区业主和公众一个解释,电视台决定对小区这一事件进行调查采访,希望你能配合记者进行电话采访,请问你该如何应对电视台的电话采访要求?

任务3　业主投诉处理

知识目标

1. 了解投诉的含义、内容和方式。
2. 掌握物业管理投诉的分类。
3. 熟悉物业管理投诉处理的程序和原则。
4. 掌握物业管理投诉处理的方法。
5. 熟知减少物业管理投诉的策略。
6. 正确理解物业管理投诉的意义。

技能目标

1. 通过对本任务的学习，能够正确看待和理解业主投诉。
2. 能够灵活应对和处理不同类型的投诉，采取不同的策略。
3. 通过对业主投诉的处理，能够搭建起物业服务企业与业主之间的良性沟通桥梁，有助于物业服务企业与业主关系的改善和社区的和谐建设。

任务导入

　　几年前，刘某在某小区购买了一套临街的位于二层的商品住宅，并兴高采烈地搬进了新居。乔迁后，本想好好享受一下新居的惬意生活，不料好日子没过多长时间，就大失所望了。楼下的业主王某于2016年年底在一层和地下室搞起了餐饮，但红红火火的生意却给刘某一家带来了挥之不去的烦恼。

　　王某开始做的是小生意，开了一家馄饨铺，每天早晚用餐高峰时段，楼下的叫卖声不绝于耳，吵得刘某及其家人心烦意乱。更难以忍受的是，店铺的废水和废料被随意倾倒在地面上，时间一长，气味难闻，令人作呕，以致刘某一家终日不敢开窗。刘某在这期间多次到物业服务中心投诉，请求物业服务中心出面制止王某的行为，但物业服务中心一直推三拖四、支支吾吾。

　　2017年6月，馄饨铺扩建成饺子城，2017年年底又改建为饭店。王某的生意越做越大，刘某的烦恼也越来越多。窗外整天车水马龙，喧嚣声从中午绵延到深夜，刘某及其家人终日不得安宁，无法安心学习和正常休息。有时酗酒的食客在楼下斗殴，更让他们心惊肉跳。刘某及其家人一直没有中断到物业服务中心投诉，然而得到的答复仍旧不是"自己管不了"，就是"请去政府找"。最后，实在忍无可忍的刘某不得不将物业服务企业告上了法庭。

任务布置

1. 该物业服务企业面对业主刘某的投诉所采取的态度存在什么问题？
2. 你认为该物业服务企业应该在哪些方面进行反思？

任务要求

1. 预习业主投诉处理相关知识，正确理解投诉处理的重要意义。
2. 分组讨论并形成案例分析报告。

知识准备

处理物业管理投诉是一项集心理学和公关技巧于一体并体现物业管理人员道德修养、业务水平、工作能力等综合素质，给投诉者所提问题予以妥善解决或圆满解答的工作。处理物业管理投诉的原则是依法办事，宗旨是服务业主或物业使用人，目标是杜绝有效投诉，从而提高物业服务企业的社会形象和社会影响力。

视频：客户投诉需求、心理及投诉的重要性

3.1 物业管理投诉概述

3.1.1 投诉的含义

业主或物业使用人因对物业服务企业的管理服务、对开发商的建筑质量或配套设施、对其他业主或物业使用人的违规行为和侵犯自身利益的行为、对其他相关的社会组织机构的侵权行为提出异议或不满以及对上述各方（以下称为物业管理相关各方）提出新的需求建议，并将这些异议或不满、新的需求建议通过各种方式向企业内部或外部有关部门反映情况的行为称为投诉。

3.1.2 投诉的内容和方式

（1）投诉的内容。在物业管理与服务运行的过程中，引起物业管理投诉的原因很多，但概括起来主要有物业管理服务、物业服务收费、社区文化活动组织、突发事件处理和毗邻关系处理等。

（2）投诉的方式。投诉的方式通常有：电话、个人亲临、委托他人、信函邮寄、投送意见信箱以及其他方式，如通过保安、清洁等物业操作人传言投诉、传真投诉和网上投诉等。

3.1.3 投诉的分类

投诉的情况是非常复杂的，业主的投诉也未必全部都有根据和理由，但是，通过预料的问题，确定合适的答复方式，可以更有效地处理业主的投诉。投诉的问题大致有以下几大类。

（1）对设备设施方面的投诉。业主（或物业使用人）使用物业、支付物业服务费，总是希望物业能处于最佳使用状态并感觉方便舒心，但物业在设计开发时，可能未考虑到或完全按照业主

(或物业使用人)的需要来设计,设备的选型和施工质量也存在各种问题,因此造成种种不便。

1)业主(或物业使用人)对设备设施设计不合理或遗漏及质量感到不满。如电梯厅狭窄,楼梯太陡,没有门厅,房屋漏水,墙体裂损,地板起鼓等。

2)业主(或物业使用人)对设备运行质量不满意。如电梯经常停电和停梯维修还有供电供水设备经常出现故障等。产生投诉的原因主要基于业主(或物业使用人)所"购买"使用的物业与业主(或物业使用人)期望有差距。

视频:物业管理投诉分类

(2)对物业管理服务方面的投诉。通常,业主(或物业使用人)对物业质量的感觉主要来自以下七个方面:

1)安全:业主(或物业使用人)的财产和人身安全是否能得到切实保障;
2)一致:物业服务是否规范化和标准化并具有可靠性;
3)态度:物业管理工作人员礼仪礼貌端庄得体,讲话态度热情和蔼等;
4)完整:物业服务项目完善齐全,能满足不同层次业主(或物业使用人)的需要;
5)环境:办公和居住环境安静,人文气氛文明和谐等;
6)方便:服务时间和服务地点方便,有便利的配套服务项目,如停车场、会所、非机动车车棚、邮局、幼儿园等;
7)时间:服务时间和服务时效及时快捷等。

当业主(或物业使用人)对这些服务质量基本要素的评估低于其期望值时,就会因不满而投诉。业主(或物业使用人)对服务质量的期望值来源于业主(或物业使用人)日常得到正常服务的感觉和物业服务企业的服务承诺。

当物业服务企业对某项服务"失常"时,如工作人员态度恶劣、日常运作出现小故障、信报未及时送达,维修人员未能尽快完成作业等,业主(或物业使用人)容易以投诉来倾诉自己的不满;当物业服务企业的服务承诺过高时,业主也易因期望值落差而投诉。

(3)对收费方面的投诉。在物业管理实践中,这主要是指各种分摊费和特约维修费。如水、电、清洁、绿化、公共设备抢修等分摊费用及换灯、换锁、换门等特约维修费用。

物业管理的服务是某种意义上的商品。业主(或物业使用人)总是希望以最少的价值购买到最多最好的服务,而物业服务企业则希望服务成本最小化,这一矛盾集中反映在缴纳各类费用这一敏感问题上,特别是小区居民虽然入住"商品房",但认识还停留在"福利房"阶段,对缴纳管理费和支付维修费总是处于能拖则拖的不情愿状态,即使很不情愿地缴纳了费用,也动辄因一点小事而投诉。

(4)对突发事件方面的投诉。因停电、停水、电梯困人、溢水及室内被盗、车辆丢失等突然事故而造成偶然性投诉。

这类问题虽有其"偶然性"和"突发性",但因事件本身很重大,对业主(或物业使用人)的日常工作和生活带来较大麻烦而引发强烈投诉。

3.2 物业管理投诉处理

3.2.1 物业管理投诉处理的要求

物业管理工作人员在受理业主投诉时，除要严格遵守服务规范外，还有以下要求：

(1)对投诉要"谁受理、谁跟进、谁回复"；

(2)尽快处理，暂时无法解决的，除必须向业主说明外，还要约时间处理，时时跟进；

(3)接受和处理业主投诉要做详细记录，并及时总结经验；

(4)接受与处理业主的投诉，要尽可能满足业主(或物业使用人)的合理要求。

视频：物业管理投诉处理技巧

视频：客户服务礼仪及接待流程

3.2.2 物业管理投诉处理的程序

物业管理投诉处理流程如图 5-1 所示。

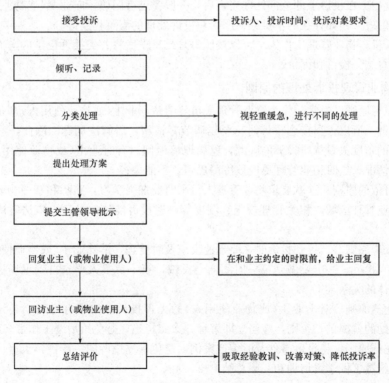

图 5-1 物业管理投诉处理流程

(1)记录投诉内容。在接受投诉时,应将投诉的内容详细记录,包括时间,地点,投诉人姓名、联系电话、居住地,被投诉人及部门,投诉内容,业主的要求和接待人或处理人等。

(2)判定投诉性质。首先应确定投诉的类别,然后判定投诉是否合理。如投诉属于不合理的情况,应该迅速答复业主,婉转说明理由或情况,真诚求得业主谅解。

(3)调查分析投诉原因。通过各种渠道与方法调查该项投诉的具体原因并及时进行现场分析,弄清投诉问题的症结所在。

(4)确定处理责任人。依据调查与分析后所获得的信息,确定该项投诉由谁(责任任人或责任单位/部门)负责专项落实与处理。

(5)提出解决投诉的方案。由处理投诉事件的专项负责人或部门/单位根据业主(或物业使用人)投诉的要求,提出解决投诉的具体方案。

(6)回复业主(或物业使用人)。运用信息载体如信函、电话、传真、电子邮件以及走访等方式及时和业主取得联系,将投诉处理情况告知业主(或物业使用人),经业主认可后立即按照方案付诸实施。

(7)回访业主。在投诉事件全部处理完毕后,一般要进行回访,向业主(或物业使用人)征询投诉事件处理的效果,如存在的不足或遗漏,对投诉处理的满意程度等。

(8)总结评价。物业管理工作人员可以按照每月或每季度将各类投诉记录的文件进行归类存档,同时进行总结、检讨和评价。

3.2.3 物业管理投诉处理的原则

(1)换位思考原则。通常,作为物业管理人员要清楚,业主(或物业使用人)都是因为有异议或不满才来投诉,所以,当接到投诉时,要先调节好情绪,后解决问题。因此,只要进行换位思考,从对方的角度去看待所投诉的问题,就会理解他们。有时业主(或物业使用人)往往会出现情绪失控的情况,这时物业管理更应该冷静思考,不能失控。

(2)有法可依的原则。这就要求物业管理人员平时要加强学习,熟悉和掌握物业管理相关的法律法规、物业管理区域内相关管理规定、制度等,遇投诉能依法处理,依法解决,让业主心服口服。

(3)快速反应原则。当接到投诉时,要迅速反应及时受理,消除业主(或物业使用人)的不满情绪。面对重大投诉,一定要做到第一时间向上反映,第一负责人要亲自到现场进行处理,还要把握好与媒体的关系。

(4)适度拒绝原则。对于业主(或物业使用人)的无理投诉,如果有时间、资源允许的情况下,能提供帮助的就提供,否则,应当立即解释并大胆拒绝,避免给后续工作带来麻烦。

(5)及时总结原则。将投诉事件及时编成案例,避免重复投诉同一事件,也可以将其列入岗位培训教材,给员工做学习培训和经验总结。

3.2.4 物业管理投诉处理的方法

处理投诉时,应本着"细心细致、公平公正、实事求是、依法合理"的原则,以国家的法律、地方法规、行业规定及管理规约、业主(或物业使用人)手册为依据,实事求是地设法解决问题,消除业主(或物业使用人)的不满。

通常,处理业主(或物业使用人)投诉可以采取以下几种方法。

(1)耐心听取或记录投诉,不当面解释或反驳业主(或物业使用人)的意见。业主(或物业使用人)前来投诉,是对物业服务企业某些方面的服务或管理有了不满或意见,心里有怨气。此时,若一味解释或反驳业主(或物业使用人)的投诉,业主(或物业使用人)会认为物业服务企业不尊重其意见而加剧对立情绪甚至产生冲突,因此,物业服务企业要耐心听业主(或物业使用人)"诉苦"并进行记录,使业主(或物业使用人)感觉到物业服务企业虚心诚恳的态度,随着诉说的结束其怨气也会逐渐消除。

(2)对业主(或物业使用人)的遭遇或不幸表示歉意或同情,让业主(或物业使用人)心理得以平衡。业主(或物业使用人)投诉的问题无论大小轻重,都要认真对待,要采取"移情换位"的思维方式,转换角色,设身处地站在业主(或物业使用人)的立场上,感受业主(或物业使用人)所遭遇到的麻烦和不幸,安慰业主(或物业使用人),拉近与业主(或物业使用人)的心理距离,并表示要立即改正已过,一般会让业主(或物业使用人)感到满意的。

(3)对业主(或物业使用人)的投诉要求提出处理意见,满足业主(或物业使用人)的部分合理要求。很少有业主(或物业使用人)向物业服务企业投诉是为表示"彻底决裂"的,大多数业主(或物业使用人)只是想用投诉来向物业服务企业"谈判",使物业服务企业重视其投诉,并能解决其问题。

物业服务企业要站在"公平、公正、合理、互谅"的立场上向业主(或物业使用人)提出处理意见,同时,协调解决好业主(或物业使用人)遇到的困难和问题,满足业主的(或物业使用人)部分合理要求。

(4)感谢业主(或物业使用人)提出的意见和建议,作为改进工作和完善工作的依据。投诉是业主(或物业使用人)与物业服务企业矛盾的最大屏障。业主(或物业使用人)能向物业服务企业进行投诉,表明业主(或物业使用人)对物业服务企业还持信任态度。物业服务企业要有"闻过则喜"的度量,对业主(或物业使用人)的信任表示感谢,并把业主(或物业使用人)的投诉加以整理分类,作为改进管理和服务工作的参考,还可以从另外一个角度检讨和反思物业服务企业的各项工作,完善和改进管理及服务工作。

(5)督促相关部门立即处理投诉内容。对投诉处理的实际效果,直接关联到物业服务企业的声誉及整体管理水平。投诉处理的关键是尽快分析投诉内容,查清原因,督促有关部门限时进行处理,达到预计结果,并使业主(或物业使用人)满意;要确保不再发生同样问题,坚决杜绝"二次投诉"的发生。

(6)把投诉处理结果尽快以电话或信函形式反馈给业主(或物业使用人)。尽快处理投诉,并给业主(或物业使用人)以实质性答复,这是物业管理投诉工作中的重要一环。业主(或物业使用人)口头投诉可以电话回复,回复时间一般不应超过一个工作日;业主(或物业使用人)来函投诉则应回函答复,回函时间一般应不超过三个工作日。

回复业主(或物业使用人)可以向业主(或物业使用人)表明其投诉已得到重视，并已妥善处理，同时及时的函复可显示物业服务企业的工作时效。

3.3 减少物业管理投诉的策略

3.3.1 完善物业管理制度

不断建立和完善各项管理和服务制度，并严格按工作规程和规范开展工作是减少投诉的关键。完善的管理制度和严格的工作流程为服务和管理提供了量化标准，既有利于物业服务企业提高管理水平，完善各项服务；也有利于业主(或物业使用人)以客观的标准来评价和监督物业服务企业的工作。

3.3.2 保持与业主(或物业使用人)的沟通与联系

经常保持与业主(或物业使用人)的联系与沟通，经常把有关的规定和要求通过各种渠道传达给业主(或物业使用人)，使业主或业主(或物业使用人)理解、支持和配合，这是减少投诉的重要条件。

物业管理属于感情密集型服务行业，业主(或物业使用人)在物业中停留时间较长，与物业服务企业合作时间也较长，因此与业主的感情交流尤为重要。

物业服务企业应积极通过联谊等形式，开展社区文化建设，促进与业主的交流，可以消除与业主之间的感情隔阂，使业主(或物业使用人)对物业服务企业产生一定的信任度。

3.3.3 加强培训，提升员工服务意识

利用各种形式，加强对物业从业人员的培训，提高员工的服务意识、服务技能及预见能力，这是减少投诉的保证。

物业管理服务的过程往往是"生产"与"消费"同步完成的，因此，物业服务企业每位员工的服务都有一定的不可补救性，业主(或物业使用人)对某位员工恶劣态度产生的坏印象，会延及整个物业服务企业。

所以，减少投诉应加强员工培训，不仅要培养员工使用规范用语和进行规范操作的能力，还要培训员工的灵活服务技巧和应变能力，更要加强员工的服务意识和职业道德教育，并配以奖惩机制，督促和激励员工为业主(或物业使用人)提供优质服务。

3.3.4 加大巡查力度，及时控制不良事态的发展

加大巡查力度，及时发现和解决问题，把事态控制在萌芽状态是减少投诉的根本。

加强日常管理，"防患于未然"，通过巡视检查等手段，尽量减少事故发生，加强管理中的各个环节，杜绝管理中的漏洞，使管理趋于"零缺点"或"无缺陷"的尽善尽美状态。

3.3.5 创新管理服务方式，提供更优质的服务

适应社会的不断发展，寻找新的服务方式和方法是减少投诉的前提。如果物业服务企业不进行创新，保持旧的服务优势和质量，将招致业主(或物业使用人)的不满。物业服务企业应注重研究业主(或物业使用人)的潜在需要，具有超前和创新的思维，只有提供更完善的管理和更

便利的服务，才能获得业主(或物业使用人)长久的满意和支持，减少投诉的发生。

3.3.6 正确理解物业管理投诉的意义

(1)物业管理投诉的接待与处理是物业管理服务中重要的组成部分，也是提高物业管理服务水准的重要途径。通过物业管理投诉不仅可以纠正在物业管理与服务运行中所出现的失误与不足，而且能够维护和提高物业服务企业的信誉和形象。

(2)要正确看待物业管理投诉，并把它转换为一种消除失误、改善管理与服务、加深与业主沟通联系的机遇。

(3)一般情况下，业主的投诉可反映出在物业管理与服务中存在的缺陷(不合理投诉或无效投诉除外)也可以折射出业主对物业管理与服务的需求和期望；将各类投诉项目归类存档并运用科学的数量统计方法进行顾客满意度测评，可使物业服务企业的管理与服务水平更上一层楼。

(4)如果对待业主的各类投诉置之不理、敷衍了事，非但不能解决问题，还有可能将问题扩大化。如业主反复地电话投诉、书信投诉、拒交物业服务费等，将影响物业服务企业的正常工作，甚至影响企业的品牌声誉。

阅读资料

客户投诉意见表见表 5-1，投诉处理登记表见表 5-2，回访记录表见表 5-3。

表 5-1 客户投诉意见表

单位：		班组：		NO：
投诉人		联系电话	地址	
投诉时间： 年 月 日 时 分 投诉内容： 记录人： 年 月 日				投诉类型□ 轻微投诉□ 重要投诉□ 重大投诉□
调查情况和结果： 调查人： 年 月 日				
处理意见： 责任人： 年 月 日				
回访意见(上门/电话/信函)： 业主签名： 回访人： 年 月 日				

表 5-2 投诉处理登记表

登记部门： NO：

序号	投诉时间	来访人			投诉内容	意见表号码	处理情况
		姓名	联系电话	地址或单位			

表 5-3 回访记录表

部门： NO：

地址	回访内容	处理结果	业主满意率				业主签名	回访人员签名	日期
			A	B	C	D			

复习思考题

1. 物业管理投诉的内容有哪些？
2. 投诉是怎么分类的？
3. 物业管理投诉处理的程序有哪些？
4. 什么是物业管理投诉处理的原则？
5. 物业管理投诉处理方法有哪些？
6. 减少投诉的策略有哪些？

技能拓展

1. 业主刘女士带着3岁的儿子小强到小区中心广场散步，突然，人群中窜出一条大黑狗，疯了似的扑向小强……人们对眼前发生的一切都惊呆了，刘女士更是吓得连话都说不出来。经过调查后发现，这是一条流浪狗，已在小区附近出没好几天了。于是，在众人的"支持"下，刘女士到物业服务中心投诉，要求物业服务企业给一个说法。假如你是物业服务中心的工作人员，你该怎么处理？

2. 某小区接待中心2月10日早上6：30接到某幢A座505室业主家政服务的电话，业主要求8：30为其进行家政服务，值班员小李轻车熟路的开出了《工作任务联系单》并通知家政服务中心负责人。8：50，值班员小李又接到某幢A座505室业主的电话，"我通知你们8：30来家政服务，你看现在几点了，一点服务的时间观念都没有；我要投诉你们这种怠慢的服务态度！"

接到业主投诉后，接待中心负责人找到家政服务中心负责人了解情况，得知他们已按开单时间和相关要求派出了两名家政服务员去为某幢A座505室做家政，为何不见人呢？家政服务中心负责人找到那两名家政服务员问其原因，回答是："某幢A座303室业主不在家。"原来是值班员小李在开《工作任务联系单》时因字迹写得太潦草，导致家政服务人员把505室看成是303室。假设你是该服务中心的负责人，你会怎样处理此事？

3. A物业服务企业接到B贸易公司负责人的投诉，称其业务合作单位从上海寄来的合同及资料，已连续两次被退回。A物业服务企业在退信条写着：查无此单位。上海的业务单位因此而怀疑他们的公司是皮包公司或骗子公司，准备不再与他们进行业务合作，为此B贸易公司将损失大笔生意。B贸易公司负责人强烈要求A物业服务企业尽快给予明确答复并采取补救措施，否则，要赔偿由此造成的所有损失。假如你是A物业服务企业的工作人员，投诉正好是你接待的，你该怎么处理？

4. 某物业服务企业接到业主投诉：自己停放在小区地下停车场的车辆被划伤，要求物业服务企业赔偿损失并把车辆恢复原状。业主所提出的索赔理由有两点：一是业主向物业服务企业缴纳过车位费，物业服务企业要对车辆的保管负责；二是业主向物业服务企业缴纳的物业服务费中包含保安费，出现此类事件，若物业服务企业不负责赔偿，还要物业服务企业干什么？因此，物业服务企业必须对此事负全责，赔偿业主所受损失。如果你是物业服务企业的工作人员，应如何处理该投诉？

任务 4　物业服务纠纷及处理

知识目标

1. 了解物业服务纠纷的含义及其特征。
2. 熟悉物业服务纠纷的类型。
3. 了解物业服务纠纷的依据。
4. 掌握物业服务纠纷的处理方式。

技能目标

1. 能够掌握物业管理服务过程中各类纠纷的防范措施，尽量减少物业管理活动中物业服务企业与业主或物业使用人之间的矛盾。
2. 掌握物业服务纠纷的解决方式，帮助日后在实践中遇到纠纷时能够有效处理并解决。

任务导入

某移动通信公司购买了某住宅小区内一套顶层的房屋后，将该房屋作为移动通信机房，并在屋顶竖立起了4根手机发射天线。据其他业主反映，他们已经产生失眠、烦躁、神经衰弱、先兆流产、身体疼痛等症状，他们认为是手机基站辐射产生的后果，要求将该基站拆除。小区管理处与该移动通信公司多次交涉，而移动通信公司则以政府无线电管理部门测定该移动通信基站发射的电磁波未超出国家标准范围，并不影响人体健康，而且移动通信公司以也是住宅区的业主，也拥有屋顶的所有权和使用权为由拒绝拆除。

后来，事情僵持不下，其他业主只有把该移动通信公司告上了法庭。最后，法院判决该移动公司的主张不能成立，应自行拆除移动通信基站。（案例来源：戴玉林，王媚莎．物业管理典型案例与分析[M]．北京：化学工业出版社，2006．内容有修改）

任务布置

1. 请分析该移动通信公司的主张不能成立的原因。
2. 物业服务企业在这个案例中所扮演的角色是什么？物业服务企业是否该管类似案例中的这些纠纷呢？为什么？

任务要求

1. 预习物业服务纠纷相关知识，注意把握纠纷处理的依据和方法等。
2. 分组讨论并形成案例分析报告。

> 知识准备

4.1 物业服务纠纷概述

4.1.1 物业服务纠纷的含义

物业服务纠纷简单来讲就是物业管理过程中所发生的纠纷。从广义上来说,是指在某一特定区域的物业管理活动中,权责主体因物业管理与服务、服务费、治安管理、装修、相邻关系、紧急避险等利益冲突而产生的纠纷,是指一种较为普遍的民事纠纷;从狭义上来说,则是指居住物业管理区域内业主或业主委员会与物业服务企业之间因物业管理行为发生的民事纠纷,是指在物业管理关系过程中,物业管理主体之间因对与物业管理服务或具体行政行为有关的权利和义务有相互矛盾的主张和请求而发生的不同程度的争执。

4.1.2 物业服务纠纷的特征

物业管理纠纷具有多发性、复杂性、涉众性和易发性这几个特点。

(1)多发性。物业管理作为房地产消费环节的主要管理活动,是房地产开发的延续和完善。随着老百姓拥有自己住房的比率逐年增加,必然带来产权的多元化,业主对业权的主张与所有,在一定情况下必然会引发物业管理纠纷。

(2)复杂性。物业管理纠纷,已从刚开始产生的业主与物业服务企业之间关于物业服务费的纠纷、一个物业管理区域有多家物业服务企业管理等的纠纷,发展到涉及民事诉讼、行政诉讼等各种类型的纠纷。另外,物业服务企业在履行物业服务合同中对违反物业管理法规的行为,只有管理、制止的权利与及时向有关行政管理部门报告的义务,而没有执法和处置的权利,这给处理各类纠纷带来了相当大的难度。

(3)涉众性。在物业管理三大服务中,最基本的公共服务涉及全体业主和物业使用人,物业服务质量的好坏直接关系到物业管理区域绝大多数业主和物业使用人的利益,因此,发生物业管理问题时,往往会引起业主们的集体争执或业主大会和业主委员会的集体诉讼。

(4)易发性。物业管理服务人员的服务态度直接决定了物业管理的服务质量。物业服务标准和物业服务水平的优劣很难量化,这给评价造成了一定困难。另外,物业管理中的供给主体和需求主体从各自考虑问题的角度出发,很难对服务质量好坏有较为一致的认定,很容易导致在物业管理服务中,供求双方对服务质量好坏的争执。

4.1.3 物业服务纠纷的类型

(1)按照纠纷主体分类。按照纠纷的主体不同,物业管理纠纷一般可分为以下四大类。

1)业主与物业服务企业之间的纠纷。业主与物业服务企业之间的纠纷主要包括物业服务企业非法侵占小区绿地等公共场所,侵害了业主共同权益而引起的纠纷;物业服务企业服务水平低,造成管理混乱而引起的纠纷;物业服务企业收费不合理和物业财务收支不透明而引起的纠纷；业主以拒交物业费的方式消极维权而引发的纠纷等。

2)业主之间相邻关系引起的纠纷。由业主之间相邻关系引起的纠纷主要集中在公共场所的使用问题和损害他人利益两个方面。

3)成立业主委员会引起的纠纷。对新建商品住宅，在业主和业主委员会选聘物业服务企业并与选聘的物业服务企业签订的物业合同生效之前，由建设单位选聘物业服务企业，负责物业的前期管理工作。但在实际操作中，由于业主委员会选聘出新的物业服务企业后原物业服务企业的服务合同就会终止失效，造成原物业服务企业将失去提供该项服务的机会进而影响经济收入，因此，业主委员会的成立可能会受到原物业服务企业甚至房地产开发公司的阻挠，从而引起纠纷。

4)业主、物业服务企业、开发商之间的矛盾所引起的纠纷。物业管理纠纷主体通常是业主与物业服务企业，而业主与开发商之间只是基于商品房买卖合同的签订而建立的法律关系。开发商卷入物业管理纠纷的主要原因是其存在违反商品房销售合约的行为，使业主未能获得商品房买卖合同规定的服务条件，或是给物业服务企业的管理工作造成困难以及经济损失，从而引起的物业管理纠纷。

(2)按照纠纷内容分类。按照纠纷的内容，物业管理纠纷主要可分为服务费纠纷、管理权纠纷、物业服务合同效力纠纷、代缴代收纠纷及管理责任纠纷五种类型。

1)服务费纠纷。服务费纠纷是指因物业服务费的交纳和收缴问题在业主与物业服务企业之间产生的纠纷，这类纠纷是最主要的物业管理纠纷形式，占物业管理纠纷的比例最大。

2)管理权纠纷。管理权纠纷是指物业服务企业依据物业服务合同行使物业管理权，制止业主利用不当物业行为而发生的纠纷。

3)物业服务合同效力纠纷。物业服务合同效力纠纷是指业主起诉物业服务企业，要求确认双方所签物业服务合同无效，并返还已交纳的物业服务费的纠纷，主要包括以下几项：

①建设单位指定的业主委员会与物业服务企业签订物业服务合同，单个业主或部分业主要求确认物业服务合同无效，或解除物业服务合同。

②物业服务合同到期后，双方未续签物业服务合同，按原合同继续履行一段时间后，业主拒绝交纳物业服务费并要求解除合同或确认双方之间不存在物业服务合同关系。

③物业服务企业与业主委员会签订物业服务合同后，违规将物业管理服务转托给其他物业服务企业，业主要求确认与转包和承包的物业服务企业之间不存在物业服务合同关系。

4)代缴代收纠纷。代缴代收纠纷是指物业服务企业起诉业主拖欠支付公共性服务或特约服务等物业服务费用以及物业服务费用以外的其他费用的纠纷。

5)管理责任纠纷。管理责任纠纷主要适用于物业服务企业未很好地履行物业管理责任而导致的纠纷，主要包括以下几个方面内容。

①物业服务企业未按照约定提供服务或提供服务不符合约定的服务标准，业主要求物业服务企业承担违约责任。

②物业服务企业或其聘请的施工人员在维修施工时，违反施工制度，不设置明示标志或未采取安全措施，造成业主人身或财产损害，业主要求物业服务企业承担赔偿责任。

③因物业服务企业疏于管理，致使物业管理区域内的娱乐和运动器材等公共设施存在不安

全因素，导致业主受到人身伤害，业主要求物业服务企业承担相应的赔偿责任。

④因物业服务企业怠于行使管理职责，物业管理区域内发生电梯事故、火灾、水灾、物业坍塌等，业主要求物业服务企业承担相应的赔偿责任。

4.2 物业服务纠纷处理

4.2.1 物业服务纠纷处理的依据

物业管理纠纷的处理依据，也就是处理物业管理纠纷时应当适用的有关法律法规、行政法规、地方政策法规和自治规范等。物业管理纠纷的处理依据主要有以下几点。

(1)宪法。《宪法》是处理物业管理纠纷最重要的依据，是制定物业管理及其市场管理运作法律法规的依据和立法基础，其他法律法规不得与宪法相抵触。

(2)法律。物业管理适用的法律主要有以下几项。

1)民法。《中华人民共和国民法通则》中涉及的有关物权、所有权、不动产相邻权等有关物业管理的内容，可用于规范物业管理活动，作为处理物业纠纷的依据。

2)合同法。业主与物业服务企业之间的关系是通过物业管理服务合同来实现的，所以，物业管理服务合同的订立、履行、变更和解除以及违约责任的承担等都要符合《中华人民共和国合同法》的有关规定。《中华人民共和国合同法》也是处理物业管理纠纷的重要依据。

(3)行政规范和部门规章。有关物业管理的行政法规和部门规章，如《城市绿化条例》《物业管理条例》《普通住宅小区物业管理服务等级标准》等，都是处理物业纠纷的依据。

(4)物业管理地方性法规及地方性规章。各省、自治区、直辖市和各省、自治区人民政府所在的市以及国务院批准的较大的市人民代表大会及其党委会和人民政府，可以在法律法规规定的权限内制定旨在本行政区域有效的地方性法规和规章，如地方物业管理条例、管理办法、收费管理方法等。物业管理地方性法规及地方性规章也是物业服务企业和业主必须遵守和处理纠纷的依据。

(5)物业管理规范性文件。物业管理规范性文件是无权制定部门规章和地方规章的行政机关在法定职权范围内制定并在一定区域范围内具有约束力的规范性文件。

(6)物业管理服务合同。物业管理服务委托合同是决定物业管理的重要文件，物业管理的范围、目标、费用、责任、双方的权利和义务等均由合同进行明确规定，所以，物业管理服务合同也是处理物业纠纷的重要依据。

(7)管理规约。管理规约是对本物业管理区域内业主及其物业的受让人、物业使用人、管理人具有自治组织纪律约束力的，有关共用共管物业使用、维护、管理公共事务和其他团体自治事务方面的权利和义务、违纪责任的行为守则；也是处理物业纠纷的依据之一。

(8)其他。业主大会议事规则、业主大会决议、业主委员会决定，以及物业管理制度等都可作为处理物业纠纷的依据。

4.2.2 物业服务纠纷处理的方式

物业管理纠纷的复杂性决定了纠纷处理方式的多样性，其纠纷的处理方式主要有协商、调解、仲裁、诉讼。

(1) 协商。协商是由物业管理纠纷当事人双方或多方本着实事求是的精神，依据有关法规、管理规定和所签订合同中的规定直接进行磋商，通过事实分析、道理阐述的办法来查明事实、分清是非，在自觉自愿、互相谅解、明确责任的基础上共同协商达成一致意见，按照各自过错的有无、大小和对方受损害的程度，自觉承担相应的责任，以便及时解决物业管理纠纷的一种处理纠纷的方式。

这种方式简便易行，能够及时解决纠纷，不需要经过仲裁和诉讼程序。

(2) 调解。调解是指物业管理纠纷当事人之间发生物业管理纠纷时，由国家规定的有管辖权的第三人来主持引导当事人进行协商从而平息纠纷争端的一种纠纷管理方式。

调解是解决民事或经济纠纷的一种基本方式，可分为诉讼调解和诉外调解两种。诉讼调解是指人民法院审理民事、经济案件时进行的调解；诉外调解是指未经诉讼程序，而由有关社会组织、行政管理部门进行的调解。调解达成一致后，即明确了各当事人的权利和义务。

一般来说，根据第三方主持人的身份不同，调解可分为民间调解、行政调解和司法调解三种，物业服务纠纷属于行政调解。

(3) 仲裁。仲裁是指发生纠纷的物业管理当事人按照有关规定，事先或事后达成协议，把他们之间的一定争议提交仲裁机构，由仲裁机构以第三者的身份对争议的事实和权利和义务做出判断和解决争议的一种方式。

物业管理纠纷的仲裁处理程序与司法审判程序类似，但相对比较灵活简便，且可选择余地较大。仲裁委员会依据当事人双方认定的仲裁协议来仲裁物业管理纠纷。一般来说，仲裁协议有两种方式：一种方式是在订立合同时预先约定条款，说明一旦有争议就提交仲裁，这种仲裁协议也称为仲裁条款；另一种方式是双方当事人出现纠纷后临时达成提交仲裁庭的书面协议。

(4) 诉讼。诉讼是法院在物业管理纠纷诉讼当事人和其他诉讼参加人参与的前提下，依法审理和解决物业管理纠纷案件的纠纷处理方式，可分为民事诉讼和行政诉讼两大类。

1) 民事诉讼。民事诉讼是指人民法院在双方当事人及其他诉讼参与人的共同参加下，为审理和解决纠纷所进行的活动。民事诉讼由国家审判机关主持，按国家民事诉讼法的规定进行。选择诉讼解决，与调解和仲裁不同，它不以双方同意为前提条件，只要争议一方的诉讼符合条件，另一方即使是不愿意参加民事诉讼，也得被强制参加。民事诉讼中法院所做的判决，具有法律约束力，当事人不执行判决，法院可根据法律规定强制其执行。当事人对一审判决不服，可在判决书送达之日起15日内提起上诉；对一审裁定不服，可在裁定书送达之日起10日内提起上诉。民事诉讼实行两审终审制。

2) 行政诉讼。行政诉讼是指公民、法人或者其他组织认为行政机关或法律法规授权的组织具体行政行为侵犯其合法权益，依法向法院起诉，法院在当事人以及其他诉讼参与人的参与下，对具体行政行为的合法性进行审查并做出裁决的活动。行政诉讼是解决物业管理行政纠纷的一种诉讼活动。

我国行政诉讼制度采取被告负举证责任分配原则，即被告对做出的具体行政行为负有举证责任。当事人对一审法院判决不服的，自一审判决书送达之日起15日内提起上诉；对一审裁决书送达之日起10日内提出上诉。行政诉讼实行两审终审制。

无论是仲裁还是司法诉讼，均应贯彻合法公正的原则。实践中应注重民法、房地产法、合同法等一般法律与物业管理专门法规及地方法规规章的衔接，并依据宪法处理好法规的效力认定和冲突的解决；同时，在诉讼或仲裁活动中，对业主、业主大会、业主委员会的代表地位等要有明显的了解和认可，处理好单个业主的意见与小区业主意志的关系，确认业主委员会在物业管理纠纷中的代表地位，以便及时处理纠纷，理顺关系，建立良好的物业管理和权利与义务关系。

阅读资料

物业纠纷诉讼流程如图 5-2 所示。

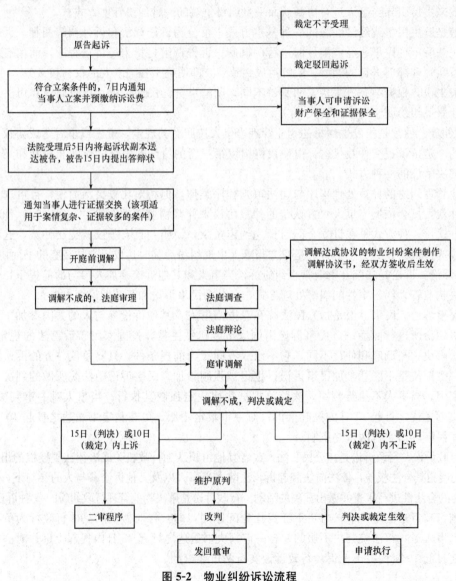

图 5-2 物业纠纷诉讼流程

复习思考题

1. 物业服务纠纷的含义是什么？
2. 物业服务纠纷的特征有哪些？
3. 物业服务纠纷的类型有哪些？
4. 物业服务纠纷的预防有哪些？
5. 物业服务纠纷的处理方式有哪些？

技能拓展

1. 某花园小区设有包含200个车位的专门停车场，业主入住后不久便发生了是否应该缴纳停车费的争议。业主认为，开发商在售楼广告中宣称提供停车的配套服务，停车场是小区的共有部分，归全体业主所有，既然是业主自己的，理应不该收费，若是外来车辆则可收费。如果你是该小区物业服务企业的管理人员，将如何处理和应答？

2. 为配合政府的市容美化和夜景灯光工程工作，某物业服务企业在其管理的大厦的三楼平台上，设置了一座灯光广告招聘出租，随后在处理广告招牌租金时，物业服务企业与大厦的业主委员会发生了纠纷。为此业主委员会向人民法院起诉物业服务企业设置广告招牌的行为侵害了业主的合法权益，要求拆除招牌。试问：人民法院应如何处理这起纠纷？

3. 某物业服务企业负责的小区内一位业主向该物业服务企业反映家里卫生间天花板渗水，请求维修。物业服务企业派人连续两次到其楼上业主家里检修，但问题一直得不到解决。第三次物业服务企业派人强行进行室内维修时，引发了与楼上业主的冲突，作为物业服务企业的工作人员，你该如何处理这类纠纷？

4. 业主张某两年前在某小区购买了一套商品房，但一直没有居住。一天，张某接到物业服务企业房屋漏水的通知，经查看，是所购商品房卫生间的水表接头处破裂并造成楼下两层业主的部分财物因浸泡受损，两户业主决定提出赔偿要求。张某认为，自己并未入住所购商品房，水管破裂不是自己人为造成的，而是水表接头处老化断裂所致，自己不应对房屋漏水负全责。物业服务企业则认为，购买房屋后，房屋漏水造成的损失理应由业主承担。双方责任问题争执不下。你如何解决此纠纷？

附录1　物业管理条例

第一章　总则

第一条　为了规范物业管理活动,维护业主和物业服务企业的合法权益,改善人民群众的生活和工作环境,制定本条例。

第二条　本条例所称物业管理,是指业主通过选聘物业服务企业,由业主和物业服务企业按照物业服务合同约定,对房屋及配套的设施设备和相关场地进行维修、养护、管理,维护物业管理区域内的环境卫生和相关秩序的活动。

第三条　国家提倡业主通过公开、公平、公正的市场竞争机制选择物业服务企业。

第四条　国家鼓励采用新技术、新方法,依靠科技进步提高物业管理和服务水平。

第五条　国务院建设行政主管部门负责全国物业管理活动的监督管理工作。

县级以上地方人民政府房地产行政主管部门负责本行政区域内物业管理活动的监督管理工作。

第二章　业主及业主大会

第六条　房屋的所有权人为业主。

业主在物业管理活动中,享有下列权利:

(一)按照物业服务合同的约定,接受物业服务企业提供的服务;

(二)提议召开业主大会会议,并就物业管理的有关事项提出建议;

(三)提出制定和修改管理规约、业主大会议事规则的建议;

(四)参加业主大会会议,行使投票权;

(五)选举业主委员会成员,并享有被选举权;

(六)监督业主委员会的工作;

(七)监督物业服务企业履行物业服务合同;

(八)对物业共用部位、共用设施设备和相关场地使用情况享有知情权和监督权;

(九)监督物业共用部位、共用设施设备专项维修资金(以下简称"专项维修资金")的管理和使用;

(十)法律、法规规定的其他权利。

第七条　业主在物业管理活动中,履行下列义务:

(一)遵守管理规约、业主大会议事规则;

(二)遵守物业管理区域内物业共用部位和共用设施设备的使用、公共秩序和环境卫生的维护等方面的规章制度；

（三）执行业主大会的决定和业主大会授权业主委员会作出的决定；

（四）按照国家有关规定交纳专项维修资金；

（五）按时交纳物业服务费用；

（六）法律、法规规定的其他义务。

第八条　物业管理区域内全体业主组成业主大会。

业主大会应当代表和维护物业管理区域内全体业主在物业管理活动中的合法权益。

第九条　一个物业管理区域成立一个业主大会。

物业管理区域的划分应当考虑物业的共用设施设备、建筑物规模、社区建设等因素。具体办法由省、自治区、直辖市制定。

第十条　同一个物业管理区域内的业主，应当在物业所在地的区、县人民政府房地产行政主管部门或者街道办事处、乡镇人民政府的指导下成立业主大会，并选举产生业主委员会。但是，只有一个业主的，或者业主人数较少且经全体业主一致同意，决定不成立业主大会的，由业主共同履行业主大会、业主委员会职责。

第十一条　下列事项由业主共同决定：

（一）制定和修改业主大会议事规则；

（二）制定和修改管理规约；

（三）选举业主委员会或者更换业主委员会成员；

（四）选聘和解聘物业服务企业；

（五）筹集和使用专项维修资金；

（六）改建、重建建筑物及其附属设施；

（七）有关共有和共同管理权利的其他重大事项。

第十二条　业主大会会议可以采用集体讨论的形式，也可以采用书面征求意见的形式；但是，应当有物业管理区域内专有部分占建筑物总面积过半数的业主且占总人数过半数的业主参加。

业主可以委托代理人参加业主大会会议。

业主大会决定本条例第十一条第（五）项和第（六）项规定的事项，应当经专有部分占建筑物总面积2/3以上的业主且占总人数2/3以上的业主同意；决定本条例第十一条规定的其他事项，应当经专有部分占建筑物总面积过半数的业主且占总人数过半数的业主同意。

业主大会或者业主委员会的决定，对业主具有约束力。

业主大会或者业主委员会作出的决定侵害业主合法权益的，受侵害的业主可以请求人民法院予以撤销。

第十三条　业主大会会议分为定期会议和临时会议。

业主大会定期会议应当按照业主大会议事规则的规定召开。经20%以上的业主提议，业主委员会应当组织召开业主大会临时会议。

第十四条　召开业主大会会议,应当于会议召开 15 日以前通知全体业主。

住宅小区的业主大会会议,应当同时告知相关的居民委员会。

业主委员会应当做好业主大会会议记录。

第十五条　业主委员会执行业主大会的决定事项,履行下列职责:

(一)召集业主大会会议,报告物业管理的实施情况;

(二)代表业主与业主大会选聘的物业服务企业签订物业服务合同;

(三)及时了解业主、物业使用人的意见和建议,监督和协助物业服务企业履行物业服务合同;

(四)监督管理规约的实施;

(五)业主大会赋予的其他职责。

第十六条　业主委员会应当自选举产生之日起 30 日内,向物业所在地的区、县人民政府房地产行政主管部门和街道办事处、乡镇人民政府备案。

业主委员会委员应当由热心公益事业、责任心强、具有一定组织能力的业主担任。

业主委员会主任、副主任在业主委员会成员中推选产生。

第十七条　管理规约应当对有关物业的使用、维护、管理,业主的共同利益,业主应当履行的义务,违反管理规约应当承担的责任等事项依法作出约定。

管理规约应当尊重社会公德,不得违反法律、法规或者损害社会公共利益。

管理规约对全体业主具有约束力。

第十八条　业主大会议事规则应当就业主大会的议事方式、表决程序、业主委员会的组成和成员任期等事项作出约定。

第十九条　业主大会、业主委员会应当依法履行职责,不得作出与物业管理无关的决定,不得从事与物业管理无关的活动。

业主大会、业主委员会作出的决定违反法律、法规的,物业所在地的区、县人民政府房地产行政主管部门或者街道办事处、乡镇人民政府,应当责令限期改正或者撤销其决定,并通告全体业主。

第二十条　业主大会、业主委员会应当配合公安机关,与居民委员会相互协作,共同做好维护物业管理区域内的社会治安等相关工作。

在物业管理区域内,业主大会、业主委员会应当积极配合相关居民委员会依法履行自治管理职责,支持居民委员会开展工作,并接受其指导和监督。

住宅小区的业主大会、业主委员会作出的决定,应当告知相关的居民委员会,并认真听取居民委员会的建议。

第三章　前期物业管理

第二十一条　在业主、业主大会选聘物业服务企业之前,建设单位选聘物业服务企业的,应当签订书面的前期物业服务合同。

第二十二条　建设单位应当在销售物业之前，制定临时管理规约，对有关物业的使用、维护、管理、业主的共同利益、业主应当履行的义务、违反临时管理规约应当承担的责任等事项依法作出约定。

建设单位制定的临时管理规约，不得侵害物业买受人的合法权益。

第二十三条　建设单位应当在物业销售前将临时管理规约向物业买受人明示，并予以说明。物业买受人在与建设单位签订物业买卖合同时，应当对遵守临时管理规约予以书面承诺。

第二十四条　国家提倡建设单位按照房地产开发与物业管理相分离的原则，通过招投标的方式选聘物业服务企业。

住宅物业的建设单位，应当通过招投标的方式选聘物业服务企业；投标人少于3个或者住宅规模较小的，经物业所在地的区、县人民政府房地产行政主管部门批准，可以采用协议方式选聘物业服务企业。

第二十五条　建设单位与物业买受人签订的买卖合同应当包含前期物业服务合同约定的内容。

第二十六条　前期物业服务合同可以约定期限；但是，期限未满、业主委员会与物业服务企业签订的物业服务合同生效的，前期物业服务合同终止。

第二十七条　业主依法享有的物业共用部位、共用设施设备的所有权或者使用权，建设单位不得擅自处分。

第二十八条　物业服务企业承接物业时，应当对物业共用部位、共用设施设备进行查验。

第二十九条　在办理物业承接验收手续时，建设单位应当向物业服务企业移交下列资料：

（一）竣工总平面图，单体建筑、结构、设备竣工图，配套设施、地下管网工程竣工图等竣工验收资料；

（二）设施设备的安装、使用和维护保养等技术资料；

（三）物业质量保修文件和物业使用说明文件；

（四）物业管理所必需的其他资料。

物业服务企业应当在前期物业服务合同终止时将上述资料移交给业主委员会。

第三十条　建设单位应当按照规定在物业管理区域内配置必要的物业管理用房。

第三十一条　建设单位应当按照国家规定的保修期限和保修范围，承担物业的保修责任。

第四章　物业管理服务

第三十二条　从事物业管理活动的企业应当具有独立的法人资格。

国务院建设行政主管部门应当会同有关部门建立守信联合激励和失信联合惩戒机制，加强行业诚信管理。

第三十三条　一个物业管理区域由一个物业服务企业实施物业管理。

第三十四条　业主委员会应当与业主大会选聘的物业服务企业订立书面的物业服务合同。

物业服务合同应当对物业管理事项、服务质量、服务费用、双方的权利义务、专项维修资金的管理与使用、物业管理用房、合同期限、违约责任等内容进行约定。

第三十五条　物业服务企业应当按照物业服务合同的约定，提供相应的服务。

物业服务企业未能履行物业服务合同的约定，导致业主人身、财产安全受到损害的，应当依法承担相应的法律责任。

第三十六条　物业服务企业承接物业时，应当与业主委员会办理物业验收手续。

业主委员会应当向物业服务企业移交本条例第二十九条第一款规定的资料。

第三十七条　物业管理用房的所有权依法属于业主。未经业主大会同意，物业服务企业不得改变物业管理用房的用途。

第三十八条　物业服务合同终止时，物业服务企业应当将物业管理用房和本条例第二十九条第一款规定的资料交还给业主委员会。

物业服务合同终止时，业主大会选聘了新的物业服务企业的，物业服务企业之间应当做好交接工作。

第三十九条　物业服务企业可以将物业管理区域内的专项服务业务委托给专业性服务企业，但不得将该区域内的全部物业管理一并委托给他人。

第四十条　物业服务收费应当遵循合理、公开以及费用与服务水平相适应的原则，区别不同物业的性质和特点，由业主和物业服务企业按照国务院价格主管部门会同国务院建设行政主管部门制定的物业服务收费办法，在物业服务合同中约定。

第四十一条　业主应当根据物业服务合同的约定交纳物业服务费用。业主与物业使用人约定由物业使用人交纳物业服务费用的，从其约定，业主负连带交纳责任。

已竣工但尚未出售或者尚未交给物业买受人的物业，物业服务费用由建设单位交纳。

第四十二条　县级以上人民政府价格主管部门会同同级房地产行政主管部门，应当加强对物业服务收费的监督。

第四十三条　物业服务企业可以根据业主的委托提供物业服务合同约定以外的服务项目，服务报酬由双方约定。

第四十四条　物业管理区域内，供水、供电、供气、供热、通信、有线电视等单位应当向最终用户收取有关费用。

物业服务企业接受委托代收前款费用的，不得向业主收取手续费等额外费用。

第四十五条　对物业管理区域内违反有关治安、环保、物业装饰装修和使用等方面法律、法规规定的行为，物业服务企业应当制止，并及时向有关行政管理部门报告。

有关行政管理部门在接到物业服务企业的报告后，应当依法对违法行为予以制止或者依法处理。

第四十六条　物业服务企业应当协助做好物业管理区域内的安全防范工作。发生安全事故时，物业服务企业在采取应急措施的同时，应当及时向有关行政管理部门报告，协助做好救助工作。

物业服务企业雇请保安人员的，应当遵守国家有关规定。保安人员在维护物业管理区域内的公共秩序时，应当履行职责，不得侵害公民的合法权益。

第四十七条 物业使用人在物业管理活动中的权利义务由业主和物业使用人约定，但不得违反法律、法规和管理规约的有关规定。

物业使用人违反本条例和管理规约的规定，有关业主应当承担连带责任。

第四十八条 县级以上地方人民政府房地产行政主管部门应当及时处理业主、业主委员会、物业使用人和物业服务企业在物业管理活动中的投诉。

第五章 物业的使用与维护

第四十九条 物业管理区域内按照规划建设的公共建筑和共用设施，不得改变用途。

业主依法确需改变公共建筑和共用设施用途的，应当在依法办理有关手续后告知物业服务企业；物业服务企业确需改变公共建筑和共用设施用途的，应当提请业主大会讨论决定同意后，由业主依法办理有关手续。

第五十条 业主、物业服务企业不得擅自占用、挖掘物业管理区域内的道路、场地，损害业主的共同利益。

因维修物业或者公共利益，业主确需临时占用、挖掘道路、场地的，应当征得业主委员会和物业服务企业的同意；物业服务企业确需临时占用、挖掘道路、场地的，应当征得业主委员会的同意。

业主、物业服务企业应当将临时占用、挖掘的道路、场地，在约定期限内恢复原状。

第五十一条 供水、供电、供气、供热、通信、有线电视等单位，应当依法承担物业管理区域内相关管线和设施设备维修、养护的责任。

前款规定的单位因维修、养护等需要，临时占用、挖掘道路、场地的，应当及时恢复原状。

第五十二条 业主需要装饰装修房屋的，应当事先告知物业服务企业。

物业服务企业应当将房屋装饰装修中的禁止行为和注意事项告知业主。

第五十三条 住宅物业、住宅小区内的非住宅物业或者与单幢住宅楼结构相连的非住宅物业的业主，应当按照国家有关规定交纳专项维修资金。

专项维修资金属于业主所有，专项用于物业保修期满后物业共用部位、共用设施设备的维修和更新、改造，不得挪作他用。

专项维修资金收取、使用、管理的办法由国务院建设行政主管部门会同国务院财政部门制定。

第五十四条 利用物业共用部位、共用设施设备进行经营的，应当在征得相关业主、业主大会、物业服务企业的同意后，按照规定办理有关手续。业主所得收益应当主要用于补充专项维修资金，也可以按照业主大会的决定使用。

第五十五条 物业存在安全隐患，危及公共利益及他人合法权益时，责任人应当及时维修养护，有关业主应当给予配合。

责任人不履行维修养护义务的，经业主大会同意，可以由物业服务企业维修养护，费用由责任人承担。

第六章　法律责任

第五十六条　违反本条例的规定，住宅物业的建设单位未通过招投标的方式选聘物业服务企业或者未经批准，擅自采用协议方式选聘物业服务企业的，由县级以上地方人民政府房地产行政主管部门责令限期改正，给予警告，可以并处10万元以下的罚款。

第五十七条　违反本条例的规定，建设单位擅自处分属于业主的物业共用部位、共用设施设备的所有权或者使用权的，由县级以上地方人民政府房地产行政主管部门处5万元以上20万元以下的罚款；给业主造成损失的，依法承担赔偿责任。

第五十八条　违反本条例的规定，不移交有关资料的，由县级以上地方人民政府房地产行政主管部门责令限期改正；逾期仍不移交有关资料的，对建设单位、物业服务企业予以通报，处1万元以上10万元以下的罚款。

第五十九条　违反本条例的规定，物业服务企业将一个物业管理区域内的全部物业管理一并委托给他人的，由县级以上地方人民政府房地产行政主管部门责令限期改正，处委托合同价款30%以上50%以下的罚款。委托所得收益，用于物业管理区域内物业共用部位、共用设施设备的维修、养护，剩余部分按照业主大会的决定使用；给业主造成损失的，依法承担赔偿责任。

第六十条　违反本条例的规定，挪用专项维修资金的，由县级以上地方人民政府房地产行政主管部门追回挪用的专项维修资金，给予警告，没收违法所得，可以并处挪用数额2倍以下的罚款；构成犯罪的，依法追究直接负责的主管人员和其他直接责任人员的刑事责任。

第六十一条　违反本条例的规定，建设单位在物业管理区域内不按照规定配置必要的物业管理用房的，由县级以上地方人民政府房地产行政主管部门责令限期改正，给予警告，没收违法所得，并处10万元以上50万元以下的罚款。

第六十二条　违反本条例的规定，未经业主大会同意，物业服务企业擅自改变物业管理用房的用途的，由县级以上地方人民政府房地产行政主管部门责令限期改正，给予警告，并处1万元以上10万元以下的罚款；有收益的，所得收益用于物业管理区域内物业共用部位、共用设施设备的维修、养护，剩余部分按照业主大会的决定使用。

第六十三条　违反本条例的规定，有下列行为之一的，由县级以上地方人民政府房地产行政主管部门责令限期改正，给予警告，并按照本条第二款的规定处以罚款；所得收益，用于物业管理区域内物业共用部位、共用设施设备的维修、养护，剩余部分按照业主大会的决定使用：

（一）擅自改变物业管理区域内按照规划建设的公共建筑和共用设施用途的；

（二）擅自占用、挖掘物业管理区域内道路、场地，损害业主共同利益的；

（三）擅自利用物业共用部位、共用设施设备进行经营的。

个人有前款规定行为之一的，处1 000元以上1万元以下的罚款；单位有前款规定行为之一的，处5万元以上20万元以下的罚款。

第六十四条　违反物业服务合同约定，业主逾期不交纳物业服务费用的，业主委员会应当督促其限期交纳；逾期仍不交纳的，物业服务企业可以向人民法院起诉。

第六十五条　业主以业主大会或者业主委员会的名义,从事违反法律、法规的活动,构成犯罪的,依法追究刑事责任;尚不构成犯罪的,依法给予治安管理处罚。

第六十六条　违反本条例的规定,国务院住房城乡建设主管部门、县级以上地方人民政府房地产行政主管部门或者其他有关行政管理部门的工作人员利用职务上的便利,收受他人财物或者其他好处,不依法履行监督管理职责,或者发现违法行为不予查处,构成犯罪的,依法追究刑事责任;尚不构成犯罪的,依法给予行政处分。

第七章　附则

第六十七条　本条例自 2003 年 9 月 1 日起施行。

附录2　中华人民共和国物权法

第一编　总　　则
第一章　基本原则

第一条　为了维护国家基本经济制度，维护社会主义市场经济秩序，明确物的归属，发挥物的效用，保护权利人的物权，根据宪法，制定本法。

第二条　因物的归属和利用而产生的民事关系，适用本法。

本法所称物，包括不动产和动产。法律规定权利作为物权客体的，依照其规定。

本法所称物权，是指权利人依法对特定的物享有直接支配和排他的权利，包括所有权、用益物权和担保物权。

第三条　国家在社会主义初级阶段，坚持公有制为主体、多种所有制经济共同发展的基本经济制度。

国家巩固和发展公有制经济，鼓励、支持和引导非公有制经济的发展。

国家实行社会主义市场经济，保障一切市场主体的平等法律地位和发展权利。

第四条　国家、集体、私人的物权和其他权利人的物权受法律保护，任何单位和个人不得侵犯。

第五条　物权的种类和内容，由法律规定。

第六条　不动产物权的设立、变更、转让和消灭，应当依照法律规定登记。动产物权的设立和转让，应当依照法律规定交付。

第七条　物权的取得和行使，应当遵守法律，尊重社会公德，不得损害公共利益和他人合法权益。

第八条　其他相关法律对物权另有特别规定的，依照其规定。

第二章　物权的设立、变更、转让和消灭
第一节　不动产登记

第九条　不动产物权的设立、变更、转让和消灭，经依法登记，发生效力；未经登记，不发生效力，但法律另有规定的除外。

依法属于国家所有的自然资源，所有权可以不登记。

第十条　不动产登记，由不动产所在地的登记机构办理。

国家对不动产实行统一登记制度。统一登记的范围、登记机构和登记办法，由法律、行政

法规规定。

第十一条　当事人申请登记，应当根据不同登记事项提供权属证明和不动产界址、面积等必要材料。

第十二条　登记机构应当履行下列职责：

（一）查验申请人提供的权属证明和其他必要材料；

（二）就有关登记事项询问申请人；

（三）如实、及时登记有关事项；

（四）法律、行政法规规定的其他职责。

申请登记的不动产的有关情况需要进一步证明的，登记机构可以要求申请人补充材料，必要时可以实地查看。

第十三条　登记机构不得有下列行为：

（一）要求对不动产进行评估；

（二）以年检等名义进行重复登记；

（三）超出登记职责范围的其他行为。

第十四条　不动产物权的设立、变更、转让和消灭，依照法律规定应当登记的，自记载于不动产登记簿时发生效力。

第十五条　当事人之间订立有关设立、变更、转让和消灭不动产物权的合同，除法律另有规定或者合同另有约定外，自合同成立时生效；未办理物权登记的，不影响合同效力。

第十六条　不动产登记簿是物权归属和内容的根据。不动产登记簿由登记机构管理。

第十七条　不动产权属证书是权利人享有该不动产物权的证明。不动产权属证书记载的事项，应当与不动产登记簿一致；记载不一致的，除有证据证明不动产登记簿确有错误外，以不动产登记簿为准。

第十八条　权利人、利害关系人可以申请查询、复制登记资料，登记机构应当提供。

第十九条　权利人、利害关系人认为不动产登记簿记载的事项错误的，可以申请更正登记。不动产登记簿记载的权利人书面同意更正或者有证据证明登记确有错误的，登记机构应当予以更正。

不动产登记簿记载的权利人不同意更正的，利害关系人可以申请异议登记。登记机构予以异议登记的，申请人在异议登记之日起十五日内不起诉，异议登记失效。异议登记不当，造成权利人损害的，权利人可以向申请人请求损害赔偿。

第二十条　当事人签订买卖房屋或者其他不动产物权的协议，为保障将来实现物权，按照约定可以向登记机构申请预告登记。预告登记后，未经预告登记的权利人同意，处分该不动产的，不发生物权效力。

预告登记后，债权消灭或者自能够进行不动产登记之日起三个月内未申请登记的，预告登记失效。

第二十一条　当事人提供虚假材料申请登记，给他人造成损害的，应当承担赔偿责任。

因登记错误，给他人造成损害的，登记机构应当承担赔偿责任。登记机构赔偿后，可以向造成登记错误的人追偿。

第二十二条　不动产登记费按件收取，不得按照不动产的面积、体积或者价款的比例收取。具体收费标准由国务院有关部门会同价格主管部门规定。

第二节　动产交付

第二十三条　动产物权的设立和转让，自交付时发生效力，但法律另有规定的除外。

第二十四条　船舶、航空器和机动车等物权的设立、变更、转让和消灭，未经登记，不得对抗善意第三人。

第二十五条　动产物权设立和转让前，权利人已经依法占有该动产的，物权自法律行为生效时发生效力。

第二十六条　动产物权设立和转让前，第三人依法占有该动产的，负有交付义务的人可以通过转让请求第三人返还原物的权利代替交付。

第二十七条　动产物权转让时，双方又约定由出让人继续占有该动产的，物权自该约定生效时发生效力。

第三节　其他规定

第二十八条　因人民法院、仲裁委员会的法律文书或者人民政府的征收决定等，导致物权设立、变更、转让或者消灭的，自法律文书或者人民政府的征收决定等生效时发生效力。

第二十九条　因继承或者受遗赠取得物权的，自继承或者受遗赠开始时发生效力。

第三十条　因合法建造、拆除房屋等事实行为设立或者消灭物权的，自事实行为成就时发生效力。

第三十一条　依照本法第二十八条至第三十条规定享有不动产物权的，处分该物权时，依照法律规定需要办理登记的，未经登记，不发生物权效力。

第三章　物权的保护

第三十二条　物权受到侵害的，权利人可以通过和解、调解、仲裁、诉讼等途径解决。

第三十三条　因物权的归属、内容发生争议的，利害关系人可以请求确认权利。

第三十四条　无权占有不动产或者动产的，权利人可以请求返还原物。

第三十五条　妨害物权或者可能妨害物权的，权利人可以请求排除妨害或者消除危险。

第三十六条　造成不动产或者动产毁损的，权利人可以请求修理、重作、更换或者恢复原状。

第三十七条　侵害物权，造成权利人损害的，权利人可以请求损害赔偿，也可以请求承担其他民事责任。

第三十八条　本章规定的物权保护方式，可以单独适用，也可以根据权利被侵害的情形合并适用。

侵害物权，除承担民事责任外，违反行政管理规定的，依法承担行政责任；构成犯罪的，依法追究刑事责任。

第二编 所有权

第四章 一般规定

第三十九条 所有权人对自己的不动产或者动产,依法享有占有、使用、收益和处分的权利。

第四十条 所有权人有权在自己的不动产或者动产上设立用益物权和担保物权。用益物权人、担保物权人行使权利,不得损害所有权人的权益。

第四十一条 法律规定专属于国家所有的不动产和动产,任何单位和个人不能取得所有权。

第四十二条 为了公共利益的需要,依照法律规定的权限和程序可以征收集体所有的土地和单位、个人的房屋及其他不动产。

征收集体所有的土地,应当依法足额支付土地补偿费、安置补助费、地上附着物和青苗的补偿费等费用,安排被征地农民的社会保障费用,保障被征地农民的生活,维护被征地农民的合法权益。

征收单位、个人的房屋及其他不动产,应当依法给予拆迁补偿,维护被征收人的合法权益;征收个人住宅的,还应当保障被征收人的居住条件。

任何单位和个人不得贪污、挪用、私分、截留、拖欠征收补偿费等费用。

第四十三条 国家对耕地实行特殊保护,严格限制农用地转为建设用地,控制建设用地总量。不得违反法律规定的权限和程序征收集体所有的土地。

第四十四条 因抢险、救灾等紧急需要,依照法律规定的权限和程序可以征用单位、个人的不动产或者动产。被征用的不动产或者动产使用后,应当返还被征用人。单位、个人的不动产或者动产被征用或者征用后毁损、灭失的,应当给予补偿。

第五章 国家所有权和集体所有权、私人所有权

第四十五条 法律规定属于国家所有的财产,属于国家所有即全民所有。

国有财产由国务院代表国家行使所有权;法律另有规定的,依照其规定。

第四十六条 矿藏、水流、海域属于国家所有。

第四十七条 城市的土地,属于国家所有。法律规定属于国家所有的农村和城市郊区的土地,属于国家所有。

第四十八条 森林、山岭、草原、荒地、滩涂等自然资源,属于国家所有,但法律规定属于集体所有的除外。

第四十九条 法律规定属于国家所有的野生动植物资源,属于国家所有。

第五十条 无线电频谱资源属于国家所有。

第五十一条 法律规定属于国家所有的文物,属于国家所有。

第五十二条 国防资产属于国家所有。

铁路、公路、电力设施、电信设施和油气管道等基础设施,依照法律规定为国家所有的,属于国家所有。

第五十三条 国家机关对其直接支配的不动产和动产,享有占有、使用以及依照法律和国务院的有关规定处分的权利。

第五十四条 国家举办的事业单位对其直接支配的不动产和动产,享有占有、使用以及依照法律和国务院的有关规定收益、处分的权利。

第五十五条 国家出资的企业,由国务院、地方人民政府依照法律、行政法规规定分别代表国家履行出资人职责,享有出资人权益。

第五十六条 国家所有的财产受法律保护,禁止任何单位和个人侵占、哄抢、私分、截留、破坏。

第五十七条 履行国有财产管理、监督职责的机构及其工作人员,应当依法加强对国有财产的管理、监督,促进国有财产保值增值,防止国有财产损失;滥用职权,玩忽职守,造成国有财产损失的,应当依法承担法律责任。

违反国有财产管理规定,在企业改制、合并分立、关联交易等过程中,低价转让、合谋私分、擅自担保或者以其他方式造成国有财产损失的,应当依法承担法律责任。

第五十八条 集体所有的不动产和动产包括:

(一)法律规定属于集体所有的土地和森林、山岭、草原、荒地、滩涂;

(二)集体所有的建筑物、生产设施、农田水利设施;

(三)集体所有的教育、科学、文化、卫生、体育等设施;

(四)集体所有的其他不动产和动产。

第五十九条 农民集体所有的不动产和动产,属于本集体成员集体所有。

下列事项应当依照法定程序经本集体成员决定:

(一)土地承包方案以及将土地发包给本集体以外的单位或者个人承包;

(二)个别土地承包经营权人之间承包地的调整;

(三)土地补偿费等费用的使用、分配办法;

(四)集体出资的企业的所有权变动等事项;

(五)法律规定的其他事项。

第六十条 对于集体所有的土地和森林、山岭、草原、荒地、滩涂等,依照下列规定行使所有权:

(一)属于村农民集体所有的,由村集体经济组织或者村民委员会代表集体行使所有权;

(二)分别属于村内两个以上农民集体所有的,由村内各该集体经济组织或者村民小组代表集体行使所有权;

(三)属于乡镇农民集体所有的,由乡镇集体经济组织代表集体行使所有权。

第六十一条 城镇集体所有的不动产和动产,依照法律、行政法规的规定由本集体享有占有、使用、收益和处分的权利。

第六十二条 集体经济组织或者村民委员会、村民小组应当依照法律、行政法规以及章程、村规民约向本集体成员公布集体财产的状况。

第六十三条 集体所有的财产受法律保护，禁止任何单位和个人侵占、哄抢、私分、破坏。

集体经济组织、村民委员会或者其负责人作出的决定侵害集体成员合法权益的，受侵害的集体成员可以请求人民法院予以撤销。

第六十四条 私人对其合法的收入、房屋、生活用品、生产工具、原材料等不动产和动产享有所有权。

第六十五条 私人合法的储蓄、投资及其收益受法律保护。

国家依照法律规定保护私人的继承权及其他合法权益。

第六十六条 私人的合法财产受法律保护，禁止任何单位和个人侵占、哄抢、破坏。

第六十七条 国家、集体和私人依法可以出资设立有限责任公司、股份有限公司或者其他企业。国家、集体和私人所有的不动产或者动产，投到企业的，由出资人按照约定或者出资比例享有资产收益、重大决策以及选择经营管理者等权利并履行义务。

第六十八条 企业法人对其不动产和动产依照法律、行政法规以及章程享有占有、使用、收益和处分的权利。

企业法人以外的法人，对其不动产和动产的权利，适用有关法律、行政法规以及章程的规定。

第六十九条 社会团体依法所有的不动产和动产，受法律保护。

第六章 业主的建筑物区分所有权

第七十条 业主对建筑物内的住宅、经营性用房等专有部分享有所有权，对专有部分以外的共有部分享有共有和共同管理的权利。

第七十一条 业主对其建筑物专有部分享有占有、使用、收益和处分的权利。业主行使权利不得危及建筑物的安全，不得损害其他业主的合法权益。

第七十二条 业主对建筑物专有部分以外的共有部分，享有权利，承担义务；不得以放弃权利不履行义务。

业主转让建筑物内的住宅、经营性用房，其对共有部分享有的共有和共同管理的权利一并转让。

第七十三条 建筑区划内的道路，属于业主共有，但属于城镇公共道路的除外。建筑区划内的绿地，属于业主共有，但属于城镇公共绿地或者明示属于个人的除外。建筑区划内的其他公共场所、公用设施和物业服务用房，属于业主共有。

第七十四条 建筑区划内，规划用于停放汽车的车位、车库应当首先满足业主的需要。

建筑区划内，规划用于停放汽车的车位、车库的归属，由当事人通过出售、附赠或者出租等方式约定。

占用业主共有的道路或者其他场地用于停放汽车的车位，属于业主共有。

第七十五条 业主可以设立业主大会，选举业主委员会。

地方人民政府有关部门应当对设立业主大会和选举业主委员会给予指导和协助。

第七十六条　下列事项由业主共同决定：

（一）制定和修改业主大会议事规则；

（二）制定和修改建筑物及其附属设施的管理规约；

（三）选举业主委员会或者更换业主委员会成员；

（四）选聘和解聘物业服务企业或者其他管理人；

（五）筹集和使用建筑物及其附属设施的维修资金；

（六）改建、重建建筑物及其附属设施；

（七）有关共有和共同管理权利的其他重大事项。

决定前款第五项和第六项规定的事项，应当经专有部分占建筑物总面积三分之二以上的业主且占总人数三分之二以上的业主同意。决定前款其他事项，应当经专有部分占建筑物总面积过半数的业主且占总人数过半数的业主同意。

第七十七条　业主不得违反法律、法规以及管理规约，将住宅改变为经营性用房。业主将住宅改变为经营性用房的，除遵守法律、法规以及管理规约外，应当经有利害关系的业主同意。

第七十八条　业主大会或者业主委员会的决定，对业主具有约束力。

业主大会或者业主委员会作出的决定侵害业主合法权益的，受侵害的业主可以请求人民法院予以撤销。

第七十九条　建筑物及其附属设施的维修资金，属于业主共有。经业主共同决定，可以用于电梯、水箱等共有部分的维修。维修资金的筹集、使用情况应当公布。

第八十条　建筑物及其附属设施的费用分摊、收益分配等事项，有约定的，按照约定；没有约定或者约定不明确的，按照业主专有部分占建筑物总面积的比例确定。

第八十一条　业主可以自行管理建筑物及其附属设施，也可以委托物业服务企业或者其他管理人管理。

对建设单位聘请的物业服务企业或者其他管理人，业主有权依法更换。

第八十二条　物业服务企业或者其他管理人根据业主的委托管理建筑区划内的建筑物及其附属设施，并接受业主的监督。

第八十三条　业主应当遵守法律、法规以及管理规约。

业主大会和业主委员会，对任意弃置垃圾、排放污染物或者噪声、违反规定饲养动物、违章搭建、侵占通道、拒付物业费等损害他人合法权益的行为，有权依照法律、法规以及管理规约，要求行为人停止侵害、消除危险、排除妨害、赔偿损失。业主对侵害自己合法权益的行为，可以依法向人民法院提起诉讼。

第七章　相邻关系

第八十四条　不动产的相邻权利人应当按照有利生产、方便生活、团结互助、公平合理的原则，正确处理相邻关系。

第八十五条　法律、法规对处理相邻关系有规定的，依照其规定；法律、法规没有规定的，可以按照当地习惯。

第八十六条　不动产权利人应当为相邻权利人用水、排水提供必要的便利。

对自然流水的利用，应当在不动产的相邻权利人之间合理分配。对自然流水的排放，应当尊重自然流向。

第八十七条　不动产权利人对相邻权利人因通行等必须利用其土地的，应当提供必要的便利。

第八十八条　不动产权利人因建造、修缮建筑物以及铺设电线、电缆、水管、暖气和燃气管线等必须利用相邻土地、建筑物的，该土地、建筑物的权利人应当提供必要的便利。

第八十九条　建造建筑物，不得违反国家有关工程建设标准，妨碍相邻建筑物的通风、采光和日照。

第九十条　不动产权利人不得违反国家规定弃置固体废物，排放大气污染物、水污染物、噪声、光、电磁波辐射等有害物质。

第九十一条　不动产权利人挖掘土地、建造建筑物、铺设管线以及安装设备等，不得危及相邻不动产的安全。

第九十二条　不动产权利人因用水、排水、通行、铺设管线等利用相邻不动产的，应当尽量避免对相邻的不动产权利人造成损害；造成损害的，应当给予赔偿。

第八章　共有

第九十三条　不动产或者动产可以由两个以上单位、个人共有。共有包括按份共有和共同共有。

第九十四条　按份共有人对共有的不动产或者动产按照其份额享有所有权。

第九十五条　共同共有人对共有的不动产或者动产共同享有所有权。

第九十六条　共有人按照约定管理共有的不动产或者动产；没有约定或者约定不明确的，各共有人都有管理的权利和义务。

第九十七条　处分共有的不动产或者动产以及对共有的不动产或者动产作重大修缮的，应当经占份额三分之二以上的按份共有人或者全体共同共有人同意，但共有人之间另有约定的除外。

第九十八条　对共有物的管理费用以及其他负担，有约定的，按照约定；没有约定或者约定不明确的，按份共有人按照其份额负担，共同共有人共同负担。

第九十九条　共有人约定不得分割共有的不动产或者动产，以维持共有关系的，应当按照约定，但共有人有重大理由需要分割的，可以请求分割；没有约定或者约定不明确的，按份共有人可以随时请求分割，共同共有人在共有的基础丧失或者有重大理由需要分割时可以请求分割。因分割对其他共有人造成损害的，应当给予赔偿。

第一百条　共有人可以协商确定分割方式。达不成协议，共有的不动产或者动产可以分割并且不会因分割减损价值的，应当对实物予以分割；难以分割或者因分割会减损价值的，应当对折价或者拍卖、变卖取得的价款予以分割。

共有人分割所得的不动产或者动产有瑕疵的，其他共有人应当分担损失。

第一百零一条 按份共有人可以转让其享有的共有的不动产或者动产份额。其他共有人在同等条件下享有优先购买的权利。

第一百零二条 因共有的不动产或者动产产生的债权债务，在对外关系上，共有人享有连带债权、承担连带债务，但法律另有规定或者第三人知道共有人不具有连带债权债务关系的除外；在共有人内部关系上，除共有人另有约定外，按份共有人按照份额享有债权、承担债务，共同共有人共同享有债权、承担债务。偿还债务超过自己应当承担份额的按份共有人，有权向其他共有人追偿。

第一百零三条 共有人对共有的不动产或者动产没有约定为按份共有或者共同共有，或者约定不明确的，除共有人具有家庭关系等外，视为按份共有。

第一百零四条 按份共有人对共有的不动产或者动产享有的份额，没有约定或者约定不明确的，按照出资额确定；不能确定出资额的，视为等额享有。

第一百零五条 两个以上单位、个人共同享有用益物权、担保物权的，参照本章规定。

第九章 所有权取得的特别规定

第一百零六条 无处分权人将不动产或者动产转让给受让人的，所有权人有权追回；除法律另有规定外，符合下列情形的，受让人取得该不动产或者动产的所有权：

（一）受让人受让该不动产或者动产时是善意的；

（二）以合理的价格转让；

（三）转让的不动产或者动产依照法律规定应当登记的已经登记，不需要登记的已经交付给受让人。

受让人依照前款规定取得不动产或者动产的所有权的，原所有权人有权向无处分权人请求赔偿损失。

当事人善意取得其他物权的，参照前两款规定。

第一百零七条 所有权人或者其他权利人有权追回遗失物。该遗失物通过转让被他人占有的，权利人有权向无处分权人请求损害赔偿，或者自知道或者应当知道受让人之日起二年内向受让人请求返还原物，但受让人通过拍卖或者向具有经营资格的经营者购得该遗失物的，权利人请求返还原物时应当支付受让人所付的费用。权利人向受让人支付所付费用后，有权向无处分权人追偿。

第一百零八条 善意受让人取得动产后，该动产上的原有权利消灭，但善意受让人在受让时知道或者应当知道该权利的除外。

第一百零九条 拾得遗失物，应当返还权利人。拾得人应当及时通知权利人领取，或者送交公安等有关部门。

第一百一十条 有关部门收到遗失物，知道权利人的，应当及时通知其领取；不知道的，应当及时发布招领公告。

第一百一十一条 拾得人在遗失物送交有关部门前，有关部门在遗失物被领取前，应当妥善保管遗失物。因故意或者重大过失致使遗失物毁损、灭失的，应当承担民事责任。

第一百一十二条　权利人领取遗失物时，应当向拾得人或者有关部门支付保管遗失物等支出的必要费用。

权利人悬赏寻找遗失物的，领取遗失物时应当按照承诺履行义务。

拾得人侵占遗失物的，无权请求保管遗失物等支出的费用，也无权请求权利人按照承诺履行义务。

第一百一十三条　遗失物自发布招领公告之日起六个月内无人认领的，归国家所有。

第一百一十四条　拾得漂流物、发现埋藏物或者隐藏物的，参照拾得遗失物的有关规定。文物保护法等法律另有规定的，依照其规定。

第一百一十五条　主物转让的，从物随主物转让，但当事人另有约定的除外。

第一百一十六条　天然孳息，由所有权人取得；既有所有权人又有用益物权人的，由用益物权人取得。当事人另有约定的，按照约定。

法定孳息，当事人有约定的，按照约定取得；没有约定或者约定不明确的，按照交易习惯取得。

第三编　用益物权

第十章　一般规定

第一百一十七条　用益物权人对他人所有的不动产或者动产，依法享有占有、使用和收益的权利。

第一百一十八条　国家所有或者国家所有由集体使用以及法律规定属于集体所有的自然资源，单位、个人依法可以占有、使用和收益。

第一百一十九条　国家实行自然资源有偿使用制度，但法律另有规定的除外。

第一百二十条　用益物权人行使权利，应当遵守法律有关保护和合理开发利用资源的规定。所有权人不得干涉用益物权人行使权利。

第一百二十一条　因不动产或者动产被征收、征用致使用益物权消灭或者影响用益物权行使的，用益物权人有权依照本法第四十二条、第四十四条的规定获得相应补偿。

第一百二十二条　依法取得的海域使用权受法律保护。

第一百二十三条　依法取得的探矿权、采矿权、取水权和使用水域、滩涂从事养殖、捕捞的权利受法律保护。

第十一章　土地承包经营权

第一百二十四条　农村集体经济组织实行家庭承包经营为基础、统分结合的双层经营体制。农民集体所有和国家所有由农民集体使用的耕地、林地、草地以及其他用于农业的土地，依法实行土地承包经营制度。

第一百二十五条　土地承包经营权人依法对其承包经营的耕地、林地、草地等享有占有、使用和收益的权利，有权从事种植业、林业、畜牧业等农业生产。

第一百二十六条　耕地的承包期为三十年。草地的承包期为三十年至五十年。林地的承包期为三十年至七十年；特殊林木的林地承包期，经国务院林业行政主管部门批准可以延长。

前款规定的承包期届满，由土地承包经营权人按照国家有关规定继续承包。

第一百二十七条　土地承包经营权自土地承包经营权合同生效时设立。

县级以上地方人民政府应当向土地承包经营权人发放土地承包经营权证、林权证、草原使用权证，并登记造册，确认土地承包经营权。

第一百二十八条　土地承包经营权人依照农村土地承包法的规定，有权将土地承包经营权采取转包、互换、转让等方式流转。流转的期限不得超过承包期的剩余期限。未经依法批准，不得将承包地用于非农建设。

第一百二十九条　土地承包经营权人将土地承包经营权互换、转让，当事人要求登记的，应当向县级以上地方人民政府申请土地承包经营权变更登记；未经登记，不得对抗善意第三人。

第一百三十条　承包期内发包人不得调整承包地。

因自然灾害严重毁损承包地等特殊情形，需要适当调整承包的耕地和草地的，应当依照农村土地承包法等法律规定办理。

第一百三十一条　承包期内发包人不得收回承包地。农村土地承包法等法律另有规定的，依照其规定。

第一百三十二条　承包地被征收的，土地承包经营权人有权依照本法第四十二条第二款的规定获得相应补偿。

第一百三十三条　通过招标、拍卖、公开协商等方式承包荒地等农村土地，依照农村土地承包法等法律和国务院的有关规定，其土地承包经营权可以转让、入股、抵押或者以其他方式流转。

第一百三十四条　国家所有的农用地实行承包经营的，参照本法的有关规定。

第十二章　建设用地使用权

第一百三十五条　建设用地使用权人依法对国家所有的土地享有占有、使用和收益的权利，有权利用该土地建造建筑物、构筑物及其附属设施。

第一百三十六条　建设用地使用权可以在土地的地表、地上或者地下分别设立。新设立的建设用地使用权，不得损害已设立的用益物权。

第一百三十七条　设立建设用地使用权，可以采取出让或者划拨等方式。

工业、商业、旅游、娱乐和商品住宅等经营性用地以及同一土地有两个以上意向用地者的，应当采取招标、拍卖等公开竞价的方式出让。

严格限制以划拨方式设立建设用地使用权。采取划拨方式的，应当遵守法律、行政法规关于土地用途的规定。

第一百三十八条　采取招标、拍卖、协议等出让方式设立建设用地使用权的，当事人应当采取书面形式订立建设用地使用权出让合同。

建设用地使用权出让合同一般包括下列条款：

（一）当事人的名称和住所；

（二）土地界址、面积等；

（三）建筑物、构筑物及其附属设施占用的空间；
（四）土地用途；
（五）使用期限；
（六）出让金等费用及其支付方式；
（七）解决争议的方法。

第一百三十九条　设立建设用地使用权的，应当向登记机构申请建设用地使用权登记。建设用地使用权自登记时设立。登记机构应当向建设用地使用权人发放建设用地使用权证书。

第一百四十条　建设用地使用权人应当合理利用土地，不得改变土地用途；需要改变土地用途的，应当依法经有关行政主管部门批准。

第一百四十一条　建设用地使用权人应当依照法律规定以及合同约定支付出让金等费用。

第一百四十二条　建设用地使用权人建造的建筑物、构筑物及其附属设施的所有权属于建设用地使用权人，但有相反证据证明的除外。

第一百四十三条　建设用地使用权人有权将建设用地使用权转让、互换、出资、赠与或者抵押，但法律另有规定的除外。

第一百四十四条　建设用地使用权转让、互换、出资、赠与或者抵押的，当事人应当采取书面形式订立相应的合同。使用期限由当事人约定，但不得超过建设用地使用权的剩余期限。

第一百四十五条　建设用地使用权转让、互换、出资或者赠与的，应当向登记机构申请变更登记。

第一百四十六条　建设用地使用权转让、互换、出资或者赠与的，附着于该土地上的建筑物、构筑物及其附属设施一并处分。

第一百四十七条　建筑物、构筑物及其附属设施转让、互换、出资或者赠与的，该建筑物、构筑物及其附属设施占用范围内的建设用地使用权一并处分。

第一百四十八条　建设用地使用权期间届满前，因公共利益需要提前收回该土地的，应当依照本法第四十二条的规定对该土地上的房屋及其他不动产给予补偿，并退还相应的出让金。

第一百四十九条　住宅建设用地使用权期间届满的，自动续期。

非住宅建设用地使用权期间届满后的续期，依照法律规定办理。该土地上的房屋及其他不动产的归属，有约定的，按照约定；没有约定或者约定不明确的，依照法律、行政法规的规定办理。

第一百五十条　建设用地使用权消灭的，出让人应当及时办理注销登记。登记机构应当收回建设用地使用权证书。

第一百五十一条　集体所有的土地作为建设用地的，应当依照土地管理法等法律规定办理。

第十三章　宅基地使用权

第一百五十二条　宅基地使用权人依法对集体所有的土地享有占有和使用的权利，有权依法利用该土地建造住宅及其附属设施。

第一百五十三条　宅基地使用权的取得、行使和转让，适用土地管理法等法律和国家有关规定。

第一百五十四条　宅基地因自然灾害等原因灭失的，宅基地使用权消灭。对失去宅基地的村民，应当重新分配宅基地。

第一百五十五条　已经登记的宅基地使用权转让或者消灭的，应当及时办理变更登记或者注销登记。

第十四章　地役权

第一百五十六条　地役权人有权按照合同约定，利用他人的不动产，以提高自己的不动产的效益。

前款所称他人的不动产为供役地，自己的不动产为需役地。

第一百五十七条　设立地役权，当事人应当采取书面形式订立地役权合同。

地役权合同一般包括下列条款：

（一）当事人的姓名或者名称和住所；

（二）供役地和需役地的位置；

（三）利用目的和方法；

（四）利用期限；

（五）费用及其支付方式；

（六）解决争议的方法。

第一百五十八条　地役权自地役权合同生效时设立。当事人要求登记的，可以向登记机构申请地役权登记；未经登记，不得对抗善意第三人。

第一百五十九条　供役地权利人应当按照合同约定，允许地役权人利用其土地，不得妨害地役权人行使权利。

第一百六十条　地役权人应当按照合同约定的利用目的和方法利用供役地，尽量减少对供役地权利人物权的限制。

第一百六十一条　地役权的期限由当事人约定，但不得超过土地承包经营权、建设用地使用权等用益物权的剩余期限。

第一百六十二条　土地所有权人享有地役权或者负担地役权的，设立土地承包经营权、宅基地使用权时，该土地承包经营权人、宅基地使用权人继续享有或者负担已设立的地役权。

第一百六十三条　土地上已设立土地承包经营权、建设用地使用权、宅基地使用权等权利的，未经用益物权人同意，土地所有权人不得设立地役权。

第一百六十四条　地役权不得单独转让。土地承包经营权、建设用地使用权等转让的，地役权一并转让，但合同另有约定的除外。

第一百六十五条　地役权不得单独抵押。土地承包经营权、建设用地使用权等抵押的，在实现抵押权时，地役权一并转让。

第一百六十六条　需役地以及需役地上的土地承包经营权、建设用地使用权部分转让时，转让部分涉及地役权的，受让人同时享有地役权。

第一百六十七条　供役地以及供役地上的土地承包经营权、建设用地使用权部分转让时，转让部分涉及地役权的,地役权对受让人具有约束力。

第一百六十八条 地役权人有下列情形之一的,供役地权利人有权解除地役权合同,地役权消灭:

(一)违反法律规定或者合同约定,滥用地役权;

(二)有偿利用供役地,约定的付款期间届满后在合理期限内经两次催告未支付费用。

第一百六十九条 已经登记的地役权变更、转让或者消灭的,应当及时办理变更登记或者注销登记。

第四编 担保物权
第十五章 一般规定

第一百七十条 担保物权人在债务人不履行到期债务或者发生当事人约定的实现担保物权的情形,依法享有就担保财产优先受偿的权利,但法律另有规定的除外。

第一百七十一条 债权人在借贷、买卖等民事活动中,为保障实现其债权,需要担保的,可以依照本法和其他法律的规定设立担保物权。

第三人为债务人向债权人提供担保的,可以要求债务人提供反担保。反担保适用本法和其他法律的规定。

第一百七十二条 设立担保物权,应当依照本法和其他法律的规定订立担保合同。担保合同是主债权债务合同的从合同。主债权债务合同无效,担保合同无效,但法律另有规定的除外。

担保合同被确认无效后,债务人、担保人、债权人有过错的,应当根据其过错各自承担相应的民事责任。

第一百七十三条 担保物权的担保范围包括主债权及其利息、违约金、损害赔偿金、保管担保财产和实现担保物权的费用。当事人另有约定的,按照约定。

第一百七十四条 担保期间,担保财产毁损、灭失或者被征收等,担保物权人可以就获得的保险金、赔偿金或者补偿金等优先受偿。被担保债权的履行期未届满的,也可以提存该保险金、赔偿金或者补偿金等。

第一百七十五条 第三人提供担保,未经其书面同意,债权人允许债务人转移全部或者部分债务的,担保人不再承担相应的担保责任。

第一百七十六条 被担保的债权既有物的担保又有人的担保的,债务人不履行到期债务或者发生当事人约定的实现担保物权的情形,债权人应当按照约定实现债权;没有约定或者约定不明确,债务人自己提供物的担保的,债权人应当先就该物的担保实现债权;第三人提供物的担保的,债权人可以就物的担保实现债权,也可以要求保证人承担保证责任。提供担保的第三人承担担保责任后,有权向债务人追偿。

第一百七十七条 有下列情形之一的,担保物权消灭:

(一)主债权消灭;

(二)担保物权实现;

(三)债权人放弃担保物权;
(四)法律规定担保物权消灭的其他情形。
第一百七十八条 担保法与本法的规定不一致的,适用本法。

第十六章 抵押权
第一节 一般抵押权

第一百七十九条 为担保债务的履行,债务人或者第三人不转移财产的占有,将该财产抵押给债权人的,债务人不履行到期债务或者发生当事人约定的实现抵押权的情形,债权人有权就该财产优先受偿。

前款规定的债务人或者第三人为抵押人,债权人为抵押权人,提供担保的财产为抵押财产。

第一百八十条 债务人或者第三人有权处分的下列财产可以抵押:
(一)建筑物和其他土地附着物;
(二)建设用地使用权;
(三)以招标、拍卖、公开协商等方式取得的荒地等土地承包经营权;
(四)生产设备、原材料、半成品、产品;
(五)正在建造的建筑物、船舶、航空器;
(六)交通运输工具;
(七)法律、行政法规未禁止抵押的其他财产。

抵押人可以将前款所列财产一并抵押。

第一百八十一条 经当事人书面协议,企业、个体工商户、农业生产经营者可以将现有的以及将有的生产设备、原材料、半成品、产品抵押,债务人不履行到期债务或者发生当事人约定的实现抵押权的情形,债权人有权就实现抵押权时的动产优先受偿。

第一百八十二条 以建筑物抵押的,该建筑物占用范围内的建设用地使用权一并抵押。以建设用地使用权抵押的,该土地上的建筑物一并抵押。

抵押人未依照前款规定一并抵押的,未抵押的财产视为一并抵押。

第一百八十三条 乡镇、村企业的建设用地使用权不得单独抵押。以乡镇、村企业的厂房等建筑物抵押的,其占用范围内的建设用地使用权一并抵押。

第一百八十四条 下列财产不得抵押:
(一)土地所有权;
(二)耕地、宅基地、自留地、自留山等集体所有的土地使用权,但法律规定可以抵押的除外;
(三)学校、幼儿园、医院等以公益为目的的事业单位、社会团体的教育设施、医疗卫生设施和其他社会公益设施;
(四)所有权、使用权不明或者有争议的财产;
(五)依法被查封、扣押、监管的财产;

（六）法律、行政法规规定不得抵押的其他财产。

第一百八十五条 设立抵押权，当事人应当采取书面形式订立抵押合同。

抵押合同一般包括下列条款：

（一）被担保债权的种类和数额；

（二）债务人履行债务的期限；

（三）抵押财产的名称、数量、质量、状况、所在地、所有权归属或者使用权归属；

（四）担保的范围。

第一百八十六条 抵押权人在债务履行期届满前，不得与抵押人约定债务人不履行到期债务时抵押财产归债权人所有。

第一百八十七条 以本法第一百八十条第一款第一项至第三项规定的财产或者第五项规定的正在建造的建筑物抵押的，应当办理抵押登记。抵押权自登记时设立。

第一百八十八条 以本法第一百八十条第一款第四项、第六项规定的财产或者第五项规定的正在建造的船舶、航空器抵押的，抵押权自抵押合同生效时设立；未经登记，不得对抗善意第三人。

第一百八十九条 企业、个体工商户、农业生产经营者以本法第一百八十一条规定的动产抵押的，应当向抵押人住所地的工商行政管理部门办理登记。抵押权自抵押合同生效时设立；未经登记，不得对抗善意第三人。

依照本法第一百八十一条规定抵押的，不得对抗正常经营活动中已支付合理价款并取得抵押财产的买受人。

第一百九十条 订立抵押合同前抵押财产已出租的，原租赁关系不受该抵押权的影响。抵押权设立后抵押财产出租的，该租赁关系不得对抗已登记的抵押权。

第一百九十一条 抵押期间，抵押人经抵押权人同意转让抵押财产的，应当将转让所得的价款向抵押权人提前清偿债务或者提存。转让的价款超过债权数额的部分归抵押人所有，不足部分由债务人清偿。

抵押期间，抵押人未经抵押权人同意，不得转让抵押财产，但受让人代为清偿债务消灭抵押权的除外。

第一百九十二条 抵押权不得与债权分离而单独转让或者作为其他债权的担保。债权转让的，担保该债权的抵押权一并转让，但法律另有规定或者当事人另有约定的除外。

第一百九十三条 抵押人的行为足以使抵押财产价值减少的，抵押权人有权要求抵押人停止其行为。抵押财产价值减少的，抵押权人有权要求恢复抵押财产的价值，或者提供与减少的价值相应的担保。抵押人不恢复抵押财产的价值也不提供担保的，抵押权人有权要求债务人提前清偿债务。

第一百九十四条 抵押权人可以放弃抵押权或者抵押权的顺位。抵押权人与抵押人可以协议变更抵押权顺位以及被担保的债权数额等内容，但抵押权的变更，未经其他抵押权人书面同意，不得对其他抵押权人产生不利影响。

债务人以自己的财产设定抵押,抵押权人放弃该抵押权、抵押权顺位或者变更抵押权的,其他担保人在抵押权人丧失优先受偿权益的范围内免除担保责任,但其他担保人承诺仍然提供担保的除外。

第一百九十五条 债务人不履行到期债务或者发生当事人约定的实现抵押权的情形,抵押权人可以与抵押人协议以抵押财产折价或者以拍卖、变卖该抵押财产所得的价款优先受偿。协议损害其他债权人利益的,其他债权人可以在知道或者应当知道撤销事由之日起一年内请求人民法院撤销该协议。

抵押权人与抵押人未就抵押权实现方式达成协议的,抵押权人可以请求人民法院拍卖、变卖抵押财产。

抵押财产折价或者变卖的,应当参照市场价格。

第一百九十六条 依照本法第一百八十一条规定设定抵押的,抵押财产自下列情形之一发生时确定:

(一)债务履行期届满,债权未实现;

(二)抵押人被宣告破产或者被撤销;

(三)当事人约定的实现抵押权的情形;

(四)严重影响债权实现的其他情形。

第一百九十七条 债务人不履行到期债务或者发生当事人约定的实现抵押权的情形,致使抵押财产被人民法院依法扣押的,自扣押之日起抵押权人有权收取该抵押财产的天然孳息或者法定孳息,但抵押权人未通知应当清偿法定孳息的义务人的除外。

前款规定的孳息应当先充抵收取孳息的费用。

第一百九十八条 抵押财产折价或者拍卖、变卖后,其价款超过债权数额的部分归抵押人所有,不足部分由债务人清偿。

第一百九十九条 同一财产向两个以上债权人抵押的,拍卖、变卖抵押财产所得的价款依照下列规定清偿:

(一)抵押权已登记的,按照登记的先后顺序清偿;顺序相同的,按照债权比例清偿;

(二)抵押权已登记的先于未登记的受偿;

(三)抵押权未登记的,按照债权比例清偿。

第二百条 建设用地使用权抵押后,该土地上新增的建筑物不属于抵押财产。该建设用地使用权实现抵押权时,应当将该土地上新增的建筑物与建设用地使用权一并处分,但新增建筑物所得的价款,抵押权人无权优先受偿。

第二百零一条 依照本法第一百八十条第一款第三项规定的土地承包经营权抵押的,或者依照本法第一百八十三条规定以乡镇、村企业的厂房等建筑物占用范围内的建设用地使用权一并抵押的,实现抵押权后,未经法定程序,不得改变土地所有权的性质和土地用途。

第二百零二条 抵押权人应当在主债权诉讼时效期间行使抵押权;未行使的,人民法院不予保护。

第二节 最高额抵押权

第二百零三条 为担保债务的履行，债务人或者第三人对一定期间内将要连续发生的债权提供担保财产的，债务人不履行到期债务或者发生当事人约定的实现抵押权的情形，抵押权人有权在最高债权额限度内就该担保财产优先受偿。

最高额抵押权设立前已经存在的债权，经当事人同意，可以转入最高额抵押担保的债权范围。

第二百零四条 最高额抵押担保的债权确定前，部分债权转让的，最高额抵押权不得转让，但当事人另有约定的除外。

第二百零五条 最高额抵押担保的债权确定前，抵押权人与抵押人可以通过协议变更债权确定的期间、债权范围以及最高债权额，但变更的内容不得对其他抵押权人产生不利影响。

第二百零六条 有下列情形之一的，抵押权人的债权确定：

（一）约定的债权确定期间届满；

（二）没有约定债权确定期间或者约定不明确，抵押权人或者抵押人自最高额抵押权设立之日起满二年后请求确定债权；

（三）新的债权不可能发生；

（四）抵押财产被查封、扣押；

（五）债务人、抵押人被宣告破产或者被撤销；

（六）法律规定债权确定的其他情形。

第二百零七条 最高额抵押权除适用本节规定外，适用本章第一节一般抵押权的规定。

第十七章 质权

第一节 动产质权

第二百零八条 为担保债务的履行，债务人或者第三人将其动产出质给债权人占有的，债务人不履行到期债务或者发生当事人约定的实现质权的情形，债权人有权就该动产优先受偿。

前款规定的债务人或者第三人为出质人，债权人为质权人，交付的动产为质押财产。

第二百零九条 法律、行政法规禁止转让的动产不得出质。

第二百一十条 设立质权，当事人应当采取书面形式订立质权合同。

质权合同一般包括下列条款：

（一）被担保债权的种类和数额；

（二）债务人履行债务的期限；

（三）质押财产的名称、数量、质量、状况；

（四）担保的范围；

（五）质押财产交付的时间。

第二百一十一条 质权人在债务履行期届满前，不得与出质人约定债务人不履行到期债务时质押财产归债权人所有。

第二百一十二条　质权自出质人交付质押财产时设立。

第二百一十三条　质权人有权收取质押财产的孳息,但合同另有约定的除外。

前款规定的孳息应当先充抵收取孳息的费用。

第二百一十四条　质权人在质权存续期间,未经出质人同意,擅自使用、处分质押财产,给出质人造成损害的,应当承担赔偿责任。

第二百一十五条　质权人负有妥善保管质押财产的义务;因保管不善致使质押财产毁损、灭失的,应当承担赔偿责任。

质权人的行为可能使质押财产毁损、灭失的,出质人可以要求质权人将质押财产提存,或者要求提前清偿债务并返还质押财产。

第二百一十六条　因不能归责于质权人的事由可能使质押财产毁损或者价值明显减少,足以危害质权人权利的,质权人有权要求出质人提供相应的担保;出质人不提供的,质权人可以拍卖、变卖质押财产,并与出质人通过协议将拍卖、变卖所得的价款提前清偿债务或者提存。

第二百一十七条　质权人在质权存续期间,未经出质人同意转质,造成质押财产毁损、灭失的,应当向出质人承担赔偿责任。

第二百一十八条　质权人可以放弃质权。债务人以自己的财产出质,质权人放弃该质权的,其他担保人在质权人丧失优先受偿权益的范围内免除担保责任,但其他担保人承诺仍然提供担保的除外。

第二百一十九条　债务人履行债务或者出质人提前清偿所担保的债权的,质权人应当返还质押财产。

债务人不履行到期债务或者发生当事人约定的实现质权的情形,质权人可以与出质人协议以质押财产折价,也可以就拍卖、变卖质押财产所得的价款优先受偿。

质押财产折价或者变卖的,应当参照市场价格。

第二百二十条　出质人可以请求质权人在债务履行期届满后及时行使质权;质权人不行使的,出质人可以请求人民法院拍卖、变卖质押财产。

出质人请求质权人及时行使质权,因质权人怠于行使权利造成损害的,由质权人承担赔偿责任。

第二百二十一条　质押财产折价或者拍卖、变卖后,其价款超过债权数额的部分归出质人所有,不足部分由债务人清偿。

第二百二十二条　出质人与质权人可以协议设立最高额质权。

最高额质权除适用本节有关规定外,参照本法第十六章第二节最高额抵押权的规定。

第二节　权利质权

第二百二十三条　债务人或者第三人有权处分的下列权利可以出质:

(一)汇票、支票、本票;

(二)债券、存款单;

(三)仓单、提单;

（四）可以转让的基金份额、股权；
（五）可以转让的注册商标专用权、专利权、著作权等知识产权中的财产权；
（六）应收账款；
（七）法律、行政法规规定可以出质的其他财产权利。

第二百二十四条　以汇票、支票、本票、债券、存款单、仓单、提单出质的，当事人应当订立书面合同。质权自权利凭证交付质权人时设立；没有权利凭证的，质权自有关部门办理出质登记时设立。

第二百二十五条　汇票、支票、本票、债券、存款单、仓单、提单的兑现日期或者提货日期先于主债权到期的，质权人可以兑现或者提货，并与出质人协议将兑现的价款或者提取的货物提前清偿债务或者提存。

第二百二十六条　以基金份额、股权出质的，当事人应当订立书面合同。以基金份额、证券登记结算机构登记的股权出质的，质权自证券登记结算机构办理出质登记时设立；以其他股权出质的，质权自工商行政管理部门办理出质登记时设立。

基金份额、股权出质后，不得转让，但经出质人与质权人协商同意的除外。出质人转让基金份额、股权所得的价款，应当向质权人提前清偿债务或者提存。

第二百二十七条　以注册商标专用权、专利权、著作权等知识产权中的财产权出质的，当事人应当订立书面合同。质权自有关主管部门办理出质登记时设立。

知识产权中的财产权出质后，出质人不得转让或者许可他人使用，但经出质人与质权人协商同意的除外。出质人转让或者许可他人使用出质的知识产权中的财产权所得的价款，应当向质权人提前清偿债务或者提存。

第二百二十八条　以应收账款出质的，当事人应当订立书面合同。质权自信贷征信机构办理出质登记时设立。

应收账款出质后，不得转让，但经出质人与质权人协商同意的除外。出质人转让应收账款所得的价款，应当向质权人提前清偿债务或者提存。

第二百二十九条　权利质权除适用本节规定外，适用本章第一节动产质权的规定。

第十八章　留置权

第二百三十条　债务人不履行到期债务，债权人可以留置已经合法占有的债务人的动产，并有权就该动产优先受偿。

前款规定的债权人为留置权人，占有的动产为留置财产。

第二百三十一条　债权人留置的动产，应当与债权属于同一法律关系，但企业之间留置的除外。

第二百三十二条　法律规定或者当事人约定不得留置的动产，不得留置。

第二百三十三条　留置财产为可分物的，留置财产的价值应当相当于债务的金额。

第二百三十四条　留置权人负有妥善保管留置财产的义务；因保管不善致使留置财产毁损、灭失的，应当承担赔偿责任。

第二百三十五条　留置权人有权收取留置财产的孳息。

前款规定的孳息应当先充抵收取孳息的费用。

第二百三十六条　留置权人与债务人应当约定留置财产后的债务履行期间；没有约定或者约定不明确的，留置权人应当给债务人两个月以上履行债务的期间，但鲜活易腐等不易保管的动产除外。债务人逾期未履行的，留置权人可以与债务人协议以留置财产折价，也可以就拍卖、变卖留置财产所得的价款优先受偿。

留置财产折价或者变卖的，应当参照市场价格。

第二百三十七条　债务人可以请求留置权人在债务履行期届满后行使留置权；留置权人不行使的，债务人可以请求人民法院拍卖、变卖留置财产。

第二百三十八条　留置财产折价或者拍卖、变卖后，其价款超过债权数额的部分归债务人所有，不足部分由债务人清偿。

第二百三十九条　同一动产上已设立抵押权或者质权，该动产又被留置的，留置权人优先受偿。

第二百四十条　留置权人对留置财产丧失占有或者留置权人接受债务人另行提供担保的，留置权消灭。

第五编　占有
第十九章　占有

第二百四十一条　基于合同关系等产生的占有，有关不动产或者动产的使用、收益、违约责任等，按照合同约定；合同没有约定或者约定不明确的，依照有关法律规定。

第二百四十二条　占有人因使用占有的不动产或者动产，致使该不动产或者动产受到损害的，恶意占有人应当承担赔偿责任。

第二百四十三条　不动产或者动产被占有人占有的，权利人可以请求返还原物及其孳息，但应当支付善意占有人因维护该不动产或者动产支出的必要费用。

第二百四十四条　占有的不动产或者动产毁损、灭失，该不动产或者动产的权利人请求赔偿的，占有人应当将因毁损、灭失取得的保险金、赔偿金或者补偿金等返还给权利人；权利人的损害未得到足够弥补的，恶意占有人还应当赔偿损失。

第二百四十五条　占有的不动产或者动产被侵占的，占有人有权请求返还原物；对妨害占有的行为，占有人有权请求排除妨害或者消除危险；因侵占或者妨害造成损害的，占有人有权请求损害赔偿。

占有人返还原物的请求权，自侵占发生之日起一年内未行使的，该请求权消灭。

附　则

第二百四十六条　法律、行政法规对不动产统一登记的范围、登记机构和登记办法作出规定前，地方性法规可以依照本法有关规定作出规定。

第二百四十七条　本法自2007年10月1日起施行。

附录3　建筑物区分所有权司法解释

为正确审理建筑物区分所有权纠纷案件，依法保护当事人的合法权益，根据《中华人民共和国物权法》等法律的规定，结合民事审判实践，制定本解释。

第一条　依法登记取得或者根据物权法第二章第三节规定取得建筑物专有部分所有权的人，应当认定为物权法第六章所称的业主。

基于与建设单位之间的商品房买卖民事法律行为，已经合法占有建筑物专有部分，但尚未依法办理所有权登记的人，可以认定为物权法第六章所称的业主。

第二条　建筑区划内符合下列条件的房屋，以及车位、摊位等特定空间，应当认定为物权法第六章所称的专有部分：

（一）具有构造上的独立性，能够明确区分；

（二）具有利用上的独立性，可以排他使用；

（三）能够登记成为特定业主所有权的客体。

规划上专属于特定房屋，且建设单位销售时已经根据规划列入该特定房屋买卖合同中的露台等，应当认定为物权法第六章所称专有部分的组成部分。

本条第一款所称房屋，包括整栋建筑物。

第三条　除法律、行政法规规定的共有部分外，建筑区划内的以下部分，也应当认定为物权法第六章所称的共有部分：

（一）建筑物的基础、承重结构、外墙、屋顶等基本结构部分，通道、楼梯、大堂等公共通行部分，消防、公共照明等附属设施、设备，避难层、设备层或者设备间等结构部分；

（二）其他不属于业主专有部分，也不属于市政公用部分或者其他权利人所有的场所及设施等。

建筑区划内的土地，依法由业主共同享有建设用地使用权，但属于业主专有的整栋建筑物的规划占地或者城镇公共道路、绿地占地除外。

第四条　业主基于对住宅、经营性用房等专有部分特定使用功能的合理需要，无偿利用屋顶以及与其专有部分相对应的外墙面等共有部分的，不应认定为侵权。但违反法律、法规、管理规约，损害他人合法权益的除外。

第五条　建设单位按照配置比例将车位、车库，以出售、附赠或者出租等方式处分给业主的，应当认定其行为符合物权法第七十四条第一款有关"应当首先满足业主的需要"的规定。

前款所称配置比例是指规划确定的建筑区划内规划用于停放汽车的车位、车库与房屋套数的比例。

第六条 建筑区划内在规划用于停放汽车的车位之外，占用业主共有道路或者其他场地增设的车位，应当认定为物权法第七十四条第三款所称的车位。

第七条 改变共有部分的用途、利用共有部分从事经营性活动、处分共有部分，以及业主大会依法决定或者管理规约依法确定应由业主共同决定的事项，应当认定为物权法第七十六条第一款第(七)项规定的有关共有和共同管理权利的"其他重大事项"。

第八条 物权法第七十六条第二款和第八十条规定的专有部分面积和建筑物总面积，可以按照下列方法认定：

(一)专有部分面积，按照不动产登记簿记载的面积计算；尚未进行物权登记的，暂按测绘机构的实测面积计算；尚未进行实测的，暂按房屋买卖合同记载的面积计算；

(二)建筑物总面积，按照前项的统计总和计算。

第九条 物权法第七十六条第二款规定的业主人数和总人数，可以按照下列方法认定：

(一)业主人数，按照专有部分的数量计算，一个专有部分按一人计算。但建设单位尚未出售和虽已出售但尚未交付的部分，以及同一买受人拥有一个以上专有部分的，按一人计算；

(二)总人数，按照前项的统计总和计算。

第十条 业主将住宅改变为经营性用房，未按照物权法第七十七条的规定经有利害关系的业主同意，有利害关系的业主请求排除妨害、消除危险、恢复原状或者赔偿损失的，人民法院应予支持。

将住宅改变为经营性用房的业主以多数有利害关系的业主同意其行为进行抗辩的，人民法院不予支持。

第十一条 业主将住宅改变为经营性用房，本栋建筑物内的其他业主，应当认定为物权法第七十七条所称"有利害关系的业主"。建筑区划内，本栋建筑物之外的业主，主张与自己有利害关系的，应证明其房屋价值、生活质量受到或者可能受到不利影响。

第十二条 业主以业主大会或者业主委员会作出的决定侵害其合法权益或者违反了法律规定的程序为由，依据物权法第七十八条第二款的规定请求人民法院撤销该决定的，应当在知道或者应当知道业主大会或者业主委员会作出决定之日起一年内行使。

第十三条 业主请求公布、查阅下列应当向业主公开的情况和资料的，人民法院应予支持：

(一)建筑物及其附属设施的维修资金的筹集、使用情况；

(二)管理规约、业主大会议事规则，以及业主大会或者业主委员会的决定及会议记录；

(三)物业服务合同、共有部分的使用和收益情况；

(四)建筑区划内规划用于停放汽车的车位、车库的处分情况；

(五)其他应当向业主公开的情况和资料。

第十四条 建设单位或者其他行为人擅自占用、处分业主共有部分、改变其使用功能或者进行经营性活动，权利人请求排除妨害、恢复原状、确认处分行为无效或者赔偿损失的，人民法院应予支持。

属于前款所称擅自进行经营性活动的情形，权利人请求行为人将扣除合理成本之后的收益用于补充专项维修资金或者业主共同决定的其他用途的,人民法院应予支持。行为人对成本的支出及其合理性承担举证责任。

第十五条　业主或者其他行为人违反法律、法规、国家相关强制性标准、管理规约,或者违反业主大会、业主委员会依法作出的决定,实施下列行为的,可以认定为物权法第八十三条第二款所称的其他"损害他人合法权益的行为":

(一)损害房屋承重结构,损害或者违章使用电力、燃气、消防设施,在建筑物内放置危险、放射性物品等危及建筑物安全或者妨碍建筑物正常使用;

(二)违反规定破坏、改变建筑物外墙面的形状、颜色等损害建筑物外观;

(三)违反规定进行房屋装饰装修;

(四)违章加建、改建,侵占、挖掘公共通道、道路、场地或者其他共有部分。

第十六条　建筑物区分所有权纠纷涉及专有部分的承租人、借用人等物业使用人的,参照本解释处理。

专有部分的承租人、借用人等物业使用人,根据法律、法规、管理规约、业主大会或者业主委员会依法作出的决定,以及其与业主的约定,享有相应权利,承担相应义务。

第十七条　本解释所称建设单位,包括包销期满,按照包销合同约定的包销价格购买尚未销售的物业后,以自己名义对外销售的包销人。

第十八条　人民法院审理建筑物区分所有权案件中,涉及有关物权归属争议的,应当以法律、行政法规为依据。

第十九条　本解释自 2009 年 10 月 1 日起施行。

因物权法施行后实施的行为引起的建筑物区分所有权纠纷案件,适用本解释。

本解释施行前已经终审,本解释施行后当事人申请再审或者按照审判监督程序决定再审的案件,不适用本解释。

参考文献

[1] 刘秋雁. 物业管理理论与实务[M]. 3版. 大连：东北财经大学出版社，2017.
[2] 北京亚太教育研究院物业管理研究中心. 物业管理实务[M]. 北京：中国工人出版社，2014.
[3] 中国物业管理协会. 物业管理实务[M]. 北京：中国市场出版社，2014.
[4] 许文芬. 物业管理实务[M]. 北京：中国劳动社会保障出版社，2014.
[5] 方芳，吕萍. 物业管理[M]. 北京：中国建材工业出版社，2005.
[6] 刘昌斌. 物业管理实务[M]. 北京：机械工业出版社，2005.
[7] 武永春. 物业管理[M]. 北京：机械工业出版社，2009.
[8] 刘亚臣，张沈生. 房地产物业管理[M]. 4版. 大连：大连理工大学出版社，2009.
[9] 章月萍，扈永建. 物业管理概论[M]. 武汉：武汉理工大学出版社，2009.
[10] 姜早龙，张涑贤. 物业管理概论[M]. 武汉：武汉理工大学出版社，2008.
[11] 赵继新，孙强. 物业管理案例分析[M]. 2版. 北京：清华大学出版社，2010.
[12] 曲建国. 物业管理实务[M]. 武汉：武汉理工大学出版社，2009.
[13] 孙永一. 物业纠纷常见疑难问题解答与法律依据[M]. 北京：法律出版社，2016.
[14] 戴玉林，王媚莎. 物业管理典型案例与分析[M]. 北京：化学工业出版社，2006.
[15] 戴璐. 物业环境管理[M]. 武汉：华中科技大学出版社，2004.
[16] 林建宁，胡家忠. 物业管理概论[M]. 大连：大连理工大学出版社，2009.
[17] 钟兰安，陈书海. 物业纠纷处理图解锦囊[M]. 北京：法律出版社，2017.
[18] 法律出版社大众出版编委会. 物业管理条例实用问题版[M]. 北京：法律出版社，2018.
[19] 中国法制出版社. 物业管理条例：实用版[M]. 北京：中国法制出版社，2016.